新编21世纪新闻传播学系列教材

• 编辑出版学系列 •

数字出版教程

Digitalized Publishing

匡文波 著

中国人民大学出版社
· 北京 ·

作 者 简 介

匡文波 中国人民大学新闻学院教授、博士生导师，是国内最早从事新媒体研究和教学的学者之一。研究生先后毕业于中山大学和武汉大学，分别获理学硕士和管理学博士学位。先后在日本东京电通、美国硅谷做研修与高级访问学者；曾应邀在香港树仁大学讲学。入选 2007 年教育部“新世纪优秀人才支持计划”。已经在国内外重要学术刊物上发表论文 180 余篇，并且出版专著十余种。

内 容 简 介

《数字出版教程》综合运用计算机科学、新闻传播学、情报学、出版发行等多种学科的知识，对数字出版进行了多角度的创造性的研究，在阐释与探索数字出版理论的同时，结合大量的案例和插图，对目前数字出版的类型、经营管理，文字、图片、音视频的编辑制作等做了简明实用的讲解。

本书以《电子与网络出版教程》为蓝本修订，但对该书做了大规模的删减、增加与扩充。

总　序

中国人民大学出版社策划出版的“新编21世纪新闻传播学系列教材”，是一套在新闻传播学领域内，皋牢百代，卢牟六合，贯穴古今，笼罩中外，密切联系新闻传播工作的实际，广泛吸收新闻传播学的最新研究成果，高挹遐揽，取精用宏，供新世纪的高等院校新闻传播院系教学使用的系列教材。

20世纪初以来的100年，是世界新闻传播事业飞速发展的100年。这100年来，随着科学技术的不断发展，继报纸、期刊、通讯社之后，广播、电视、网络和多种新媒体相继问世，新闻传播的媒介日趋多元化，新闻传播的手段日趋现代化，“地球村”变得越来越小，新闻传播事业对世界政治、经济和文化的影响则变得越来越大。

这100年，也是中国新闻事业飞速发展的100年。其中最近的30年，即中国改革开放以来的30年，发展得尤为迅猛。

进入新世纪以后，中国新闻事业发展的势头更为迅猛。报纸、期刊、通讯社、广播电台、电视台的数量在宏观调控下，虽无大变化，但软硬件的实力都有了很大的提高。据2011年12月出版的《中国新闻年鉴》的最新统计数字，2010年全国共出版报纸1 939种，平均期印数2.14亿份。共出版期刊9 884种，平均期印数1.63亿份。全国共有广播电台227座，电视台247家，广播电视台2 130家，教育电视台44家。广播综合人口覆盖率为96.78%，电视综合人口覆盖率为97.62%。

另外2012年1月中国互联网络信息中心（CNNIC）发布的《第29次中国互联网络发展状况统计报告》显示，截至2011年12月底，中国网民规模已达到5.13亿，互联网普及率达到38.3%。其中，手机用户数量为3.56亿，博客和个人空间用户数量为3.19亿，微博用户数量为2.5亿，社交网站用户数量为2.44亿，网络视频用户数量为3.25亿。中国居民中具备上网条件和技能的人已经基本转化为网民，大专及以上学历人群中互联网使用率已达96.1%。中国网站总数为230万个，网页数量为866亿个。

这样大的发展规模，这样快的发展速度，在世界和中国新闻事业史上都是空前的。回顾既往，盱衡未来，新闻传播事业在21世纪还将会保持旺盛的发展势头。新闻传播，作为上层建筑中意识形态的一个重要组成部分，在全面准确地宣传党的基本理论、基本路线和基本方针以及各项决策，反映人民群众的伟大业绩和精神风貌，以及推动改革开放和社会主义现代化建设等方面，必将继续发挥重要的作用。

与新闻传播事业的发展相配合，这100年来，为中国的新闻战线培养和输送人才的中国新闻教育，也有了相应的发展。中国的新闻教育起始于20世纪初，迄今有近百年的历史。新中国成立前的30年，虽然先后在个别院校中设立了新闻系或新闻专科，但规模都不大，设备也不够完善，在校学生人数，最多的时候不超过400人，30年间累计培养出来的毕业生还不到3 000人。新中国成立后，为了给新中国的新闻事业培养人才，新闻教育有了新的发展，但到20世纪60年代中期为止，全国的新闻教育机构也还只有14家。当时全国只有343家报社、78座广播电台和13家电视台，革命老区来的新闻工作骨干正当盛年，足以支撑大局，新闻系和新闻专业的学生统招统分，基本上能够满足中央和省市以上新闻单位梯队建设方面的需要。“文化大革命”爆发后，新闻事业进入低谷，新闻人才的培养也被迫中辍。拨乱反正之后，新闻事业有了飞速的发展，但新闻工作的人才却出现了断层，明显供不应求，因而极大地推动了新闻教育的发展。中国的新闻教育得以重振旗鼓并得到空前迅猛的发展，主要是改革开放以来的这30多年的事情。30多年来，中国新闻教育和中国新闻事业同步发展。截至2011年，全国设有新闻传播学类院、系、专业的高校已由改革开放之初的两三所增加到800所以上，各种类型和层次的专业教学点已不下1 000个。新闻专业的教学已从单一的大学本科教育，发展到博士生、硕士生、本科生、大专生、成人教育、函授教育等多层次的格局，不少院系还设置了新闻传播学方向的博士后流动站。改革开放之初，全国在校新闻系科学生总共只有500来人，现在仅在校本科生就有16万人左右，硕士和博士研究生3万人左右，办学层次、办学规模、办学水平都有了很大的提高。进入新世纪以后，随着新闻传播事业的加速发展和新闻战线人才需求的不断增加，中国的新闻教育还将会有更大幅度的发展。

一般说来，新闻教育质量的高低，起决定作用的主要是两个因素：一个是师资，一个是教材。两者之间，教材的作用更大。这是因为，师资的多少和良窳，往往受办学主客观条件的限制，而教材一旦完成，就可以直接嘉惠于学子，风行四海，无远弗届。进一步说，一部好的教材，不仅可以满足教学的需要，培养出一大批人才，而且还可以同时拥有一定的学术含量，推动新闻传播学研究的发展。1919年出版的徐宝璜的《新闻学》，1927年出版的戈公振的《中国报学史》，就是这方面的很好的例子。这两本书都是作者在高等学校从事新闻学理论和新闻史教学时作为教材编写出来的，出版之后，立即引起世人的关注和推崇，一再重版，历久不衰，至今仍然是公认的新闻学理论和新闻史方面的传世之作和经典之作。正因为这样，新闻教育的前辈们，历来十分重视教材的建设。新中国成立初期的十来年，坊间出版的新闻学方面的书籍，绝大部分都是教材。改革开放以后，新闻传播学研究空前繁荣，新闻学方面的书籍大量问世，但教材仍然在其中占了很大的比重。这些教材，覆盖了新闻传播学的方方面面，经过出版家和众多作者们的长期努力，门类和品种基本配套齐全，曾经为同时期的新闻教学做出过重要的贡献。但是，随着时间的推移和新闻工作实际的飞速发展，这些教材的体例日显陈旧，观点和内容也亟待调整和更新。一些属于学科前沿和科技含量较高的新开课程的教材尚付阙如，使现有的教材出现了不少缺口。在新世纪已经到来之际，集聚力量，重新编写出一套体系完整，门类齐全，能够为新世纪的新闻教育和新闻人才培养服务的新闻传播学的系列教材，已经成为人们的共识和新闻业界与新闻教育界的迫切需求。

呈现在读者面前的，就是应这样的需求产生的一套系列教材，它将涵盖新闻学、传播学两个二级学科的方方面面内容，满足新闻、广播、电视、广告、媒体经济、新媒体等多个专业的教学需要。负责这些教材编写工作的，是中国人民大学、复旦大学、北京大学、清华大学、中国传媒大学、中国青年政治学院等多所著名院校长期从事新闻传播学方面教学与研究工作的专家学者，其中有相当大的一部分编写者都是相关学科的国家级的学术带头人，堪称一时之选。收入本系列的教材中，既有国家级重点教材，也有部级重点教材，其他的也都是经过严格筛选的精品，所以，本套系列教材的质量是有保证的，其权威性也将会得到社会的认同。

21 世纪是一个高度信息化的时代，是信息经济和知识经济占主导地位的时代。信息经济和知识经济有两大支柱，一是以高科技为代表的传播技术产业，二是从事新闻和信息产品生产的媒体产业。新闻传播学作为将这两大领域有机联结的桥梁，在今后的国家建设和社会发展中必将发挥越来越重要的作用。中国人民大学出版社经过精心策划，隆重推出这套系列教材，是具有高度的前瞻性和战略眼光的。在这里，我谨代表编委会和全体作者向中国人民大学出版社表示由衷的感谢。

这套系列教材开始策划于 20 世纪的最后一年，21 世纪初起陆续问世，迄今已编写出版了 50 余种。在体例和内容的创新和开拓等方面，远远超过同时期出版的同类教材。其中的有些教材，还根据整个新闻传播理论与实践的发展和新闻传播学教学与研究的发展，陆续作了必要的补充和修订，重新出版，实现了内容的与时俱进。

这批教材的问世，将会为新闻传播事业和新闻教育事业的发展和繁荣、为新世纪新闻传播人才的培养做出它应有的贡献。这是出版者和全体作者共同的一点希望。是为序。

方汉奇

2012 年 3 月

于中国人民大学宜园

序　言

数字出版（Digitalized Publishing）是人类有史以来增长最快的传播手段。它的出现和对文明的意义，不亚于纸张的发明对世界的意义。数字出版不论是对政治和经济，还是对人们的生活方式和思维方式都产生了重要影响。因此，对数字出版理论、最新制作技术及管理方法等问题进行全面系统的研究，并加快数字出版方面人才的培养，以促进中国数字出版及整个数字出版事业的发展，就成为当务之急。

数字出版是过去电子出版的新表述，是指以数字形式存贮和传播信息，读者必须通过各种形态的计算机（如平板电脑）或具有计算机特征的智能终端（如智能手机、电子书阅读器）阅读使用的出版行为和形式。

数字出版具有信息量大、使用方便的特点，可对信息进行各种处理，检索快速便捷，图文声像并茂，互动性强，省去了印刷、装订、储运等环节，降低了生产成本，缩短了出版周期。通过计算机网络高速传播，信息不但具有获取快、传播快、更新快等特性，而且具有计算机检索功能和超文本等功能，这就使数字出版物成为一种具有强大生命力的大众文化传播出版物。同时数字出版允许作者与读者之间进行网上交流，信息反馈及时，从而改变了传统的信息交流方式。总之，数字出版的出现，极大地改变了信息传播的模式，影响了人类知识的组织、传递与获取，提高了人们读书治学、获取信息的效率，给人类社会文化带来了深刻的变革。

本书综合了计算机科学、新闻传播学、情报学、出版发行等多种学科的知识，对数字出版进行了多角度的创造性的研究，在阐释与探索数字出版理论的同时，结合大量的案例和插图，对目前数字出版的类型、经营管理，文字、图片、音视频的编辑制作等做了简明实用的讲解。本书亦是笔者主持的国家社会科学基金项目“手机媒体及其管理研究”的研究成果之一。

当然，数字出版属于新生事物，而且发展很快，有待于进一步深入研究的问题肯定还有很多，但愿本书的出版能起到抛砖引玉的作用，同时能够对数字出版的理论研究、学科建设，以及中国数字出版人才的培养有所裨益。

匡文波

2015 年 5 月

目　录

第一单元

基本概念

第一章
数字出版开启无纸时代

【本章学习要点】

掌握数字出版及其相关概念，数字出版的特征、社会影响。

数字出版（Digitalized Publishing）是人类有史以来增长最快的传播手段。数字出版是指以数字形式存贮和传播信息，读者必须通过各种形态的计算机（如平板电脑）或具有计算机特征的智能终端（如智能手机、电子书阅读器）阅读使用的出版行为和形式。数字出版的出现和对文明的意义，不亚于纸张的发明对世界的意义，对人们的生活方式和思维方式都产生了重要影响。

第一节　数字出版的概念与特征

一、相关概念

（一）电子出版

电子出版是计算机技术与出版活动相结合的产物，起源于20世纪50年代末60年代初科技期刊编辑出版的计算机化。美国《化学题录》磁带版是世界上最早的电子出版物。

电子出版曾有三方面的含义：其一是指在图书、期刊生产过程中的计算机排版技术，这实际上是指出版物生产过程中手段的计算机化，出版的最终产品仍以纸张为载体；其二是指不仅生产技术采用电子技术手段，而且最终产品也是电子形式的出版物；其三是指以电子形式传递出版信息，尤其是通过互联网传播信息，即所谓无纸出版。电子出版的诞生，表明无纸化时代的来临，它在阅读方式、阅读习惯、阅读文化上引发了人们沟通方式、信息传播的一次新的变革。

“Electronic Publishing”这个用语在英语中首见于1977年，当时主要指把电子计算机技术用于出版物的印前编辑出版工作，还不是指出版全过程数字化。在西方国家，20世纪80年代，电子出版曾指印刷前工艺的电子化，表示这种含义的“电子出版系统”，在国外通常称为“Desktop Publishing”（桌面出版系统，简称 DTP）。

20 世纪 80 年代中期，只读光盘（CD-ROM）问世。到了 20 世纪末，随着互联网的普及，新兴的网络出版（Network Publishing）成为电子出版的主流。

在国内，不同的学者、管理者、从业者对电子出版也有不同的理解。

1996 年 3 月 14 日，原国家新闻出版署颁布了《电子出版管理暂行规定》，该规定对电子出版作了如下界定：以数字代码方式将图文声像等信息存贮在电介质，通过计算机或者有类似功能的设备阅读使用，用以表达思想、普及知识和积累文化，并可复制发行的大众传播媒体。

原国家新闻出版署于 1997 年 12 月 30 日颁布了新的《电子出版物管理规定》，其中对电子出版物的定义是：“电子出版物，是指以数字代码方式将图文声像等信息编辑加工后存储在磁、光、电介质上，通过计算机或者具有类似功能的设备读取使用，用以表达思想、普及知识和积累文化，并可复制发行的大众传播媒体。媒体形态包括软磁盘（FD）、只读光盘（CD-ROM）、交互式光盘（CD-I）、照片光盘（Photo-CD）、高密度只读光盘（DVD-ROM）、集成电路卡（ICCard）和新闻出版署认定的其他媒体形态。”

1999 年版《辞海》的“电子出版”条释义为：利用电子计算机技术制作电子出版的工艺过程。通常包括前期策划、素材准备、美术设计、程序编制、后期制作或通过网络发送等环节。

北京大学的刘兹恒教授在《信息媒体及其采集》一书中，给电子出版的定义是：电子出版是以出版为目的，以磁带、磁盘、光盘等为载体，以机读数据形式表示其内容，体现数据库结构并辅之以计算机检索软件等信息处理手段，通过计算机加以利用的出版物。① 从上述定义我们得出两点结论：其一，首先电子出版物是图书，只不过其记录信息的载体不是纸张而是光盘或磁盘；其二，电子出版物的阅读必须借助计算机才能完成。

北京大学的谢新洲教授认为：电子出版物，是指以数字形式存储在光、磁、电等存储介质（CD-ROM、磁盘）上，并通过计算机或远程通信进行阅读的出版物。② 因此，电子出版是将文字、声音和图像等信息以数字的形式存储在磁、光、电等介质上，通过对计算机或阅读器使用的新型出版形式。

综上所述，所谓电子出版是指以数字形式存贮和传播信息，读者必须通过计算机或类似设备［如电子书阅读器、PDA（Person Digital Assistant，个人数字助理）、手机终端等］阅读使用的出版形式。网络出版是电子出版的一种重要形式，其数字化文献信息必须通过计算机通信网络进行传播。在现代技术条件下，网络出版是目前电子出版的主流。本书没有特别指出的电子出版指的就是网络出版。

电子出版的无纸化最终产品即电子出版物。电子出版指的是过程，而电子出版物指的是结果。电子出版物可以按不同标准分类，例如可以将电子出版物分为电子书、电子期刊等。电子

① 参见刘兹恒：《信息媒体及其采集》，23 页，北京，北京大学出版社，1998。
② 参见谢新洲：《数字出版技术》，13 页，北京，北京大学出版社，2002。

书是目前电子出版物的重要类型，因此，在一些场合下，电子书与电子出版物的界限并不十分清晰。

人们对电子书的概念同样没有一个统一的解释。一种观点认为，只要是通过电子信号将传统印刷技术所要表现出来的内容取而代之的媒体都可以称做广义的电子书；另一种观点认为，电子书应该是书籍以电子版的方式在互联网上出版、发行，并通过便携式阅读终端进行有线下载或无线接收，最后实现阅读的一种新方式。但是无论哪种观点，电子出版数字化的本质特征是不变的。

（二）网络出版

有人认为，网络出版是指具有合法出版资格的出版机构，以互联网为载体和流通渠道，出版并销售数字出版物的行为。

持这种观点的人认为，网络出版物包括：（1）已正式出版的图书、报纸、期刊、音像制品、杂志、电子出版物等出版物内容或者在其他媒体上公开发表的作品；（2）经过编辑加工的文学、艺术和自然科学、社会科学、工程技术等方面的作品。互联网出版机构，是指经新闻出版行政部门和通信管理机构批准，从事互联网出版业务的互联网信息服务提供者。

但是，这种定义是不全面的。事实上，只要是以互联网为载体、以计算机或智能终端阅读使用的出版行为和形式都是网络出版，而不论其出版主体是谁。

现实的情况是，网络出版的主体恰恰不是所谓的具有合法出版资质的出版机构，即传统的出版社。绝大多数的网络出版主体是个人。如博客出版，其出版和传播信息的目的是分享而非营利。

（三）数字出版

电子出版，可以定义为，在整个出版过程中，从编辑、制作到发行，所有信息都以统一的二进制代码的数字化形式存储于磁、光、电等介质中，信息的处理与传递借助计算机或类似的设备来进行的一种出版形式。

但是，使用“电子出版”一词，总有人将传统的音像出版（如音像磁带）列入其中。因为，电子出版中的“电子信息”可以是数字化的信息，也可以是模拟化的电子信息。因此，目前学术界和业界更倾向于将“数字出版”作为过去常用的“电子出版”的新表述。

有人认为，数字出版是人类文化的数字化传承，它是建立在计算机技术、通信技术、网络技术、流媒体技术、存储技术、显示技术等高新技术基础上，融合并超越了传统出版内容而发展起来的新兴出版产业。数字化出版是在出版的整个过程中，将所有的信息都以统一的二进制代码的数字化形式存储于光盘、磁盘等介质中，信息的处理与接收则借助计算机或终端设备进行。它强调内容的数字化、生产模式和运作流程的数字化、传播载体的数字化和阅读消费、学习形态的数字化。

我们认为，上述定义过于啰嗦。数字出版是过去电子出版的新表述，是指以数字形式存贮和传播信息，读者必须通过各种形态的计算机（如平板电脑）或具有计算机特征的智能终端（如智能手机、电子书阅读器）阅读使用的出版行为和形式。

目前数字出版的主要形式之一是手机出版。所谓的手机出版是指借助智能手机终端的出版行为和形式。

（四）新媒体

数字出版是新媒体的重要部分。新媒体是借助计算机传播信息的载体，其本质特征是数字化和互动性。

“新媒体”一词源于美国哥伦比亚广播公司（CBS）技术研究所所长 P. 戈尔德马克（P. Goldmark）的一份商品开发计划（1967）。之后，时任美国传播政策总统特别委员会主席的 E. 罗斯托（E. Rostow）在向尼克松总统提交的报告书中也多处使用了“new media”一词（1969）。由此，“新媒体”一词开始在美国流行并很快扩展至全世界。

关于新媒体的定义，国内外专家各执一词。早期，联合国教科文组织对新媒体下过一个定义：新媒体就是网络媒体。与之类似的是把新媒体定义为“以数字技术为基础，以网络为载体进行信息传播的媒介”①。

其实，“新媒体”是一个通俗的说法，严谨的表述是“数字化互动式新媒体”。从技术上看，新媒体是数字化的；从传播特征看，新媒体具有高度的互动性。数字化、互动性是新媒体的本质特征。新媒体的传播过程具有非线性的特点，信息发送和接收可以是同步的，也可以异步进行。诸如楼宇媒体、车载电视，由于缺乏互动性，不属于新媒体的范畴。

新媒体是一个相对概念，其内涵会随着传媒技术的进步而有所发展，但从人类传播史的角度而言应是一个时代范畴，特指“今日之新”而非“昨日之新”或“明日之新”。我们不应当以“昨日之新”为标准界定新媒体，20 世纪初出现的广播、电视，在当时都是新出现的媒体，但是现在属于传统媒体。我们更无法以“明日之新”作为标准界定新媒体，否则目前就没有新媒体了。

新媒体的新是以国际标准为依据的。一些国人视之为“新”的媒体形式，在发达国家早就有了，不能称为新媒体，例如车载移动电视。

笔者不赞成使用“数字媒体”这一概念，因为此处的“数字”也可以被理解为制作过程的数字化，如果这样理解，那么几乎所有的媒体都可以列入数字媒体的范畴。

与传统媒体相比，新媒体具有即时性、开放性、个性化、分众性、信息的海量性、低成本全球传播、检索便捷、融合性等特征，其本质特征是技术上的数字化、传播上的互动性（互动性，英文是 interactive，国内也有人称其为交互性）。

传统媒体的传者和受者定位非常明确，传者发布信息，受者只能被动地接收，不管喜欢还是讨厌，无从表达对信息的看法。但是新媒体使传者与受者之间的界限变得模糊，受者不再是被动的信息消费者，而是可以与传者实现信息交互的主体，其身份转变成传者。

《在线》（*Online*）杂志给新媒体下过一个定义：由所有人面向所有人进行的传播（Communications for all，by all）。传统媒体使用两分法把世界划分为传播者和受众两大阵营，人们不是作者就是读者，不是广播者就是观看者，不是表演者就是欣赏者。新媒体与此相反，它使

---

① 陶丹、张浩达：《新媒介与网络广告》，前言，3 页，北京，科学出版社，2001。

每个人不仅有听的机会，而且有说的条件。新媒体实现了前所未有的互动性。因此，在新媒体的研究中，笔者认为已经不存在“受众”的概念，建议用“用户”取代“受众”一词。①

因此，我们用互动性的标准衡量目前所出现的各种新媒体形态，就可以发现，一些所谓的“新媒体”其实只是“新出现的传统媒体”。车载移动电视、户外媒体、楼宇电视就是典型的“新出现的传统媒体”，因为它们缺乏新媒体的本质特征——互动性。对用户而言，车载移动电视毫无互动性可言，它具有空间封闭、受众无选择性地被动接收信息、不能调换频道、不能屏蔽广告、强制收视、随时移动、随时收看等特点。楼宇电视通过导线传播，具有传统广播电视所具有的特征：对象广泛、时效性强、丰富直观、接收随意、顺序接收、转瞬即逝。因此按照传输方式划分，楼宇电视可以而且应属于有线广播或闭路广播之列。楼宇电视目前传播的内容主体是广告。当一个人处于比看广告更无聊的时间和空间（如等待电梯）时，他宁愿选择看广告。这就是楼宇电视广告的心理强制性。因此，楼宇电视的信息传播具有很强的受众被动性，而无法实现用户的主动性与互动性，这与新媒体的本质特征背道而驰。

并非新出现的媒体形态都可以被称为新媒体。例如，有人用自行车车体，甚至人的额头作为广告媒体，但这些媒体却不能被称为新媒体，只能被称为新出现的传统媒体。

由于缺乏互动性，数字化的户外 LED 广告屏也并非新媒体。中国户外 LED 广告屏市场迅速发展，年均增长率达到 39.40%。所谓的 LED 显示屏是一种显示器，由一个个小的 LED 模块面板组成。LED 是英文 Light Emitting Diode 的缩写，中文名为发光二极管，由含镓（Ga）、砷（As）、磷（P）、氮（N）等的化合物制成。

我们认为数字电视不属于新媒体。在现阶段，国内所推广的数字电视只是增加了电视频道，提高了清晰度，依然缺乏互动性，如视频点播尚不普及。因此，目前数字电视依然不属于新媒体。

但是，电视就如同手机的演化一样，迅速兴起的智能电视成为了电脑的一种类型，具有了互动性的智能电视成为了新媒体的新成员。智能电视（Smart TV）就是具有独立操作系统的电视，其本质是计算机的一种新形态。智能电视搭载了独立操作系统，用户可以通过自行安装和卸载软件、游戏等第三方服务商提供的程序，来不断对电视功能进行扩展，并且具有上网功能。

“智能电视”应该具备以下关键特征：本质上是计算机的一种形态，具有独立操作系统、CPU、内存等计算机要素；具备宽带互联网接入能力；可以接收并回放从互联网获得的视频数据流；可以下载并安装各种专门开发的应用程序和游戏；具有网络通信功能；具备全新的遥控装置，并且可以和各种移动终端链接互动。

二、数字出版的特征

数字出版的基本特征是数字化。数字出版信息量大、阅读使用方便、检索快速便捷、互动性强；省去了印刷、装订、储运等环节，降低了生产成本；出版周期短；能够实现无纸化传播，绿色环保；信息可以通过计算机网络高速传播，信息获取快、传播快、更新快；其超文

① 后文中，为方便探讨，有时在提及新媒体时仍使用“受众”一词。

本、多媒体功能，使之成为一种具有强大生命力的信息传播形式。数字出版允许作者与读者之间进行网上交流，信息反馈及时，改变了传统的信息交流方式，给人类社会带来了深刻的影响。具体地说，数字出版有以下特征。

（一）传播与更新速度快

数字出版是一种数字化传播。数字出版可以通过计算机网络高速传播，出版速度快、传播快、时效性强。它不受印刷、运输、发行等因素的限制，信息上网的瞬间便可同步发送给全球的所有用户。与传统出版方式相比，数字出版的修订与更新速度更快，可以实时更新，而且更新成本极低；而传统的出版方式更新时间长且成本高，修订频率往往以年计算。

（二）信息储存密度高、信息量巨大，所占物理空间却很小

数字出版采用数字化的存储技术将信息（如文字、图形、声音、动画、视频等）高密度地压缩、存储于磁性材料或高分子材料，因此其信息含量大、存储密度高，通常 1 张 CD-ROM 光盘可存储 3.5 亿个汉字信息（700 兆字节），相当于1 750册 20 万字的图书，而 DVD 的存储容量更大。数字出版物的存放和携带都十分方便，其储存收藏所占的空间很小，网络出版则几乎不占用任何物理空间。纸质图书、报刊若增印字数，就会增加印刷、排版、发行的成本。数字出版则不同，存储数字信息用的是光盘、硬盘，它可以不限时、不限量地贮存和传播信息，运行各种信息数据库，使得读者可以对信息随时进行便捷检索。

（三）全球性和跨文化性

数字出版突破地域，没有疆界，而且跨国传播成本与本地传播一样低廉。目前世界各国除了个别国家外，几乎都与国际互联网连接，真实的地理隔离不存在了，国界等限制大大弱化。这使数字出版完全打破了传统的或者说物理上的空间概念，网络信息传播实现了无阻碍化，世界变成了地球村，数字出版真正具有了全球性和跨文化性。

数字出版是零成本的全球出版活动。数字出版突破地域、没有疆界，而且跨国传播成本几乎为零。无论从出版者的角度还是从读者的角度看，数字出版中信息的跨国传播与本地传播的成本与速度是相同的。换言之，数字出版的传播距离、范围与成本无关，这一点与传统的出版活动截然不同。

（四）检索便捷

这种特性是传统传播方式所难以具备的。现在纸质出版物储存时占用大量的空间和金钱，检索时更是费时费力。数字出版则完全不同，完备的数字出版物都内置数据库。目前数字出版物的读者和用户可以借助数据库、搜索引擎等从浩如烟海的信息中，在很短的时间内便捷地查询到自己所需的信息。高效的检索功能极大地提高了人们使用信息的效率，也给数字出版增添了特有的魅力。

（五）多媒体

所谓多媒体，就是使计算机成为一种可以作用于人的多种感知能力的媒体，它集合了多种

媒体表现形式（如文字、声音、图片、动画、视频等）来传送信息。数字出版是一种多媒体的传播方式。它可借助文字、图像、音频、视频等任何一种或几种的组合方式来进行传播活动。随着宽带网的普及，多媒体的网络出版越来越多，逐渐成为数字出版的主流。

（六）超文本和超媒体

所谓超文本，是一种非线性的信息组织方式。超文本设计成模拟人类思维方式的文本，即在数据中又包含与其他数据的链接。用户单击文本中加以标注的单词和图像，就能打开另一个文本。超媒体又进一步扩展了超文本所链接的信息类型，用户不仅能从一个文本跳转到另一个文本，而且可以激活一段声音、显示一个图形或播放一段视频。

人类的思维活动是多维的、发散的，而不是线性的。传统纸质出版方式是顺序的、线性的，而不是跳跃的、多向的，但这样的表达方式不符合人们的思维方式。数字出版能够突破线性表达的桎梏，使其具有联想功能，从而更接近于人类对知识、概念、思想的表达习惯。

（七）互动性

在数字出版过程中，出版者和读者之间可以通过网络进行有效的交流与沟通，及时做出调整，甚至出版者和读者之间的交流本身也可以成为数字出版的一部分。有效沟通可避免出现资源的浪费，能够实现出版的“零库存”。读者可以将自己的需求通过网络迅速地传递给出版者，然后出版者根据用户的需求迅速提供相应的数字图书供读者选择。同时出版者与作者、读者之间对于选题、编辑、发行、作品的社会效果，可以通过网络及时交换反馈信息。根据反馈信息，出版者和作者可及时修改作品。数字出版具有自下而上的互动性。数字出版使传播者与受众之间的关系发生了变化，部分受众还可以成为网络出版物的作者。

（八）低成本、高效益

数字出版的信息复制具有快捷、方便、零成本、高保真的特点。数字出版所传播的信息量大而传播活动的成本低，即便是在现有的技术条件和网络资源条件下，数字出版给受众带来的信息量也是传统出版物难以望其项背的。数字出版省去了制版、印刷、装订、投递等工序，不仅省掉了印刷、发行的费用，而且避免了纸张的开支，使图书出版的成本大大降低了。

数字出版易复制的特性在方便人们使用阅读的同时，也为知识产权的保护带来了严峻的挑战。因此，数字出版者节约了印刷、发行成本，但是增加了知识产权保护的成本。然而从整体上，数字出版还是属于高效益的信息传播方式。

（九）实现无纸化出版，有利于保护森林资源，做到绿色环保

纸质出版物消耗了大量的森林资源，同时在纸张生产过程中也造成了严重的污染。而数字出版实现了网上下载发行，使出版成为信息在虚拟世界中流通的一种模式，不需纸张、油墨，因而网络出版是一种节约资源、无污染的绿色产业。

有人计算，一棵树平均可以制作成15 900张 A4 规格的纸张，或31 800张 B5 纸。若一本书平均 280 页，一棵树平均可做 227 本书。从自然生态和环境保护的角度而言，这是极为浪费的

一件事。发展数字出版，势必将在某种程度上避免对自然环境的人为破坏。

另外数字出版与传统出版相比，还有其他优势，具体表现在：零库存，但永无断档、绝版、脱销等情况；能实现个性化服务，按需发行；可实现网上即时数字结算；降低了出版门槛，更多的人可通过网络渠道自行出版和发行图书等。

随着相关技术的不断进步，数字出版的特性还将进一步得到凸显，甚至还会出现更新的特性。从总体上看，数字出版的出现，极大地改变了信息传播的模式，影响着人类知识的组织、传递与获取方式，提高了人们读书治学、获取信息的效率，给人类社会文化生活带来了深刻的变革。

当然，任何事物都具有两面性，目前在数字出版中也存在不少问题，主要表现在以下几方面：

第一，数字出版需要一定的阅读条件，除了依赖于计算机或类似设备，还必须依靠电力、软件、通信设备和输出设备的支持，只有这些条件都具备后，数字出版的阅读和利用才变为可能。

第二，互联网的开放性和便捷性为大众参与数字出版提供了方便，这就使得任何人都可以在网络上发表作品，而不像在纸质图书报刊等传统媒体上发表文章时还需要经过编辑的筛选和加工。这种几乎毫无限制的"自由"被一些人滥用，从而导致网上出现了不少为法律所禁止或社会道德所不容的内容。

第三，网络给每个网民都提供了成为出版者的可能。由于数字出版克服了传统的时间和空间障碍，信息的发布、传播失去控制与传统意义上的"把关人"，因而在数字出版活动中，产生了大量虚假信息、错误无用信息、黄色信息等不良信息，造成信息环境的污染和"信息垃圾"的产生。同时，在网络上任何人都可以自由发表意见，并且发布的成本几乎可以忽略，在某种意义上，"每个人都可以成为全球范围的信息制造者"，于是出现所谓"信息爆炸"（Information Explosion）的现象，这种现象的出现反而增加了人们利用信息的困难。

第四，目前数字出版发展中面临的最大困难是知识产权难以得到有效保护。信息生产、加工和处理的计算机化、网络化大大方便了信息的复制和抄袭。在网络出版中，知识产权保护之难不在于相关法律的有无，而在于在网络上对知识产权的侵犯存有隐蔽性、迅速性、零成本、危害的全球性以及罪证难以收集等特点。简言之，在数字出版中，保护知识产权的成本和风险很高，而侵权的成本与风险却低到可以忽略不计的地步。

第五，信息技术的发展还可能造成各国在贫富方面的差距进一步拉大，即所谓强者越强，弱者越弱的马太效应。这在数字出版方面表现得淋漓尽致。一方面，在家庭计算机拥有量较高的西方国家，数字出版发展迅速，个人获取网上信息非常便捷；另一方面，许多第三世界国家温饱问题与基础教育问题尚未解决，更谈不上进行数字出版活动。这就造成富国容易获得信息，垄断文化资源，从而能获取更多财富；而穷国信息闭塞，经济更为落后。

同时，数字出版（尤其是网络出版）在发展中，还存在以下不容忽视的问题：(1) 质量控制问题。许多数字出版尚缺乏严格的精审制度，数字出版的质量有待确定。(2) 许多数字出版者出于经济、技术因素的考虑，并不在网络上长期保存信息，给读者用户的系统阅读、检索带来不便。(3) 目前网络出版在信息的稳定性、安全性、可靠性等方面存在隐患。

总之，数字出版的诞生，预示着无纸化时代的来临，它定会在人们的沟通方式、信息传播的方式上引发一次新的变革。

三、我国数字出版的发展

我国的数字出版酝酿于20世纪80年代后期，真正起步是在20世纪90年代初。我国第一种数字出版物是武汉大学陈光祚教授的《国共两党关系通史》（磁盘载体），于1991年5月发行；第一种多媒体数字出版光盘《邮票上的中国》于1992年年底发行；第一种数据库光盘《中国企业、公司及产品数据库》于1993年1月开始发行，到1993年年底共出版了12种只读光盘数字出版物。另外1992年中国软件协会软件出版分会和1993年中国出版工作者协会数字出版研究会的成立，对数字出版的发展给予很大推动。

我国在1993年基本具备了只读光盘的生产能力。我国早期生产的只读光盘出版物基本上属于期刊、专利、法律等数据库类型的数字出版，现在的数字出版已开始向文化、教育、旅游、娱乐等领域发展。同时，多媒体技术也被广泛运用到只读光盘产品的开发中。目前，随着光盘驱动器大量进入企事业单位和家庭，数字出版正进入快速发展阶段。

1997年我国多媒体计算机拥有量已经超过1 000万台，且正在以每年32%的速度递增。若按每台多媒体计算机拥有10片光盘计算，每年光盘的需求量为1亿片，而我国1997年生产多媒体光盘近1 025种，按每种印制10 000片计，年生产量就为1 025万片。另外我国已成功地攻克了诸如汉字编码、汉字识别、汉语识别、汉字信息压缩存储和快速传送等关键技术，发展中文数字出版的技术问题已经基本解决。

我国数字出版品种增长的同时，其内在质量、表现手法也有明显提高，从初期的模仿国外和我国港台地区产品发展到自行开发、创意、制作，有鲜明特色的产品越来越多，不仅在国内获得声誉，而且在一些有影响的国际大赛中获奖。例如，自1996年参加法国莫必斯国际光盘大赛以来，人民美术出版社的《故宫》获1997年特别奖，清华大学出版社的《颐和园》获1998年文化人文艺术奖。

1998年，我国正式的多媒体数字出版物达到1 442种，内地数字出版单位达到64家，具备相当实力的制作公司达到100多家。

2000年，我国光盘产品发展迅速，2001年光盘产品销售量突破1亿，同时全世界80%的光学头、70%的光盘机小机芯在中国生产。至2001年4月，国内累计制作出版了大约5 000种以上以只读光盘为介质的数字出版物，内容覆盖了各领域，为传播科学文化知识、繁荣多媒体市场起到了很好的作用。

2000年之后，网络出版逐渐成为数字出版的主流。

网络出版的发展，可以追溯到20世纪60年代的联机情报检索服务系统。著名的联机检索服务系统有1966年建立、1972年投入商业性运营的DIALOG系统，1965年建立、1973年投入商业性运营的ORBIT系统，1976年建立的BRS系统，1975年建立的ESA系统等。这些联机情报检索服务系统亦是一种网络出版。然而，我们今天谈及网络出版，往往是指基于互联网的文化传播载体。

互联网是美国率先发展的。世界上第一家网络报纸是1987年成立于美国的《圣何塞信使报》。世界上第一份中文网络报刊——《华夏文摘》于 1991 年 4 月在美国创刊。在我国内地出现的第一份网络报刊——《神州学人》创刊于 1995 年 1 月，由原国家教育委员会主办，通过中国教育和科研计算机网（CERNET）向全球发行，主要是为出国留学人员服务。

2003 年，原新闻出版总署正式批准了 50 家单位从事网络出版业务，我国的网络出版自此进入产业化发展阶段，网络出版从业人员总数超过 10 万人，产业链逐步形成。2004 年，中国网络出版收入达 35 亿元人民币，带动相关产业（如 IT、通信、媒体、教育等行业）收入达 250 多亿元。2005 年，全国共有数字出版单位 198 家，出版品种达到6 152种。

我国网络出版已初具规模，形成了学术文献数据库、网络期刊、网络图书、网络游戏出版物、网络文学读物、网络教育读物、网络音像出版物、网络动漫作品等出版类型。

实际上，人们很难对网络图书进行精确的统计，因为它总处在不断变化之中。根据《深圳特区报》2006 年 2 月 16 日报道，截至 2005 年 4 月，我国电子书销售总册数达到 805 万册，出版总量达到 14.8 万种。目前我国数字图书馆用户已经超过1 000家，55%的省级图书馆开始使用电子书。根据我国“2006 年互联网时代的读者阅读调查报告”，互联网已成为六成读者获取图书的渠道。

根据《中国新闻出版报》2014 年 12 月 19 日的报道，2014 年是我国数字出版的规模达到 2 540.35 亿元，同比增长 31.25%。2014 年，传统出版积极拥抱互联网，全面进行数字化转型，我国数字产品形态更加丰富，数字出版从业大军更加庞大，数字阅读方式更加普及。

第二节　数字出版将取代纸质出版

一、纸质媒体走向消亡只是一个时间问题

既然数字出版有如此多的优越性，那么人们就会问：传统的纸质出版会被取代吗？

很多人认为数字出版不可能取代传统的纸质出版，具体原因有如下几点。

（1）传统的纸质出版物有其自身的优势：便于携带，直观性强，便于阅读、便于查阅、阅读成本低。数字出版需要专门的阅读工具，远不如看纸质出版物来得方便轻松。传统的出版物阅读方便、权威性强，还是会受到人们的喜爱。

（2）数字出版与传统出版是相互竞争而又互为补充、相互促进的共存关系。目前一些数字出版只是传统出版的延伸和翻版，不会取而代之。人们的需求层次不会越来越单一，只会越来越丰富；数字出版对于绝大多数人来说，只是多了一个选择。而且数字出版尚存在不少问题，例如知识产权保护还很薄弱，信息的安全性还有待加强。

（3）人类对传统纸质出版物的依赖及其千百年来形成的线性阅读的习惯，不可能在一朝一夕就彻底改变。纸质出版物伴随着人们跨越了近两千年的历程，人们已经习惯于它。它直接呈现在你的面前，供你随时、随地、随意地翻阅、圈点、记录，它不仅是信息传递的载体，而且已经成为一种艺术品，人们阅读纸质出版物，除了接受其中的信息之外，还可以非常直观地得

到美的享受。另外，欣赏纸质书刊可使读者与书刊之间的感情交流专注而强烈。

(4) 对读者身体健康影响很小。纸质出版物墨与纸的对比度大，分辨率高，字符稳定性强，图像色彩效果好，很适合读者阅读，对他们身体健康影响很小。

但是，纸质出版走向消亡只是一个时间问题。因为，纸质出版物的所谓优点没有一个是真正能成立的。

(1) 纸质出版物便于携带吗？

传统的纸质出版物便于携带的观点忽略了一个重要的事实，即纸的信息存储的密度大大低于新媒体，新媒体体积小、容量大、存储密度极高。从便携性的角度看，一张重量只有几克的DVD光盘可以存储4.7G的信息，相当于4.7×1 024×1 024×1 024=5 046 586 572.8字节(Byte)，即可以存储2 523 293 286个汉字。若以一本书平均20万字计算，一张DVD光盘可以存储12 616册图书。由此可以看出，在信息量相同的情况下，数字出版物远比纸质出版物更容易携带。

(2) 纸质出版物比新媒体更有权威性、真实性吗？

认为纸质出版物权威性强、更真实的理由是纸质文献经历了上千年的洗礼，已建立起完善发达的编辑、生产、发行系统；在新闻报道方面，大多数纸质出版物有着严密的新闻采编和发布流程；在科学评价方面，出版社、期刊社建立健全了学术评审委员会或类似机构来保证出版文献的学术水平。

然而对各类媒体的权威性、真实性需要具体对象具体分析。不可否认，发布在BBS、个人博客上的信息，其权威性、真实性在整体上不如传统媒体，但是，一些格调低下的报刊上的消息也具有权威性与真实性吗？事实上，在一些突发与敏感事件的报道方面，新媒体所拍摄的画面不仅具有真实性、准确性，而且比传统媒体具有更高的即时性。2007年的“十大假新闻”中只有一条是由中新网发布的，其他的九条假新闻都来自报刊、电视等传统媒体。这从一个侧面证明了网络媒体在权威性、真实性上并无明显的弱势。

在学术评价方面，国外不少高校、研究机构已经开始逐步认可在学术性网络媒体上发表文献的学术性，因为这些学术性网络媒体跨越国界，聚集全世界顶尖的同行专家，他们借助互联网十分便捷地讨论各类学术问题。

(3) 纸质出版物经济吗？

在社会总成本方面，纸质出版物远不如新媒体经济。新媒体的传播省去了制版、印刷、装订、投递等工序，不仅省掉了印刷、发行的费用，而且避免了纸张的开支，使总的成本大大降低了。而且，纸质媒体消耗了大量的森林资源，同时在纸张生产过程中也造成了严重污染。中国目前在校中小学生有2亿多人，以每个学生一年两学期用15册课本计算，每年要用30多亿册课本，消费纸张达55万吨之多，需砍伐1 100多万棵树。从自然生态和环境保护的角度而言，是极为浪费的一件事，这显然在增加人类社会发展的总成本。

同时，随着技术的发展，电脑、手机等数字技术产品的价格越来越低，而森林资源会越来越稀缺和珍贵，纸质出版物会越来越昂贵。

(4) 纸质出版物更符合人们的阅读习惯吗？

感情与习惯是可以改变的。对于从小就只接触纸质出版物的人来说，纸质媒体的确符合阅读习惯；但是对于从小就接触新媒体的读者来说，阅读新媒体甚至比传统的图书报刊更习惯。在发达国家，不仅携带笔记本电脑上学的小学生越来越多，而且正在推行电子书包计划。电子书包不仅存储了大量的教科书、教学参考书、多媒体讲义，可以上网更新最新的教材版本，还可以在上面批注、圈点、记录上课笔记。显然，经过一两代人之后，新一代的读者会更习惯、更喜欢新媒体阅读方式。

（5）纸质出版物对读者身体健康影响小吗？

目前并没有科学权威的医学对比数据可以证明，纸质出版物对读者身体健康的负面影响小于新媒体，这只是一种经验主义的判断。其实，长时间地伏案阅读，不管是纸质媒体还是新媒体，都会对人的健康有所损害。与其说是屏幕损害了读者的眼睛，倒不如说是不科学的生活方式、不正确的阅读习惯损害了健康。随着科技的发展、技术越来越人性化，如人体工程学的大量运用、显示屏技术的改善，阅读新媒体损害健康的观点很难成立。

（6）纸质出版物便于保存吗？

新媒体的最大优势之一是信息存储密度极高、单位信息存储成本极低，因此，可以用极低的成本，迅速对数字信息进行大量的复制，作为备份，以防不测。而这是纸质媒体无法做到的。例如，《人民日报》自创刊以来的所有报纸内容可以被制作成几张 DVD 光盘，而其成本不超过 100 元人民币。事实是，难以大量备份的纸质媒体更容易损毁。纸质媒体的确有收藏价值，但是这恰恰证明其要走向消亡。

况且，在数字化新媒体技术日益发达的今天，纸质出版物逐渐日薄西山已是客观事实。在日本，40 岁以下的人很少阅读报纸，其主要信息来源是网络媒体与手机媒体。在中国，2004 年岁末公布的第三次国民阅读调查表明，国民阅读率 5 年来持续走低。传统书籍阅读率走低原因众多，新媒体的分流是一个不争的事实。

同时，数字出版正处在不断进步与完善中，存在的不足正在被逐一克服；相反，有着千年历史的纸质出版已经没有技术飞跃的可能。例如，人们在阅读纸质出版物时可以在上面画线、批注、圈点、折页，甚至撕页等，过去的数字出版物不具备这样的功能，但是现在许多数字图书已经实现了对图书内容的批注、圈点、标注功能。

然而数字出版的许多功能是传统纸质出版永远不可能具备的，尤其是高速便捷的检索功能与知识聚类功能。数字出版中的各个知识项，可以根据需要在某一基准上自动进行聚合，而在另一基准上又可以换一种角度自动进行新的聚合。例如一部电子版的历史著作，我们可以通过这种聚类功能，了解某一人物曾与哪些人发生关系；了解某一事件涉及哪些人物、哪些地点；了解某一地方曾出现过哪些事件等。这种聚类功能有助于使信息媒体中分散的知识项得以集中化、有序化。数字出版还有信息计量的功能。数字出版能够对其内容中所涉及的各个事项，如人物、事件、地点及名词等进行出现频率的统计。统计的结果还可以按升序或降序自动排列成表，并且通过这种排序表可以了解有关人物、机构事件的影响程度，了解数字出版内容所涉及的主题范围及其重点，这种方法对减轻读者或有关研究人员的工作负担和提高工作效率有重要价值。

相比而言，纸质媒体的不足，如检索不便、信息贮存密度小、无法实现多媒体跨国传播、印刷发行成本高等现象，正日益变得突出。当然，纸张的消亡过程不像部分西方学者预言的那样短暂，这种新老更替的过程需要 50～100 年的时间。

二、纸质媒体正在消亡

（一）让事实说话——柯达的教训

如果 20 年前有人说柯达会破产，一定会被人认为是痴人说梦；如果 10 年前，有人说胶卷相机会被数码相机所取代，一定会引起激烈争论。数据显示，柯达的收入和利润分别在 1996 年和 1999 年达到巅峰，分别为 160 亿美元和 25 亿美元。

数码相机的普及对柯达的业务形成巨大冲击。科技的进步是挡不住的，尽管伊士曼之后的柯达在数码领域拥有约 1 100 项专利，但却失去了开拓时代的勇气，也因此失去了一个时代。今天数码相机和拍照手机已经“一统天下”，胶卷相机已经成为收藏品。柯达于 2012 年 1 月 19 日在纽约向法院提出申请破产保护，宣布了一个时代的结束。

柯达向有“百年老店”之美称，已经拥有 131 年历史，它所提供的优质胶卷曾经在全球胶卷市场独占鳌头，并且也在 20 世纪 80 年代刚刚改革开放的中国市场上受到消费者的欢迎。但是，时间不过过去了 20 多年，柯达却已经风光不再。柯达的遭遇发生在大洋彼岸，但中国消费者对此也有切身感受，在中国市场上，一些柯达胶卷专卖店早已由于市场销售的低迷而陷于亏损困境。而在国际市场上，柯达的严重衰退也早已不是新闻，自 2005 年以来，柯达没有一年不出现亏损。

柯达的失败主要基于两方面原因：首先，传统相机和数码相机的工作原理不同。在数码时代，柯达基于传统相机的供应链优势和专利优势不复存在。其次，虽然柯达率先发明数码相机，但其成功实质上是传统业务的成功，所以传统业务部门对企业决策的影响力甚大，企业资源也会优先配置到传统业务部门，从而导致其转型迟缓。

目前，卡片数码相机正在被智能拍照手机所替代。一直以来，人们认为拍照手机难以取代数码相机，因为拍照手机的拍照效果不佳。比如，以前拍照手机 CMOS 的镜头只是一个摄像眼，无法达到专业数码相机的取景标准；变焦功能只是数码变焦，不是真正的物理变焦，这应用在 CMOS 镜头上更难以达到理想效果；还有闪光灯，拍照手机也很难和数码相机相提并论。不过，随着新一代拍照智能手机机皇——拥有 4 000 万像素摄像头、支持多倍光学变焦的新一代“诺基亚”拍照手机——的出现，以上说法便完全不成立了。

数据显示，用智能手机进行视频和照片拍摄变得越来越普遍，传统相机及摄像机的使用量越来越少。

（二）让未来作证

新媒体将人际传播和大众传播融为一体，其基本技术特征是数字化，基本传播特征是互动性。新媒体具有传播与更新速度快、信息量大、内容丰富、全球性和跨文化性、检索便捷、多媒体、超文本、互动性强、成本低的优势。①

---

① 参见匡文波：《网络传播学概论》，2 版，24 页，北京，高等教育出版社，2004。

新媒体在不断进步与完善，存在的不足也正在被迅速地逐一克服；相反，拥有千年历史的纸质媒体已经没有技术飞跃的可能。例如，人们在阅读纸质媒体时可以在上面画线、批注、圈点、折页，甚至撕页等，过去的新媒体则不行；但是现在许多电子书已经实现了对图书内容的批注、圈点功能。

新媒体的许多功能是纸质媒体永远不可能具备的，尤其是高速便捷的检索功能与知识聚类功能。新媒体有聚类知识项的功能。新媒体中的各个知识项，可以根据需要在某一基准上自动进行聚合；而在另一基准上又可以换一种角度自动进行新的聚合。纸质媒体的不足，如检索不便、信息储存密度小、无法实现多媒体跨国传播、印刷发行成本高等，正日益变得突出。作为中国古代四大发明之一的纸，正像一个步履蹒跚的长者迈向历史博物馆。

随着智能手机的普及，手机正在成为最重要的新媒体，这使得纸质媒体所具有的便携性等优势完全丧失。因为从小就接触新媒体的新一代读者会抛弃传统阅读的习惯，电子书可以使人们的口袋中永远有一个完整的图书馆，从纸上阅读到屏幕阅读，新媒体有望革新整个世界的阅读形式。

有人认为，过去关于纸质媒体消亡的预言都错了；但是笔者认为关于纸质媒体消亡的大趋势并没有错，只是时间后移了。

笔者认为，由于中国、日本、美国等世界各主要国家的纸质媒体读者平均年龄均超过 40 岁，而其人均寿命均未超过 90 岁，因此，可以预言 50 年后纸质媒体将在主要国家退出历史舞台。考虑到全球社会经济科技发展的不平衡，100 年后，人们将只能在博物馆中见到纸质媒体了。

美国北卡罗来纳州州立大学教授菲利普·迈耶（Philip Meyer）在《正在消失的报纸：如何拯救信息时代的新闻业》一书中写道："到 2044 年，确切地说是 2044 年 10 月，最后一位日报读者将结账走人。"①

不过，笔者要特别强调，人类的阅读行为不会消失，报社、出版社、期刊社、图书馆都不会消亡，相关从业人员不会失业，只是信息传播形态将彻底改变。今日的新媒体也会被更新的媒体形态所取代。

让我们告别对中国古代"四大发明"之一的纸的怀念，去拥抱一个崭新的数字化新媒体时代吧！

【本章小结】

本章系统阐述了数字出版及其相关概念，数字出版的特征、社会影响。

【思考题】

1. 请问数字出版的优势与不足有哪些？
2. 请分析纸质出版的未来。

---

① ［美］菲利普·迈耶：《正在消失的报纸：如何拯救信息时代的新闻业》，12 页，北京，新华出版社，2007。

第二单元

数字出版的类型

第二章
网络出版

【本章学习要点】

重点掌握网络出版的概念和类型。

在当今的数字出版中，以光盘为载体的封装型电子出版（非网络出版），已经没有发展空间，早已不再是数字出版的发展方向。网络出版、电子书阅读器、手机出版是今后电子出版发展的主流。

第一节　网络出版的概念

电子出版无纸化的结果是数字出版物（过去亦称电子出版物），数字出版可以光盘、磁盘为载体，也可以网络为载体，因此网络出版是电子出版的一种类型。网络出版与非网络出版（又称为封装型电子出版、单机型电子出版）在复制、发行过程中有区别，但二者又可以相互转化。随着互联网的普及，网络出版成了数字出版的主流。在目前的网络环境下，如果不特别指出，网络出版已经成为电子出版的同义词。

网络出版，国外对此有 Online Publishing、Net Publishing、Web Publishing、Internet Publishing 等几种称谓。

在我国，网络出版的概念最早见于笔者 2000 年 6 月的博士学位论文《论网络出版物》。其后见诸 2000 年 9 月 25 日国务院颁布的《互联网信息服务管理办法》。后来又有《互联网出版管理暂行规定》第五条："本规定所称互联网出版，是指互联网信息服务提供者将自己创作或他人创作的作品经过选择和编辑加工，登载在互联网上或者通过互联网发送到用户端，供公众浏览、阅读、使用或者下载的在线传播行为。"网络出版作品主要包括：（1）已正式出版的图书、报纸、期刊、音像制品、电子出版等出版物内容或者在其他媒体上公开发表的作品；（2）经过编辑加工的文学、艺术和自然科学、社会科学、工程技术等方面的作品。

但是，关于网络出版的概念，至今并没有统一的标准定义。下面就列举几种有代表性的观点。

（1）从网络出版的主体出发，对其过程进行描写性定义，认为网络出版必须是具备合法出版资格的出版机构，以互联网作为载体和流通渠道，出版销售数字出版物的行为。①

这种定义过于狭窄。首先，什么是网络出版中具有合法出版资格的出版机构？报社、杂志社、出版社、音像电子出版社固然是合法出版机构，然而，经营网络出版业务的网络公司只能算是合法的商业实体。其次，难道只有机构才能进行网络出版吗？个人博客出版是一种新型的网络出版，难道大量的博客出版都是非法的吗？

现实的情况是，网络出版的主体恰恰不是所谓的具有合法出版资格的出版机构，即传统的出版社。绝大多数的网络出版主体是个人。如博客出版，其出版和传播信息的目的是分享而非营利。

（2）从传播学角度观察，认为网络出版是信息通过互联网向大众传播的过程，是一种全新的信息传播方式。②

这种定义过于宽泛。因为网络出版是网络传播的一部分而非全部，网络上的大众传播与网络出版是属种关系而非全同关系，所以网络新闻属于网络传播，但不能说是网络出版。

（3）关于网络出版，还有很多形式不同但是实质上差别不大的表述，如：

网络出版就是将作者的著作经过加工后通过互联网以电子文献的形式广为传播，它的实质是拥有固定的域名并与互联网相连的网络实体，以互联网为介质，定期或不定期地向网络用户提供信息产品和服务的一种信息传播模式。网络出版的概念和行为是传统的出版行为在互联网时代合乎逻辑的延伸。③

网络出版，是指在计算机网络上利用网络媒体直接进行组稿、编辑、出版、制作以及销售等信息发布和在线交易活动的一种新型出版形式。网络出版是数字出版与互联网结合的产物。随着互联网的普及，网络出版也呈现出巨大的发展空间。与传统出版相比，网络出版具有价位低、出版周期短、时效性强、内容广泛、无纸印刷、多媒体表现形式、检索快速方便、可与读者互动等特点。④

关于网络出版的概念和定义，还有不少其他表述，在此不一一列举。

我们认为，网络出版是指是以互联网为载体、以计算机或智能终端阅读使用的出版行为和形式。

总之，网络出版是指将文献信息以数字化形式存储在光、磁等存储介质上，通过计算机网络传播，受众通过计算机或类似设备阅读的出版形式。它是电子出版的一种类型，与之相对应的是非网络电子出版，两者的主要区别在于前者是通过计算机网络出版发行的，即其创作、交稿、审稿、编辑、出版、发行等都可以通过计算机网络进行；而后者是指将数字化信息存储在光盘等存储介质上，通过传统的书刊发行渠道流通的电子出版形式。非网络型电子出版目前主

---

①② 参见高朝阳：《对网络出版几个基本问题的探讨》，载《大学出版》，2000（4）。

③ 参见陈玲：《网络出版：从概念到行动》，载《中华读书报》，2000-05-17。

④ 参见谢新洲：《网络出版面临的问题与未来走向》，载《传媒》，2005（7）。

要以光盘为载体进行。

不过，在此需要指出的是，网络出版并不等同于互联网出版。按其所基于的网络类型，网络出版可以分为：基于互联网的网络出版（即目前人们通常说的网络出版）、基于局域网和广域网的网络出版、基于移动通信网络的手机出版，以及将来新一代有着新名称的计算机高速网络的出版。

基于互联网的网络出版的优点是读者人数众多，内容可以通过互联网高速传播与更新。缺点是版权保护仍然是一个难以解决的问题，互联网出版物盈利模式仍然不成熟，制作者获得经济回报的手段有限，安全性问题有待进一步加强与完善。

基于局域网和广域网的网络出版的优点是出版物在一个受控制的环境中产生，通过权力分配和文件放置可以有效地监控发行并非常精确地利用信息；读者或用户是预知的人群，可以有针对性地为他们组织信息；出版发行快；刷新迅速。其缺点是读者或用户数量有限，在局域网和广域网利用与发布信息需要有一定的权限，需要足够有效的网络管理。

目前常说的网络出版通常是指基于互联网的网络出版。本书叙述中若非特别说明，网络出版也是指基于互联网的网络出版。

笔者在此要特别强调，网络出版是网络传播的一个重要组成部分，但是绝非全部。目前一些著作或论文，有将网络出版与网络传播混为一谈的倾向。本书不将网络报纸、新闻网站、门户网站等网络新闻传播形式作为探讨的内容，因为它们虽然属于网络传播，但是不属于网络出版的范畴。读者如果对网络新闻传播有兴趣，可以阅读笔者所著的《网络传播学概论》、《网络传播技术》、《网络媒体概论》等书籍。

网络出版能够成为真正意义上的5W出版（即任何人 Whoever，能够在任何地点 Wherever 与任何时间 Whenever，针对任何读者 Whomever，采取任何形式 Whatever 的出版）。

网络出版是出版物市场大融合的重要推动力量。网络出版的市场是无疆界的，这是深深吸引出版界、IT界巨头纷纷投入其市场争夺的原因之一。同时，网络出版既以出版的数字化为基础，又能进一步推动出版的全面数字化和网络化，催生新的出版模式。网络出版的即时性、超大容量以及所应提供的个性化服务，都要求对整个出版流程进行再造。

2000年，美国畅销小说作家斯蒂芬·金（Stephen King）在网络上发行了他的恐怖小说《骑弹飞行》（*Riding the Bullet*）和《骗局》。其中《骑弹飞行》是世界上第一本只发行网络型电子书、不发行印刷版本的书，这本小说发行的第一天，就被下载了400 000次。如果《骑弹飞行》以印刷书发行，斯蒂芬·金会有10 000美元的收入；现在他只以网络型电子书的方式发行，仅一个月的时间，就已获得450 000美元的收入。《骑弹飞行》在电子书籍销售史上创造了传统出版界所没有的奇迹，引起了出版商、网上书店、网络出版技术厂商的极大关注，也促进了相关技术的发展。

按照其不同的性质，网络出版物可以分为：网络图书、网络期刊、博客等。网络图书是指其内容不定期更新或不更新的网络出版物，目前的网络图书一般是将一些著作予以数字化，制作成相应格式的文件，然后放到网上，供人们有偿或免费阅读下载。网络图书可以有对应的印刷型纸质出版物，也可以只有网络版或光盘版出版物。网络期刊则是内容定期更新的网络出版形式。

第二节 博客出版

一、博客出版的优势

近年来，博客出版成为了一种时尚，它是网络出版的一种新的类型。

“博客”一词源自英文 Blog，Blog 是 Weblog 的简称，即 Web 与 Log 的组合词。1997 年 12 月，约翰·巴杰（John Barger）运行的“Robot Wisdom Weblog”第一次使用 Weblog 这个词，用以界定提供“常更新，有标题、留言和历史记录”的个人主页。而“Blog”这个词，一般公认是彼得·梅尔霍兹（Peter Merholz）在 1999 年命名的。此后，它逐渐成为博客的正式名字。它有两层含义：首先它是 Log，也就是日志，即以时间顺序来排列每天所记录的任何东西；其次是以网页（Web）方式显示和发布，借助于互联网，人们就可以与他人分享自己的经验、想法、感受等，并由此形成一种新型的网络虚拟社区和人际交往方式。简单说来，Weblog 是在网络上的一种流水账记录形式，所以也被称为“网络日志”。另外，它有时也可指写网络日志的某一个个体。

一个博客就是一个网页，它通常是由简短且经常更新的帖子（Post）所构成，这些帖子都按照年份和日期排列。博客的内容五花八门，从对其他网站的链接、评论到有关公司、个人构想的新闻，再到日记、照片、诗歌、散文甚至科幻小说的发表或张贴，应有尽有。许多博客是个人心中所想之事的发表，还有一些博客则是一群人基于某个特定主题或共同利益领域的集体创作。撰写这些博客的人就叫做 Blogger 或 Blog Writer。比较完整的博客概念，一般包括三个方面：一是其内容主要为个人化表达；二是以日记体方式而且频繁更新；三是充分利用链接，拓展文章内容、知识范围以及与其他博客的联系。

博客在全世界短暂的发展史中，有两件事不可不提。第一件是 1998 年的德拉吉（Drudge）报道，它让世界第一次真正感受到了博客的力量。1998 年 1 月 17 日深夜，德拉吉在他的网站上发布了一条令人震惊的消息：“在付印前的最后一分钟，星期六晚上 6 点，《新闻周刊》杂志抽掉了一条重大新闻。这条新闻注定将动摇华盛顿的地基：一个白宫实习生与美国总统有染。”没有人知道德拉吉的消息来源，但他却成为世界上第一个公开报道克林顿和莱温斯基绯闻的人，并在整整半年时间内，引领了美国的“舆论导向”，使传统的主流媒体蒙羞。

另一件事就是 2001 年的“9·11”事件，这是博客发展的分水岭。正是这场恐怖袭击，使人们对生命的脆弱，人与人之间最实时、最有效的信息传递方式有了全新的认识。可以说对“9·11”事件最真实、最生动的描述不在《纽约时报》，而在那些幸存者的博客日志中；对事情最深刻的反思与讨论，也不是出自哪一个著名记者手中，而是在诸多博客当中。博客架起了人们沟通与倾诉的桥梁。

正是在这两大事件之后，博客为越来越多的人所熟知，队伍迅速壮大。每 40 秒，世界上就有一个人成为博客。博客力量的日益壮大引起了广泛的关注，主流网络媒体纷纷开始吸引博客加盟，以免落伍，企业界开始把博客方式引入企业内部网和公司网站。

自2002年起，方兴东等人开始在中国大力推广Blog，他们将Blog翻译成中文“博客”，并创建了国内第一家较有规模的专业博客网站——“博客中国”（www.blogchina.com）。博客真正进入寻常百姓视线、进入媒体的版面主要源于两个人和由之引起的事件：王吉鹏和互联网反黄事件、木子美和木子美性爱日记事件。王吉鹏在2003年6月18日发出其挑战三大门户网站，批评网络色情的文章《网站CEO的下一个称呼》，木子美在同年6月19日发出个人性爱传记《遗情书》。此后，博客和网络色情批评立刻成为媒体关注的风暴眼，传统媒体、网络媒体竞相报道。在这股冲击波的强力推动下，不仅王吉鹏和木子美迅即成为中国最知名的博客，更使博客这种新的网络传播方式被越来越多的普通网民所关注。

博客出版具有独特的传播特性。“自由、开放、共享”是博客精神之所在。作为一种新的传播现象、新的网络交流方式，博客既具有网络传播的一般特点，更具有异于其他交流方式的传播特性。

（一）自主化

个人性的行为、个人性的角度、个人性的思想，是博客文体能够吸引博客本人和读者的力量源泉。写博客是一个自由状态人的自发行为，在这个领域，博客是主编、编辑、记者，写作就是自我存在的表现方式，是个人展示给所有网上读者的自我家园。

（二）草根化

在互联网开放性的背后又存在着“精英化”的倾向，即黑客、政府机构和其他技术精英构成的实体，凭借其技术知识和操作技能拥有某种范围的控制力。因此，网络的精神一方面更加大众化，而同时也走向了新的精英化，是一种技术精英和政府精英的混合物，或者是两者妥协的有机体。

与高技术含量的网络控制相反，博客是一种超级简单的个人网页工具。无论在技术、形式还是在商业模式上，它都平淡无奇，然而这也正是它的“草根或平民”气质所在。在技术层面，博客满足了“四零”（零技术、零成本、零编辑、零形式）条件，从而实现了“零进入门槛”。成为一名博客，没有任何技术含量，没有任何新技术，不需要注册域名，不需要租用服务器空间，不需要许多软件工具，不需要许多网页制作知识。博客是一种傻瓜式的工具，就如同人们拿到纸和笔就可以写、可以画一样。

（三）感性化

博客写作源于内心冲动，是“一种体验式写作”，作者在一片属于自己的天空里随性翱翔，任思维自由驰骋。文章没有内容限制，没有字数要求，甚至也没有质量苛求，只需手指与键盘的配合便可用文字捕捉自我刹那间的所思、所想、所感。这种强调感性的社会特质，特别适合现代人的需要。因为，在生活节奏不断加快的消费社会里，现代人的困境和厄运是“无家可归感”，尤其是大都市里游走的孤独人群，常常感觉自己如一叶浮萍，飘飘悠悠找不到落脚的地方。这里的“家”，不是指身体居处的物质空间，而是哲学意义上的“家”，即精神上的平衡、安宁、和谐之所在。博客借助电脑和网络技术为现代人提供了一个精神交流的归宿，这是博客人心灵寄托的“居所”。

博客出版的出现，标志着“信息共享”向“思想共享”的发展。

二、博客出版的不足

博客给传统道德带来了一系列冲击，其虚拟性弱化了道德规范，信息多元化导致道德信念的迷失，匿名性导致了道德人格的异化。博客作为一种弘扬个性的新媒体方式，其主要目的应该是发掘个人的社会价值，拓展个人的知识视野，充分发挥网络的知识价值，追求健康、个性、平民精神。而一些人开通博客，仅仅是为了赶时髦、哗众取宠，其做法严重违背博客的基本道德精神。博客对传统道德的弱化、迷失、异化，已成为不容忽视的社会问题。

此外，从新闻传播的角度看，博客仍存在很大局限性，无法替代传统主流媒体。这主要体现在以下几点。

（一）博客仍然需要传统主流媒体

博客的发展离不开传统主流媒体。目前在信息源上博客在很大程度上还要依赖传统媒体，因为许多博客内容并非原创，而是把传统媒体的消息转发或链接在博客空间里。传统媒体还为博客提供了批判的靶子，离开了报纸和广播电视，博客便失去了批判对象，很多以挑战传统媒体为己任的博客将不复存在。

（二）博客不具备新闻专业性，其作者不是真正的新闻媒体和记者

尽管博客在及时性、目击性、多元化，甚至在某些领域的专业性上具有优势，但是在新闻专业素养方面，博客作者仍远远不及传统媒体的新闻记者，还不是真正的新闻记者。真正的新闻记者需要具备洞察能力，需要有对现场的处理经验和把握能力以及审慎的态度，博客作者不可能都成为新闻记者。博客只是碰巧报道了发生在自己身边的事件，并不是真正意义上的自觉的新闻记者。博客文章往往从发布新闻直接跳向发表评论，缺乏平衡性的分析，很容易被不同利益集团操纵。非专业性也使得虚假新闻、误导性内容和错误及失实报道频频出现，影响博客的可信度。

（三）受众面仍有局限

尽管博客增长迅速，但其受众面与已经发展多年的传统媒体相比仍然较小。即使是最有影响的博客日志，阅读的人数仍然相对很少。在美国，有调查显示，排名最靠前的博客也只占网络浏览量的0.005 1%。博客只适合较小的群体进行互动，数量在几百人最适宜。博客的点击浏览量一旦很大，就不可能与上万人甚至数十万人同时对话互动了，那么博客就与广播电视无异，从而丧失了它的优势。

博客目前主要还是在发达国家发展较快，并且以白人男性为主。因此，在数字鸿沟面前，博客忽略了世界很大一部分受众。

第三节 微 博

微博，即微博客（MicroBlog）的简称，是一个基于用户关系的信息分享、传播以及获取平台，用户可以通过Web、WAP以及各种客户端组建个人社区，以简短的文字更新信息，并实现即时分享。国际上最早、影响力最大的微博是美国的Twitter；国内微博市场份额最大的是新浪微博和腾讯微博。中国互联网络信息中心发布的统计报告显示，截至2011年6月底，中国网民规模达到4.85亿，在大部分娱乐类应用使用率有所下滑，商务类应用呈平缓上升的同时，微博用户数量以高达208.9%的增幅，从2010年年底的6 311万爆发增长到1.95亿，成为用户数增长最快的互联网应用模式。

一、微博的发展

第一家提供移动社交网站和微博服务的公司是创建于2006年的美国公司Twitter。Twitter的创建理念源于Podcasting公司的一次头脑风暴会议，会上，首任Twitter董事长受到短信群发服务（TXTMob）的启发，提出将短信群发服务引入网络中的构想，增加传统博客的移动性，让人们可以在任何地点更新博客。

该网站最初叫Twitch（意为“抽搐、震动”），这是形容手机震动状态的一个词，Twitter的创建者们试图引发用户对无处不在的手机震动声的联想。考虑到twitch用作产品名称，引发的视觉想象不是特别友好，因而他们查看字典寻找发音和twitch相近的字，最终找到了“twitter”。在英文字典中，twitter的释义有二：一为“简短、细琐、突然迸发的信息”；二为“小鸟的啁啾”，从而形象地展现了Twitter的特性并能赋予产品美好的视觉想象。

Twitter的巧妙营销

Twitter的成功与其巧妙营销手段分不开。2007年的“西北偏南音乐节”（South by Southwest Festival，简称SXSW）是Twitter的成功触点。“西北偏南音乐节”是在美国乡村音乐的中心——得克萨斯州的奥斯汀每年春天举办的音乐节，这是美国最大的音乐节之一。Twitter将两块60英寸的等离子显示屏放置在音乐大厅的走廊，上面展示的是Twitter的短信息。来参加音乐节的人们用Twitter记录彼此的联系方式。在这次庆祝活动上人们对Twitter大都叫好，仅节日期间，Twitter的日发帖量就从2万剧增至6万。

图2—1是Twitter的一个页面，可以看出人们在Twitter上交流的多为日常生活经历。

微博从诞生之初起，就秉持跨平台数据互动交流的理念。

以Twitter为例，它支持的输入界面有：Twitter API、Facebook等社交网、即时通信、短信、Twitter自身界面。而它支持的输出界面有：Twitter API、Facebook、即时通信、短信、

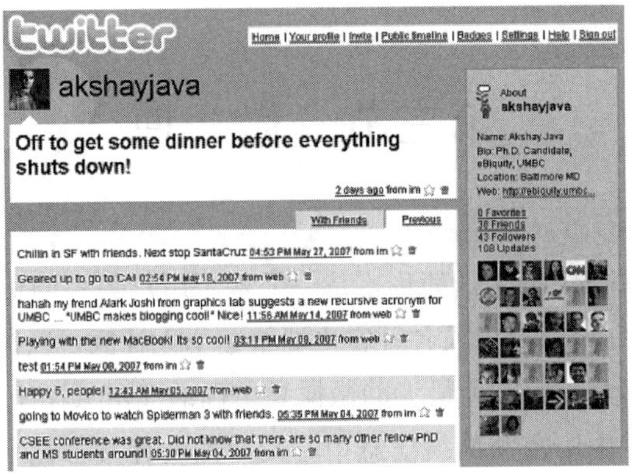

图 2—1 Twitter 页面

RSS、Twitter 自身网页界面等。图 2—2 列出了 Twitter 所支持的输入、输出界面。

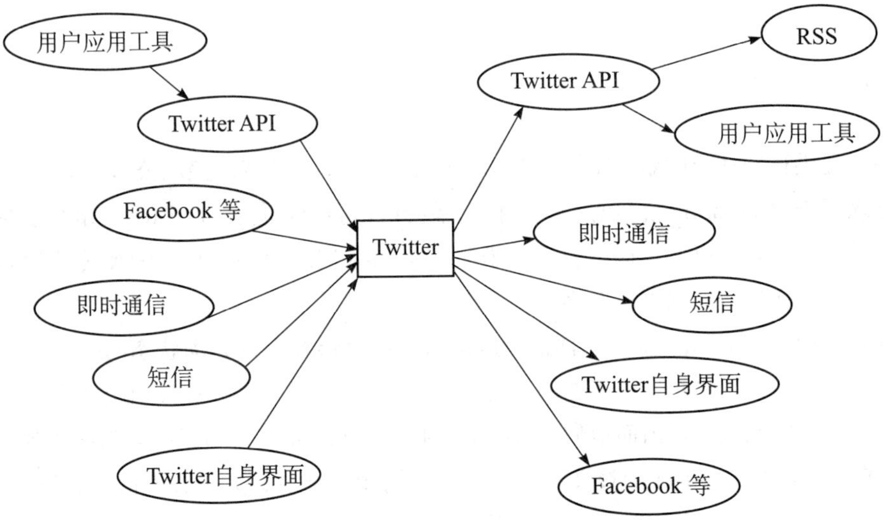

图 2—2 Twitter 支持的输入、输出界面

值得一提的是 Twitter 的成功有赖于其开放 API。网站提供开放平台的 API 后，可以吸引一些第三方的开发人员在该平台上开发商业应用，平台提供商可以获得更多的流量与市场份额，第三方开发者不需要庞大的硬件与技术投资就可以轻松快捷地创业，从而达到双赢的目的。第三方应用扩大 Twitter 原有的功能，让 Twitter 更好用，从而极大丰富了 Twitter 平台自身的功用。现在，Twitter 超过一半的流量都是来自第三方 API。

但是，随着 Twitter 的开放 API 发布数量不断增加，其运营过程也开始暴露出一些问题。开放 API 的巨大的访问量引起了 Twitter 种种性能问题，使得 Twitter 的稳定性大为降低，为了支持大量的外部 API，Twitter 宕机频繁，几乎所有 Twitter 用户都遇到过。

二、微博的优势

微博有不少优势，主要表现在以下几个方面。

（一）简单易用

微博的内容只是由简单的只言片语组成，对用户的技术要求门槛很低，用户可以通过手机、电脑等方式来即时更新自己的个人信息。

（二）主动性强

只要轻点“关注”，即表示用户愿意接收某位用户的即时更新信息，用户不想继续接收特定用户的信息时，点“取消关注”便不会再接收来自特定用户的信息了。

（三）及时性强

微博网站的即时通信功能强，在没有电脑的地方，只要有手机也可即时更新自己的内容。一些大的突发事件或引起全球关注的大事，如果有微博客在场，便利用各种手段在微博上发表出来。

（四）发布平台的开放与多样性

可以通过手机、IM软件（Gtalk、MSN、QQ、Skype）和外部API接口等途径向微博发布消息。

作为博客之后的一种新型媒介形态，微博的诞生也引发了学界、业界的广泛关注。针对目前的“微博热”现象，学界都是持正面的态度。有人认为其带来了Web 3.0时代的春天，有人认为微博的出现对于新媒体的发展而言是一次巨大的跃迁，在微博上真正实现了Web 2.0时代都不曾有过的即时互动。

微博的社会意义在于推动社会的民主化，促进企业营销，有助于公民社会的形成。但是，微博亦是一把双刃剑。微博的不足正在制约其发展。

三、微博对新闻行业的影响

（一）微博成为重要的消息来源

微博支持多界面的信息输入和输出，尤其是它与手机的结合，使其具备了成为一种重要的消息来源的条件。

微博在伊朗“绿色革命”中扮演重要角色

在2009年伊朗的“绿色革命”中，微博在信息传播中扮演了重要的角色，以至于人们把这次运动称为“Twitter革命”。

伊朗的“绿色革命”是2009年伊朗的一次大型的反政府群众运动。在2009年伊朗总统选举中，官方宣布马哈茂德·艾哈迈迪-内贾德以绝对优势成功连任，但是反对派总统候选人、前总理米尔·侯赛因·穆萨维，认为选举存在严重舞弊，要求重新选举。从6月

13 日凌晨开始，大批民众走上街头抗议选举不公和艾哈迈迪-内贾德政府。由于穆萨维用绿色作为竞选颜色，因而示威群众大多身穿绿衣或者佩戴绿色丝带、头巾等，并挥舞绿旗。因而该次运动被称为“绿色革命”。

“绿色革命”运动的一个很大的特点就是对微博技术的广泛应用。伊朗政府进行信息管制，封锁和驱逐媒体，导致伊朗国内局势不能及时传递出去。但是伊朗民众利用新兴的网络工具，如 Twitter、Facebook、YouTube 和代理服务器，将示威和政府镇压的实况报道出去。所以很多人也称这次运动为“Twitter 革命”。

伊朗“绿色革命”是在重大政治事件中，正常采访途径受到阻碍的情况下，利用微博获取新闻信息的典型事例。

在一些特殊的环境中，由于客观技术条件等的限制，新闻记者有时候也不能及时获得消息。比如在太空探索中，记者要对宇航员进行采访要克服较多的条件制约，要经过的程序也很多。但利用微博来和宇航员进行沟通，可方便地获得更多的一手信息。2009 年 5 月，美国宇航员迈克·马斯米诺利用 Twitter 发送哈勃太空望远镜修护的过程，这是 Twitter 首次在太空中应用。

Twitter 获取信息显优势

越来越多的用户在 Twitter 上发布所亲历的突发事件。

2009 年 1 月，美国航空公司的飞机与飞鸟相撞，被迫降落在哈德逊河上。在媒体到达现场前，前往营救的船只中的一位乘客拍下了当时乘客疏散撤离的情景并发布到 Twitter 上。

2008 年，《新科学》曾经指出，在紧急情况下，Twitter 在获取信息方面的优势要大于传统媒体和政府提供的紧急服务。比如在 2007 年 10 月美国加利福尼亚大火中，一些 Twitter 用户每隔数分钟就发布即时信息使亲朋好友得知自己的状况以及现场大火情况。美国红十字机构也开始使用 Twitter 来发布当地险情的相关数据和方位。2009 年 4 月，美国政府机构也用 Twitter 发布 H1N1 流感病例数据。

2008 年 4 月，美国加利福尼亚大学伯克利分校的新闻系研究生詹姆斯·巴克和他的翻译因为拍摄了埃及当地的反政府示威活动而被捕。在前往警察局的路上，巴克用他的手机发送了“Arrested”（被捕）一词到 Twitter 上。他在 Twitter 上的 48 位关注者得知情况之后立即联系加利福尼亚大学伯克利分校、美国驻埃及大使馆以及多家媒体机构。加利福尼亚大学伯克利分校为他聘请了律师，第二天巴克即获释。

以上案例都说明，在新媒体时代的记者，如果忽视微博，就等于丧失了一个重要的信息渠道，更等于在媒体融合时代的新闻行业中失去竞争力。

（二）微博在一定程度上影响重大新闻事件发展

在重大新闻事件中微博扮演着越来越重要的角色，新闻工作者不应忽视这股力量。

奥巴马在总统竞选中利用微博

在2008年的美国总统选举中诞生了美国历史上首位黑人总统——奥巴马。当选总统后，奥巴马被人们称为首位“互联网总统”。在竞选中，奥巴马非常重视微博的沟通交流功能。其实奥巴马的民主党竞争对手希拉里也在Twitter上建立了个人主页，但是，希拉里仅仅把Twitter当做单向信息发布平台，而不是交流工具。

奥巴马的Twitter有专人维护，并不会主动关注任何人，而一旦有人关注了奥巴马的Twitter，这些人会被加为好友。当这些好友发表一些关于奥巴马的言论时，奥巴马的Twitter会主动回复，这拉近了奥巴马与普通选民的距离。而希拉里却很少主动追踪回复她的关注者。到竞选后期，奥巴马获得了15万关注者，而希拉里仅有6 000多。

由此可见，微博使得名人与普通人的零距离、感性接触成为现实。传统的网络传播方式，比如电子邮件，虽然也提供了便捷的沟通方式，但是，电子邮件私人性较强，而且这种信息反馈方式往往有点“冷冰冰”。

作为一种社交网络，微博围绕着关注者的理念进化发展，某一用户选择了关注某个微博客，该微博客的更新就会以逆时序出现在该用户的主页上。关注者关注一个人并不需要双方的相互确认，而且关注者可以通过各种方式，如手机等，即时获知被关注者的更新。从系统论的观点来看，一个关注者和被关注者之间可以看做是一个系统，在这个系统里，信息从微博支持的各种沟通渠道得以传递。从信息数量上看，微博使得从被关注者流向关注者的信息量增加；从信息内容上看，微博上名人的信息更加日常化，更能满足关注者的对名人全方位了解的欲望，甚至于满足他们的一定程度的“偷窥欲”；从信息流向上看，在微博里，信息的传递方式是互动的、双向性的。在一个系统里，“熵”的存在使得系统趋于无序、混乱，而信息——“负熵”能通过减少或消除不确定性来使系统内部达到有序、平衡。微博里，信息的数量、内容、双向流动等都比传统网络传播模式更加有利于消除“熵”，使得关注者和被关注者构成的系统趋于良性发展。

了解这一点，能使我们对微博在重大公共事件中发挥的作用及其影响力的来源有更深刻的了解，从而在新闻采写中善于利用微博，甚至通过微博里的互动方式对事件的发展进行一定程度的预测。

（三）微博是媒介组织传播产品的新方式

微博短小精悍的特点使其也成为实时新闻更新的重要来源。新闻机构使用微博发送重大新闻的链接、发布头条以及简短网址。在这个方面，Twitter可以算是传统RSS的替代品。

此外，新闻媒介组织还可以利用微博发现潜在受众。在微博里，如果一组节点相互间的联系要比与节点外的联系明显密切得多，那么我们可以笼统地把它称作一个“群落”，这些群落常常因共同的兴趣而形成。用户在某一群落中的行为可能与其进入另一群落时的行为大有不同。比如，在某一群落里，一个人可能是活跃的信息源，而在另一个群落里，他扮演的却是信息搜寻者的角色。

利用一定的技术手段，我们可以通过确定一些社群来实现新闻产品的定点传播。比如，通过电脑数据分析，我们发现某群人之间的交流频率非常高，他们交谈的关键词可能包括：工作、Xbox、电子游戏等。他们探讨着共同的兴趣——电玩，同时也会在微博上分享个人感受和经历。那么媒介组织就可以将收集到的关于电玩的最新信息发送给他们。

2009年4月30日，Twitter对其界面进行改版，增加了搜索栏以及热门话题。热门话题是用户在帖子里讨论最多的短语，短语会实时更新。由此，微博具备了另外一个重要功能：除了让用户得到关于自己社交圈或者所关注的圈子的消息，还可以通过向用户展示整个网络最受人关注的焦点，使用户得以及时感知外部世界的整体状况。

这项功能的开发，对于克服社会学家们提到的媒体细分化所导致的“茧效应”有积极作用。所谓“茧效应”是指20世纪90年代以来越来越明显的一种社会现象：人们通常选择接收那些符合自己既有判断标准、自己易于接受的信息，这就像他们自己编织的“信息茧”，他们企图借助这层茧来逃避现实生活的某种不确定性，减少不得不做出的众多选择。微博有可以过滤自己不感兴趣的信息和人的功能，有可能会导致其使用者被分化为越来越小的、与社会其他部分没有什么共同点的兴趣群体。而人们话题的实时更新，为使用微博的人打开了一扇关注外部社会的便捷窗口。这无疑是信息传播扩散方式的一大进步。

（四）微博与媒介组织的网络口碑营销

口碑是人们口口相传的对某一事物的评价。在市场营销中，口碑是一个顾客与他人分享关于某一公司、产品、服务的细节，对其进行评价的互动过程。口碑得以形成有赖于人们的社交网络，人们往往更相信来自自己社交圈子的信息。口碑往往是市场营销中最难控制和影响的方面。随着互联网的发展，口碑对企业形象、产品形象产生的影响越来越大。

微博被用来提供产品信息，或者把潜在顾客吸引到媒介组织的网站或者博客上。一些媒介组织的雇用商业机构监控微博上关于自己产品和竞争对手产品的信息，可实行精确营销。

利用微博监控工具，媒介组织还可以跟踪对自己的产品或服务有不良评价的用户，及时介入解决问题，化解尚处于酝酿期的危机。此外，媒介组织还可以通过微博的投票、调查工具等获得实时反馈。

在激烈的同行竞争中，无论是想保持优势地位还是维持生存，媒介组织都必须靠良好的企业形象。微博作为网络口碑的重要传播方式，对于媒介组织形象的树立和维护，起着不容忽视的作用。

（五）微博在媒介组织内的应用

微博有望成为一种新的组织内沟通媒介。在过去几年里，随着远程办公的发展，组织内传播由传统的面对面传播，转向越来越依赖利用电子邮件、即时通信等的在线网络传播。但是，随着企业扁平化管理、精减裁员等所带来的工作压力的增大，电子邮件、即时通信等虽然便利，但是可能会对工作造成干扰，因此一些公司明令禁止在办公时间使用即时通信工具。

随着越来越多的用户在微博上发布近况，微博可能成为媒介组织内员工的非正式沟通渠道，满足组织成员的信息需求以及社交、情感需求。在信息需求方面，媒介组织成员间可以分享有用的机会信息，交流职业心路历程，维护共同的利益基础等；在情感需求方面，微博可以通过展示工作以外的多彩生活，让媒介组织成员共享生活体验，从而成为媒介组织内部公众的情感纽带。

四、关于微博的冷思考

（一）发布信息随意性强，真实性没有保障

在微博上发布的信息的传播，缺少传播学中的所说的“把关人”，微博信息均未经核实，网民发布信息随意性强，真实性没有保障。微博上的各种虚构事件进一步凸显了微博信息可信度低的问题。

有人热烈地颂赞微博以140字的“微内容”带来了“微革命”，但是微博上个人发表的声音与意见，其真实性依然难以得到确认。在自我表达的同时，微博上的言论仍然面临着失范的危险。微博进一步催生了大众书写与表达的欲望，但是这种书写是零碎的与片断式的，内容呈现出多元化、琐碎、没有标题等特征。微博上的信息是博主自己发布的，具有私密性与公开性，这些没有经过认证、筛选的信息甚至有可能引发社会恐慌，扰乱社会秩序。

微博用户发布信息时所处的环境往往充满着不确定性与随意性。这直接导致微博用户在发布信息时往往蜻蜓点水般地一带而过，很少去深思熟虑。加上微博网站对用户的发布状态没有过多的限制与要求，因此用户表达会更加随意，这种状态往往导致用户的表达缺乏节制。

微博流言的盛行及广泛传播深深阻碍了它作为时代记录者的公正角色。这意味着在微博中找寻有价值的新闻点不仅如同大海捞针，而且即使在各类庞杂的信息中找到了有价值的新闻，也未必就能确定它的真实性。这些导致了原本内容碎片化的微博信息在形式上更加的碎片化。

“僵尸粉”

“僵尸粉”指极度不活跃的用户，多是被人注册来增加粉丝数或制造垃圾微博账户。“僵尸粉”的大量存在，使得网民对微博网站或频道、知名微博客产生了信任危机。据《北京日报》2011年5月27日报道，有网民选取了新浪微博中10位名人的微博作为统计对象，发现他们的粉丝中“僵尸粉”约占17%，其中直指李开复的粉丝中有近百万为“僵尸粉”。“僵尸粉”的界定标准有三条：已注销、粉丝数低于5个、微博数低于5条。只要满足其中任何一条的微博账户就可被认定为“僵尸粉”。

2011年4月，新浪微博、腾讯微博先后宣称其用户数量为1.4亿、1.6亿，然而，这其中有多少是“僵尸粉”？不少微博网站、微博频道还自动生成“僵尸粉”，目的在于增加自己的用户总量，依靠自动生成“僵尸粉”来获得更“漂亮”的数据。

（二）微博具有草根性，实质是娱乐化平台

每条微博限定在140字以内必然导致信息传播的碎片化。一方面，单条微博信息十分有限，但是微博信息总体上却又具有海量性，两者之间存在尖锐的矛盾。这一矛盾，造就了微博

的草根性和娱乐性。在微博上，140字的限制将平民和莎士比亚拉到了同一水平线上。

目前，访问量最高的微博几乎都是娱乐明星的微博，微博实质上是娱乐化平台。如果一些未经核实的事件被网民盲目转发，极容易造成微博用户集体娱乐公共事件。

不少微博过于关注甚至有意暴露个人隐私，尤其是明星的隐私，微博甚至已经成为娱乐圈的“微观江湖”。作为一种公共传播的私人媒介，微小的个人事件特别是名人的个人生活、情感事件都可能会被微博用户曝光。

（三）微博已经成为商业炒作的工具

通过微博进行商业炒作提升人气是微博的一种重要功能。作为一种网络沟通方式，微博有别于传统的网络营销，它反映了公司与客户之间沟通方式的多元化，增加了公司与客户群体之间相互了解的可能。由于微博用户登录采取匿名制，微博信息又处在实时更新状态，再加上其真实性难以考证，微博网站也就最终成为虚假信息的制造工厂和传播源。而在网络平台上以秒为单位不断刷新的海量信息中，难免存在一些别有动机的人故意歪曲事实。

微博营销存在着很多缺憾。首先，微博需要有足够的粉丝量才能保证传播效果，因为人气是微博营销的基石。其次，由于微博里内容更新几乎是无时无刻的，所以如果发布的信息没有及时被粉丝关注，就很有可能被湮没在海量信息中。最后，一条微博信息往往只有几十个字，信息含量非常有限。所以其信息仅限于在微博平台上传播，很难像博客文章那样被大量转载。因此微博营销走向了另外一条道路——炒作。只有通过商业化炒作，微博才能达到其营销的目的。

（四）微博有时会导致社会不稳定

微博用户能够在第一时间获得信息并且更新博文，但是微博这个舆论先锋极有可能在发布正确信息的同时，传播许多不准确的消息，甚至是虚假的消息。一些微博用户为了赚取更高的利润还会借网民之名，打着正义的旗号，造谣生事，煽动网民，甚至不惜采用散布黄赌毒信息、制造虚假新闻、披露隐私、发布不良智力游戏等方式吸引网民的参与，引诱和拉拢未成年人以提升其微博的传播力。与此同时，微博谣言传播行为无法得到及时的法律监管和社会监督。而微博的匿名性和开放性更是掩盖了微博的责任缺失问题。

基于微博自身的快捷分享，其为信息的病毒式传播提供了便利条件。也正是这些特征使得微博成为假信息的发源地与集散地。微博传播是一个交谈双方不断建构话语文本与解构话语文本的过程。传播过程中信源模糊，遇到敏感事件，网民往往又没有足够的判断力，很可能会导致谣言进一步传播。谣言的传播一旦失控，其引发的后果将难以预料。

在2009年伊朗“绿色革命”、2011年的“茉莉花革命”① 中，Twitter扮演了十分重要的角色。

发生“茉莉花革命”的原因固然很多，政府腐化和经济危机是主因。但是，“茉莉花革命”

---

① “茉莉花革命”，是指从2010年12月至2011年年初，在突尼斯、埃及等北非和中东的阿拉伯国家发生的政治剧变。

的重要特点就在于以互联网为代表的新媒体发挥了举足轻重的作用。技术的进步往往在政治事件中扮演催化作用，当网络成为这场革命的主角，人们很容易会想起早期伊斯兰革命中的录音磁带，以及伊朗“绿色革命”中的 Twitter 和手机媒体。

许多人将发生在突尼斯、埃及等国的“茉莉花革命”归功于互联网，尤其是 Facebook 和 Twitter 等新媒体和公民媒体。微博在 2011 年埃及革命中成为会聚抗议力量的重要工具。它有效地放大了反对派的力量与声音，促使骚乱横扫全国。尽管穆巴拉克随后采取了极端手段，立即屏蔽了 Facebook 和 Twitter，切断了埃及全国的互联网及移动通信，但是，与突尼斯发生的情况一样，一切都已经太晚。

（五）缺乏有效的盈利模式

目前全世界所有的微博网站如果独立核算都亏损。Twitter 用户的增长速度虽然令人吃惊，但是 Twitter 在 2010 年实现收入只有 4 500 万美元，仍然处于亏损状态。其收入主要来源是即时信息开放供 Google、微软必应等搜索引擎做即时消息搜索。

国内微博目前的盈利模式主要是“免费＋广告营销”，即免费供网民使用，向企业收营销费用。此外，一些微博网站通过加粉丝、转发博文、评论和炒作话题等方式获取一定的收益。认证是提升微博关注度的方法，不少微博网站的认证渠道都不够透明。这时候就有很多人提供付费认证服务，他们通常通过“内部”关系来完成认证，价格从几十到几百不等。

没有明确的盈利模式是当下中国微博发展的一个瓶颈。虽然当下关于草根利用微博赚钱的金点子层出不穷，但是在所有微博网站中，还没有一个是盈利的，大多数微博网站仍然停留在跑马圈地的时代。一方面微博比较零散，界面较混乱，其信息的碎片化程度较高，对于营销传播的技巧要求也相对会更高。另一方面，微博信息可信性较低，这些都决定了在微博上投放广告可能会难以获得持续的关注，因为客户群体从微博上难以获得具有较大吸引力的服务体验。

（六）面临管理的困境

由于微博用户和信息的海量性、无国界性，要对微博进行有效管理十分困难。面对微博带来的风险环境，目前，中国的微博在疏导风险层面可以把重点放在加快规范微博用户道德上，以便有效地应对全球性风险和制度转轨风险。具体来说，首先要增强微博用户的媒介素养教育。

在“微博打拐事件”中，面对网民通过细微之力集成浩荡声势声讨拐卖儿童者，有人开始质疑这是否侵犯了未成年人的隐私权和肖像权，有人则担心伤害乞讨者的尊严，更有人指出，此举恐将使不法分子对乞讨儿童实施二次伤害以避人耳目。在一个成熟的法治社会，网民应该是理智清醒的监督者，他们不该也无法成为冲锋在前的破案警察。这一事件的最大作用其实只是发出预警，除了希望职能部门引起足够重视之外，更希望能在微博上引起对渐趋沉沦的社会道德伦理的反思。

目前我国关于微博的法律法规尚未出台，这使得政府或相关执法部门在面对具体的微博问题时往往无法可循。然而，是否需要单独的微博立法，立法监管微博是否有效，这在理论和实践层面都存在巨大的争议。

毕竟，微博的用户数、信息量都可谓是海量的，实名制在微博管理中事实上难以推行，加上互联网没有国界，对微博的监管是各国政府面临的棘手问题。

中国“微博实名制”新规于2011年12月16日由北京市率先推行。“微博实名制”的优点在于：提供了更好的说话环境，让网民发言更负责任；能够限制网站或商业公司设立虚假微博户头，通过制造“僵尸粉”来冲人气，骗取广告转发费。

但是，有人认为这将打击微博的舆论监督功能。此外，“微博实名制”是否具有可操作性也是个问题。现有的微博用户是否需要全部关掉再重开？此外中国境外用户又怎么注册呢？

总之，微博已经度过了其发展高峰。根据埃弗雷特·罗杰斯的创新扩散理论，微博已经走过了获知、说服、决定、实施、确认五个阶段，正步入下降阶段。

【本章小结】

本章系统阐释了网络出版的概念和类型。

【思考题】

1. 网络出版的优势与不足有哪些？
2. 请你分析微博的优势与不足。

第三章

电子书

【本章学习要点】

重点掌握电子书的概念和类型，以及电子书阅读器发展面临的问题。

电子书是一个多义词。电子书具有便携、容易使用、容量大等特点，带来了网络时代的新的阅读方式。

第一节 电子书的发展

一、电子书与电子书阅读器

电子书（Electronic Book）的缩写是 Ebook，也常缩写成 eBook、E-book 等形式。电子书目前亦没有统一的定义。

有些人把电子书定义为数字化的无纸的图书、文件、文档的内容。这种定义事实上是将电子书与电子出版物等同起来，同时将网络型电子书的出版等同于网络出版。

另有些人则把电子书定义为一种便携的、大容量的、容易使用的手持式电子设备。如国外最早推出的 SoftBook 和 RocketBook 等，国内的如掌上书房等。随着 PDA 和液晶显示技术的不断提高，专用阅读器将变得越来越方便、实用。目前，一些设计新颖的电子书，读者不仅从液晶显示屏上非常方便地阅读使用，也可以像传统书一样加注释、书签等。

这种观点认为，电子书是指可以与互联网连接的信息存储与阅读的便携式电子设备。为了不引起误会，不妨将其明确表述为“电子书阅读器”。

由于电子书有非网络型电子书和网络型电子书两种，网络型的电子书属于网络出版，所以网络出版和电子书在概念的外延上存在着交叉。非网络型电子书又称为单机型电子书，目前在国内市场上广泛销售的电子词典，从制作使用成本以及不必实时更新的角度考虑，很少有网络型电子词典。因此，目前的电子词典是典型的单机型电子书。但是从发展的角度来看，网络型电子书无疑是绝对的主流。

严格地说，电子书是指以数字代码方式将图、文、声、像等信息存储在磁、光、电介质上，通过计算机或类似设备使用，并可复制发行的大众传播体。类型有：电子图书、电子期刊、电子报纸和软件读物等。

而电子书阅读器（e-book device，e-book reader）是一种浏览电子书的工具。屏幕的大小决定了可以单屏显示字数的多少。而应用于电子书阅读器屏幕的技术有电子纸技术、LCD 等显示技术。

但是，目前“电子书”与“电子书阅读器”在业界通常被视为相同概念。

不过，电子书阅读器近年来受到了手机出版的挑战。手机出版是基于移动通信网络传播信息，用户通过手机终端阅读的数字化网络出版形式。笔者在《手机媒体概论》一书中对手机出版的问题已有详细的阐述。

二、电子书阅读器的发展

1986 年美国新泽西州富兰克林电子出版公司（Franklin Electronic Publishers）在一种手持装置中搭载一部电子词典，从而制成世界上第一种便携式电子书。该书名为《富兰克林拼写词典》（*Franklin Speller*，又名 *Spelling*）。词典包含梅里亚姆·韦伯斯特公司编选的 8 万个英语词。这种手持电子拼写词典十分畅销，成为富兰克林公司的旗舰产品，1988 年 10 月 6 日，公司曾举行宴会，庆祝发行量达 100 万部。

1990 年 7 月，索尼公司在日本推出一款名为 Data Discman（数据光盘人）的手持电子书阅读器，它可驱动激光唱盘和只读光盘。其重量为 1.5 磅（含电池），液晶显示屏幕宽 3.5 英寸，可显示 10 行，每行 30 个字符。只读光盘原先内存电子书 17 种，后增加到 30 多种。经改进后 1991 年 11 月在美国上市，与《康普敦简明百科全书》、《保健百科全书》和《护照图书公司世界旅游翻译器》（提供 10 种语言翻译）三种光盘捆绑在一起出售（售价 550 美元）。索尼还提供“索尼电子书编创系统”软件，可用来自己制作与“数据光盘人”兼容的电子书，售价为9 000美元。

苹果计算机公司在 1993 年首次推出可生成和阅读电子文本的“苹果牛顿信息簿”（Apple Newton Message Pad），这是由艾伦·凯（Alan Kay）设计的世界上最早的 PDA。“牛顿”是这种信息簿使用的操作系统的名称，作为“苹果牛顿信息簿”的简称使用。“牛顿”重 1 磅，屏幕阅读区 3 英寸×4 英寸，内存 2.5MB，使用 ARM 610 型文字处理器，不能运行 Mac、DOS 或 Windows 程序。“牛顿”属于第一代 PDA，在设计上具有创意，但在商业上是不成功的。“掌上向导”（Palm Pilot）是掌上计算机（Palm Computing）公司创办人杰夫·霍金斯（Jeff Hawkins）在 1994 年研制出来的，最初内存为 128KB，1998 年，Palm Ⅲ型的最大内存提高到 2MB，重 6 盎司，比“牛顿”更小、更薄、更好用，售价也较便宜，因为适用的程度高，深受用户欢迎，曾多次获奖。

20 世纪 90 年代末期，模仿一般平装书开本设计的新一代便携式电子书应运而生，第一种是加州帕洛阿尔托市新媒体公司（Nuvo Media Inc.）在 1998 年 10 月推出的 Rocket Ebook Reader（火箭电子书阅读器），幅面像标准平装书那样大小（32 开），重 22 盎司，内存为 4MB，可存储书约 10 种或3 200页。装有适合 Windows 和 Macintosh 操作系统使用的，名为

“火箭图书管理员”（Rocket Librarian）的软件。“火箭电子书”利用下页/上页按钮“翻”页，可选字号，可用光笔标书签、给语句加下划线、加评注，有内置词典可查阅词语释义，可用关键词进行全文检索。其竞争对手加州门洛帕克市软书出版公司（SoftBook Press Inc.）紧接着在 1998 年 11 月推出 SoftBook Reader（软书阅读器），重 2.9 磅，幅面像精装书那样大小（16 开），屏幕 7 英寸×6 英寸，内存为 8 MB，可存文本4 000页，增加存储卡后存量可增至 85 000 页。打开皮“封面”，硬件即自行启动。选页、翻页、标书签、加下划线、加评注等功能均采用触屏技术执行。不同的是，“软书”完全脱离个人计算机，通过内置 33.6Kbps 调制解调器和电话线拨号上网。

2000 年，美国富兰克林电子出版公司展示了他们即将推出的产品 EbookMan（www.franklin.com/Ebookman），一种“多媒体阅读和内容播放器”，看起来很像 PDA，而且也有日历和地址簿的功能，只是比掌上电脑那种类型的机器更适合阅读电子书。灰色的屏幕，分辨率为 200×240 像素，可以比掌上电脑多显示 87%的信息量，足够显示 20 行文本（取决于字体大小）。

韩国的 Korea Ebook 大小界于 PDA 和 Rocket Ebook Reader 之间，并且非常轻，且便于手持，黑白液晶触摸显示屏与 Rocket Ebook Reader 一样，分辨率都是 480×320 像素，银色的外壳上有大大的按钮用于前后翻页。它的制造商 Korea Ebook Inc. 已经推出了一款基于 PC 机的韩语阅读软件，名叫 HiEbook Reader（www.hiEbook.com），它同时也可用于阅读 XML 格式的内容。Korea Ebook 阅读设备大约也会显示同样的内容，并且还可以播放 MP3 音乐文件，同时具有标准的 PDA 功能，包括与 Outlook Express 同步。

从事电子书籍发行业务的 Ebook Initiative Japan 于 2001 年 4 月 9 日推出了用来阅读电子书籍的专用终端“Ebook 终端”样机，如图 3—1 所示。Ebook 终端的特点是，由于安装了两个液晶显示屏，因此阅读时可以像读单行本那样对开。按下位于左右的按键便可以翻页。

图 3—1 “Ebook 终端”样机

多数电子书具有全文检索和超文本链接功能。为了显示特色和保护版权，不同厂商开发的电子书采用自己设计的格式和自己独有加密方式，各种阅读器因内码不统一而不能兼容。专用电子书阅读器不能互通，用途单一，销路不如兼备阅读电子书功能、具有多种用途的掌上电脑和 PDA，以及新兴的手机出版。

电子书标准总是吸收先进的科技成就不断改进。电子书标准制订主导权的争夺战主要在Adobe和微软两大软件公司之间展开。它们免费推出和随后不断升级的电子书阅读软件和版权保护软件各有所长。Adobe电子书阅读软件是以已趋成熟的PDF为基础的，可下载到各种台式机、笔记本计算机、掌上电脑及专用的电子书阅读器上，该软件被下载到个人计算机的次数已超过1亿，如果出版商允许，可以将电子书照原样打印出来，因此在让电子文件跨平台被浏览与打印的实力上，Adobe阅读软件目前较微软阅读软件略胜一筹。

目前市场上的这类电子书阅读器较多，国外的主要有Nuvo Media公司的RocketBook、SoftBook出版公司的SoftBook、EveryBook公司的EB Dedicated Reader等，国内的主要有辽宁电子图书有限责任公司的掌上书房、北大方正电子公司和天津南开津科公司合作开发的翰林一号等。这类产品的价格，国外的一般在200美元左右，国内的一般在2 000～3 000元人民币之间。

据《文汇报》2015年02月03日的报道，自2009年开始，纸质图书的销量逐年下滑，其销量已经下滑了超过1.5亿英镑。英国纸质图书的销量已经连续5年下滑。以2014年为例，纸质图书的销售额下降了1.3%，降至13.9亿英镑。在各个类别的图书销量中，小说的销量下滑最为明显，2014年销量就下降了5.3%，销售额为3.213亿英镑。而在2009年，纸质版小说的销售额为4.76亿英镑。

三、畅销的电子书阅读器

2014年12月26日，科技网站The Verge评选了2014年最佳电子书阅读器。

第一名：亚马逊Kindle Paperwhite，如图3—2所示。

图3—2　Kindle Paperwhite

把 Kindle Paperwhite 评为最佳电子书阅读器不会产生多少争议，它和第二名 Kobo Aura H2O 之间的差距其实非常小。亚马逊的主要优势来自于图书这一块，它所提供的图书资源要比 Kobo 更多，几乎任何一本书的价格都要比 Kobo 所销售的低。可以这么说，在所有的竞争对手当中，亚马逊的图书库是最大的，图书价格也是最优化的。

有内容作为后盾，亚马逊的电子书阅读器本身也足够出色。这款设备机身纤薄小巧，6 英寸的电子墨水屏幕非常清晰，对触控的响应也非常灵敏。此外，它的续航长达两个月，屏幕背光非常平均。即便在黑暗中阅读数小时也毫不伤眼。

使用 Kindle 进行阅读是非常棒的体验。用户可以在多种字体和字号之间进行选择，点击任意单词或文字以获得释义，用手指拖拽以标记段落。X-Ray 也是非常棒的功能，在长按书中出现的任意姓名或地点之后，系统便会对其进行介绍。

Kindle Paperwhite 尽量满足用户需要，价格也非常便宜。虽然已经不是 Kindle 系列当中配置最强的型号，但它的性价比无疑是最高的。

第二名：Kobo Aura H2O，如图 3—3 所示。

图 3—3　Kobo Aura H2O

Kobo 的电子书阅读器系列也拥有非常高的品质。目前，Kobo 共有 6 款不同的设备型号，从 Kobo Mini 到 Aura H2O。如果把 Kindle 比作 iOS，那 Kobo 系列就是 Android。后者提供了更多的功能和更高程度的个性化，但却牺牲了内容和简洁性。

Aura H2O 是一部厚重、防水的电子书阅读器，也是目前市面上耐用程度最高的电子书阅读器之一。无论是在浴缸，还是游泳池中，你都能够使用它——这是 Kindle 所不具备的。所以如果你需要防水功能，那选择 H2O 不会错。虽然在做工设计上略逊于 Kindle，稍大也稍厚一些，但这款设备在其他方面的表现都足够出色，包括清晰的 6.8 英寸显示屏和长续航等。

要说 Kobo 最棒的功能，那就是和 Pocket 的整合了。你可以将页面和文章保存至 Pocket，它们随后便会自动出现在Kobo设备上。这样一来，用户所能阅读的内容就大大增加了。此外，Kobo所支持的文件格式也更加丰富。你可以从谷歌、索尼，或是其他任何地方购买电子书，Kobo应该都能支持它们。你也可以阅读PDF、Word文档等格式。相比之下，Kobo自家的电子书商店不仅内容欠缺，售价也要比亚马逊贵得多。

如果防水、与Pocket的整合这两个功能对你很重要，那就买Kobo Aura H2O吧。否则的话，Kindle的生态系统在任何方面都要更加优秀。

第三名：亚马逊Kindle Voyage，如图3—4所示。

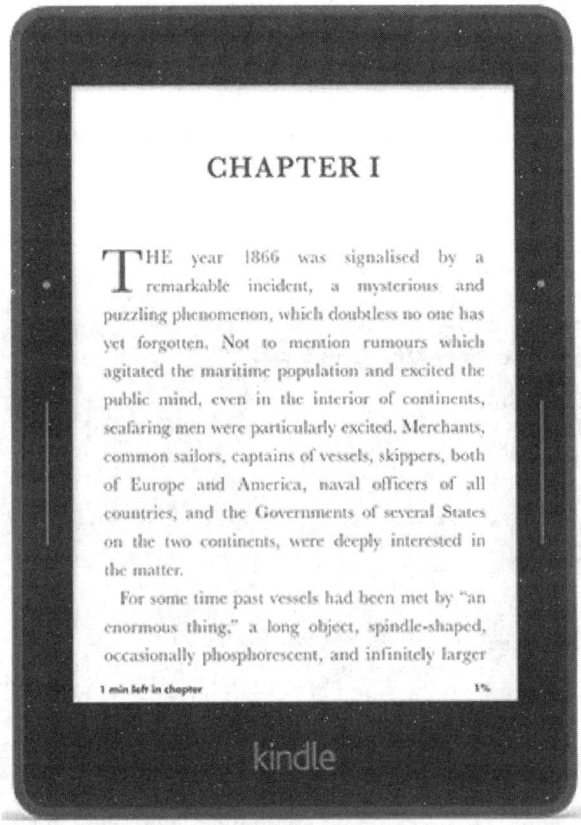

图3—4 Kindle Voyage

某种程度上讲，Kindle Voyage是市面上最优秀的电子书阅读器。它的机身小巧，做工精良，显示屏和机身齐平，给人以绝佳的使用感受。它还拥有其他一些优秀功能，比如自适应背光和稍高的屏幕分辨率。但是，它的价格高出Paperwhite近一倍，但未能带来阅读体验上真正的提升。因此，我们不如购买Paperwhite，然后把省下来的钱花在买书上。

第四名：Kobo Aura，如图3—5所示。

Kobo Aura是Kindle Paperwhite的直接竞争对手，两款设备在配置上几乎完全相同。而两者的优势分别在于亚马逊更棒的电子书商店和Kobo更加开放的生态系统。对于大多数用户来说，前者的吸引力应该会更大一些。

第五名：亚马逊Kindle，如图3—6所示。

图 3—5 Kobo Aura

图 3—6 Kindle

电子设备并不需要频繁升级，但有的时候，升级的确是必需的。Kindle 系列最便宜的型号和 Paperwhite 非常接近，但唯独缺少了最为关键的功能——背光。虽然这款设备已经非常出色了，可如果你承受得起它和 Paperwhite 之间那一丁点儿差价，你是绝对不会后悔进行升级的。

第六名：巴诺 Nook Glowlight，如图 3—7 所示。

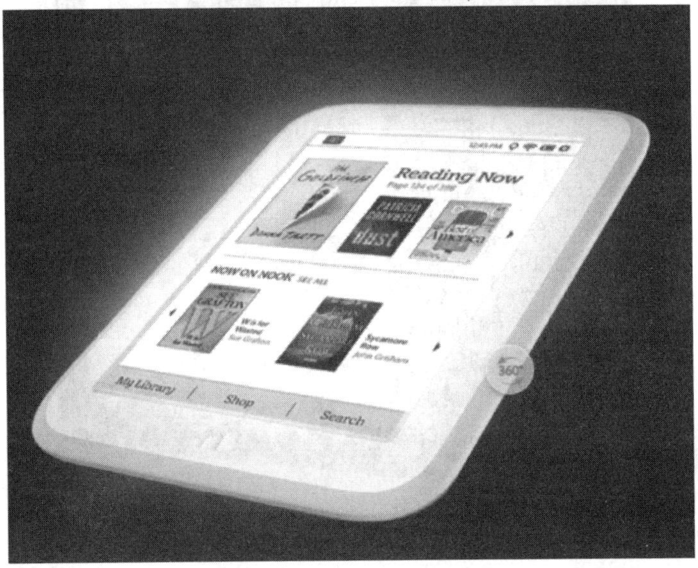

图 3—7　Nook Glowlight

Nook Glowlight 曾是市面上最出色的电子书阅读器之一，但它已经有一段时间没有进行型号更新了。从总体上看，Nook 系列已经快要销声匿迹了。这款设备本身并无任何特别之处，与其购买它，不如选择一个在未来几年更加值得信赖的生态系统。

第七名：兼作电子书阅读器的平板电脑——三星 Galaxy Tab 4 Nook，如图 3—8 所示。

图 3—8　Galaxy Tab 4 Nook

不要购买所谓的“读书平板”。这并不是说 Galaxy Tab 4 Nook，或者其他任何一部同类型设备不够好——实际上，它们都是品质不错的廉价平板。可如果你想要一部平板，那还是购买一部真正的平板，而不是什么奇怪的混合。电子书阅读器是专用的阅读设备，而平板电脑无论加入怎样的特别功能，都无法和它们相提并论。

第二节　电子书的发展受到手机出版的挑战

2011 年 7 月 14 日晚间消息，汉王科技发布 2011 年半年度业绩预告修正公告，公告显示，预计亏损 1.75 亿元，主要原因是占主营业务收入比最大的产品——汉王电纸书产品受到市场竞争的影响，产品均价同比下降 31.64%，销量同比下降 53.56%。

以“汉王电纸书”为代表的电子书阅读器的亏损是偶然的吗？电子书阅读器还有前途吗？

一、在发展电子书阅读器时，依然受传统的纸质图书阅读定式的束缚，用户难以接受

电子书阅读器的设计思路大致分为两类：一是模拟纸质阅读经验，将其移植到无线移动终端上来；二是创造一种全新的阅读方式，从头开始培养用户习惯。Kindle 和其他众多电子书阅览器选择的都是看起来风险更小的前者，但是问题在于 Kindle 真的能够给用户带来纸质书的全部阅读体验吗？《纽约客》曾有篇文章指出，在现在和可预见的未来，每一位认真的读者都要学会如何同时踏上两条不同的道路。没人能避开那条宽阔、平坦和开放的穿越电脑屏幕的大道，但如果你想知道柯勒律治做了注解的书或早期的《蜘蛛侠》漫画是什么样子，你还是要走那条老路；如果你需要更深入、更专门的知识，你还是要走那条更窄的路，走上楼梯。狭窄的那条路通向座无虚席的阅览室，阳光投射到磨得光亮的书桌上，知识则埋藏在无数布满灰尘、皱皱巴巴、气味刺鼻、不可替代的文件和图书中。需要细致阅读体验的题材将成为纸质书最后的堡垒。如果有一个作品，需要读者投注很长一段时间、很专注地思考、沉浸、陶醉或体会，那么他几乎没有别的选择，只能读纸质书。但是在时效资讯和快速检索上，纸质书将渐渐被电子书所取代，比如提供即时性消息的新闻产品。

而根据《普林斯顿大学校报》（*The Daily Princetonian*）的报道，50 名参与 Kindle DX 测试计划的普林斯顿大学学生在试用近两周后，纷纷表示对这项产品感到失望。

既然传统的爱书人市场并不那么容易接受电子书阅读器这样一个新事物，亚马逊就应该尝试提供更多纸质书籍无法实现的功能。贝佐斯（Jeff Bezos）在“彻底数字化”大会期间说，绝大部分的书都将以电子形式被阅读。但就如马车并未完全消失，实体书也会继续存在。他说：“我们视 Kindle 为书籍的改进，即使书本这样的东西已历经 500 年未变。你无法超越书本的本质，所以你只好去做书本办不到的事情，例如同步字典查阅、变更字体和 60 秒内无线传输内容。我们必须建构出某些胜过实体书本的东西。”进一步满足用户需求，明确产品定位才能够

使 Kindle 赢得更为广泛的用户市场。

而在国内，汉王在市场布局的过程中，并未激发用户自身的需求，火热的电纸书市场更多的是基于“送礼经济”的拉动以及厂家宣传的驱动。也正是在这两个意义上，电纸书的个人消费时代尚未完全来临。

二、电子书阅读器及电子书技术依然粗糙

在技术上，大部分 Kindle 采用电子纸技术的灰度屏还是黑白的，不支持彩色显示，不方便图片的显示，大屏幕显示与电子书的易携性之间也存在着矛盾。在 2010 年的国际消费类电子产品展览会（International Consumer Electronics Show，CES）上，高通公司（Qualcomm）展示了一台具有 5.7 寸彩色微机电（MEMS）显示技术的电子书阅读器。该技术被称为 mirasol，它包含以下特色：具备丰富显色能力、迅速的反应速度（达到微秒）以及较高的分辨率（XGA 1 024×768 的像素，同时分辨率高达 200 dpi）。塑料逻辑公司（Plastic Logic）则展示了名叫 QUE 的电子阅读装置，这是市场上第一个具备软性基板的主动式矩阵显示器。QUE 的显示尺寸是 10.7 寸，并且具备投射式电容触控面板的操作接口。与玻璃材质比较，软性基板较薄、较轻，表面较不光滑，但较具可弯曲性，同时对碰撞的耐受性也较好。特别是 10 寸以上等级的电子报纸、杂志阅读等应用，软性显示器会在未来几年具有优势。这些产品都表明新的彩色显示技术、大屏幕、可翻折软性基板将成为电子书阅读器发展的新趋势。

对于国内企业汉王而言，尚缺乏核心技术。在实际使用过程中，汉王电纸书经常出现按键不灵和死机现象，让人感觉汉王在设计过程中缺乏用户的参与和深度体验。

三、电子书阅读器及电子书在产业链中的弱势地位难以改变

不管是汉王还是 Kindle，从产品生命周期上看，电子书目前尚处于产品的导入期，需要努力打造权威的电子书产业链。这一产业链的构建也是一个长期过程，不仅需要多方的合作，更需要给未来的品牌产品商、内容提供商、电信运营商以及即将出现的具有竞争力的山寨产品在整个产业链条中找到恰当的位置，并彼此达成利益分成的有效协议。

就汉王而言，电子书阅读器市场的产业链始终未能搭建成功。而对 Kindle 来说，主要的内容提供商——传统出版社对这种威胁到自己生存状况的行业发展态势始终持保守消极配合的态度。

在盈利模式上，电子书阅读器必须打破传统读物单纯依靠售卖内容而获取利润的方式。目前的技术条件已经使得硬件制造商可以在集成阅读内容时添加上广告内容。2009 年 7 月亚马逊申请了两个有关电子书和广告的专利，一个是“按需提供带有广告的电子书内容”，另外一个是“在按需提供的内容中集成广告”。这说明电子书阅读器制造商已经开始转变盈利模式思路，借鉴报纸、广播电视的经验，开辟二次售卖的路子。这种做法在中国是否能够取得成功还需要进一步检验，具体采取何种形式也需要在市场反应中观望一段时间。

值得注意的是，在包括电子书阅读器在内的新媒体产业链中，以出版社、报社为核心的内

容提供商始终处于产业弱势地位，没有决定性话语权。Kindle 唱主角的是渠道商亚马逊，而 iPad 唱主角的是技术巨头苹果公司。尽管业界有“内容为王”的口号，但是在包括电子书阅读器的新媒体产业链中，内容提供商的弱势地位难以在短期内改变。

而与技术巨头苹果公司、渠道之王亚马逊相比，汉王在产业链中同样处于弱势地位，既没有出版资质、不掌握内容资源，又不占有渠道，更没有绝对的技术优势。在中国新媒体的产业链中，移动运营商的霸主地位无法撼动。

四、电子书存在版权软肋

2010 年 6 月 30 日，中华书局起诉汉王科技侵权使用中华书局享有著作权的点校本《二十四史》和《清史稿》一案在北京开庭，该案件没有当庭宣判。事情源于 2009 年 10 月底。当时中华书局以汉王电纸书（国学版）产品中预装的点校本《二十四史》和《清史稿》侵犯了中华书局点校史籍著作权为由提起诉讼，要求汉王科技停止侵权，并赔偿 400 多万元经济损失。此案在海淀法院进行了第一次开庭审理。庭审现场，原、被告双方就各自的主张进行了举证和质证，但由于案情复杂，双方关于作品是否侵权的实质性对比无法当庭完成，因此合议庭决定休庭，择日开庭继续审理。后来虽然中华书局败诉，但是汉王业绩已经受到较大影响。相比之下，Kindle 和 iPad 在版权问题上就解决得比汉王好。这也与中美两国的版权宏观环境有关。

五、汉王电纸书的问题

2011 年 5 月，汉王科技对部分电纸书产品的销售价格进行调整，调整幅度最高达 40%，其中汉王 N510 精华版电纸书售价由近千元直降至 599 元。此外汉王推出新一代双触控技术，并将其搭载在 9.7 英寸大屏电纸书产品 E920 上，实现手指和电磁笔的双重触控，该技术汉王拥有完全知识产权及多项专利。

（一）价格虚高

令大多数用户感到遗憾的是，电子书阅读器昂贵的价格使其不具有普遍适用性，在现阶段难以成为广大用户的首选。由于目前中国国内电子书阅读器的市场依然不够成熟，加上电子墨水的产能十分有限，因此电子书阅读器的市场价格依旧偏高。这一点通过网上搜索汉王电纸书的报价就可发现。此外，汉王电纸书还存在维修价格过高的问题。网上搜索购买者使用反馈情况发现，一些读者反映汉王电纸书刚过一年免费保修期就出现显示字迹变淡的问题，而此种情况主要是显示屏出了问题，需要高价更换显示屏。

（二）收录数字资源有限

汉王电纸书作为一款高科技产品，本身只是一个阅读平台，如果没有内容资源，其并不能形成购买价值。可以说，内容资源对汉王电纸书的推广起到至关重要的作用。

浏览汉王书城可发现，截至 2010 年 8 月，汉王书城虽然宣传为收录 6 万本书，但许多都是过了版权保护期的传统出版资源，传统出版社的核心资源中的绝大部分均未在收录之列，这是因为传统出版单位碍于盗版现象和目前数字化获取利益太少，只是持观望态度，不愿意与汉王就电子化方面开展进一步合作。

（三）显示色彩单调

目前电子书阅读器内容显示主要还是黑白色彩，这使得其显示内容和显示效果广受诟病，也使得一些以色彩显示为主要特点的数据资源无法体现，如各种色彩鲜艳的 Flash 动画等。当然，色彩单调属于 E-ink 显示技术方面的问题。

（四）数字资源格式兼容有限

笔者对汉王电纸书产品简介中支持的格式进行了汇总，发现汉王电纸书目前主要支持如下格式的数据资源：

文本类：TXT、HTXT、HTM、PDF、DOC、Adobe、XLS、EPUB、HEB（汉王自有格式）、MEB（中国移动特制型号）；图片类：JPG、PNG、BMP、GIF、TIF；音频类：MP3、WAV、WMA、M4A、AMR、MIDI、3GPP、MPEG2/4；听书类：LRC（仅限预装内容）。

事实上，电子书采用格式越来越分散，对电子书阅读器厂商来说，格式兼容问题的挑战也越来越大。而电子书格式不统一会造成成本增加，会对电子书阅读器产业发展产生一定的抑制作用。

（五）市场定位错位

根据汉王电纸书目前的市场定位，其主要满足大规模阅读需求，另外定位在礼品市场，这一市场需求空间毕竟有限，难有大的作为。加上动辄千元的价格，导致其使用对象主要是有一定经济条件的年轻人和大规模阅读为主的专业人士，还没有向普通大众打开市场，也使得其市场推广和销售不够理想。

（六）主要靠硬件捆绑内容实现销售收入难以长久

虽然电子书阅读器备受关注，但传统出版社和作家本人很少从电子出版物方面获得收益，因此他们参与电子化的情绪不高，使得电子书阅读器的内容收录受到限制。电子书阅读器厂商主要通过硬件捆绑一些传统资源进行销售，但这种方式很难吸引大量读者，因此电子书阅读器也很难获得销量大增。销售收入主要靠硬件收益实现，内容所占收益比例过小，单纯依靠终端盈利的模式遭遇挑战。所以电子书阅读器要获得长足发展，打破内容收录受限壁垒是关键和突破点。

六、手机阅读更有生命力

平板电脑、iPad 及智能手机等替代终端的出现或性能的改变，将对电子书阅读器市场形成一定的冲击。尤其是平板电脑市场在 2010 年取得快速的发展，这种具有较强替代性能的终端的出现，为电子书阅读器的发展增加了新的不可预测风险。

由于汉王等电子书阅读器缺乏高效的支付平台，电子书阅读器在第一次销售中不难获利，但是在后续服务尤其是新读物的网络下载和版本升级过程中则难以顺利销售。

手机用户具有海量性，目前全球有 50 亿、中国已经超过 9.1 亿，其普及程度之高，超过了任何 IT 产品及各种媒体受众。即使单从手机的海量用户角度看，手机阅读远比电子书阅读器更有市场和生命力。此外，作为一件 IT 产品，电子书阅读器的性能价格比非常低。同样的价格可以购买功能齐全得多的智能手机。

作为移动阅读终端，电子书阅读器被视作手机阅读的延伸，相对手机阅读的价廉便携而言，电子书阅读器可以更好地实现深度阅读。但是，与功能不断强大且价格一再走低的智能手机相比，动辄千元的价格让电子书阅读器处于曲高和寡的尴尬状态。

总之，我们对电子书阅读器的未来发展持悲观态度。电子书阅读器只是一个阶段性产品，可能会被智能手机等所取代。

【本章小结】

本章系统阐述了电子书的概念和类型，以及电子书阅读器发展面临的问题，特别是手机阅读给电子书带来的挑战。

【思考题】

1. 请问电子书阅读器有可能被手机阅读取代吗?
2. 请分析汉王阅读器的成败得失。

第四章

手机出版

【本章学习要点】

重点掌握手机出版的概念、主要形式、发展中存在的问题，以及手机出版的发展趋势。

手机出版，就是借助智能手机终端的出版行为和形式。目前的手机，已经不再仅仅是移动电话，而是具有通信功能的迷你型电脑。手机媒体亦非第五媒体，而是互联网的主要组成部分。

目前手机出版最活跃的领域是手机小说。在3G商用化之前，中国的手机出版活动是建立在短信、彩信的基础之上的。建立在2G、2.5G基础之上的手机出版活动，难以突破信息量小、表现形式单一的技术瓶颈。3G牌照颁发后，中国的手机出版发展方向是多媒体化。3G手机的特点是高速度、多媒体、个性化。它的速度很快，不仅能通话，还可以高速浏览网页、参加电视会议、观赏图片和电影等等。

中国已经进入4G时代。2013年12月4日，我国正式发放4G牌照。至2015年1月，中国移动4G用户数突破1亿大关，达1.067 97亿，而移动电话用户总数也达到8.085 5亿。2015年2月25日，爱立信消费者研究室发布2014中国城市消费者通信行为研究，网络质量是最重要的满意度参数，42%的3G用户希望升级到4G。

目前在手机出版发展中还存在一些制约因素。首先是相关体制的制约。手机出版是出版商、作者、电信运营商、用户的多边博弈，手机出版需要一个与之相适应的商业模式，这种模式能有效地平衡多方的利益。

第一节　手机带来的革命

根据中国互联网信息中心2015年1月发布的报告，截至2014年12月，我国手机网民规模达5.57亿，较2013年增加5 672万人。网民中使用手机上网的人群占比由2013年的81.0%提升至85.8%。

根据中国工信部网站公布的统计数据，截至2014年12月，我国手机用户达到了12.86亿。

市场研究公司 IC Insights 2015 年 1 月 21 日发布的最新《2015 年 IC 市场驱动报告》称，到 2015 年，全球手机用户量将首次超过全球人口总数。届时，全球人口总数将超过 74 亿，而手机用户总数将略高于 75 亿。手机用户数量是指在特定的时间点上手机服务的用户数量。

一、手机的发展

手机，原本只是一种人们在移动中进行人际传播的通信工具，又称为行动电话、移动电话。在美国英语中，手机拼写为 Cell Phone；在英国英语中则拼写为 Mobile Phone；在新加坡等国英语中被称为 Hand Phone。目前手机已经经历了三代的发展，进入了 3G（Third Generation）时代。

在手机诞生及发展初期，即第一代手机（1G）时代，手机只是能移动的电话，没有新闻内容的传播。

2G 的手机除了最基本的通话功能外，还可以用来收发邮件和短信，可以上网、玩游戏、拍照等。虽然 2G 手机在硬件技术上存在屏幕小、电池持续时间短、网速低等瓶颈，但是建立在 2.5G 技术基础上的各种增值业务，尤其是手机新闻业务、手机报、手机电视、手机上网、移动商务、移动搜索、手机广告等被广泛使用。在 2G 时代，手机媒体基本成型。

3G 即第三代移动通信系统。国际电信联盟（ITU）规定，第三代移动通信系统要能兼容第二代移动通信系统，同时要提高系统容量，提供对多媒体服务的支持以及高速数据传输服务。其数据传输速率在高速移动环境中支持 144Kbps，步行慢速移动环境中支持 384Kbps，静止状态下支持 2Mbps。与前两代系统相比，第三代移动通信系统的主要特征是可提供丰富多彩的移动多媒体业务。

目前国际电信联盟接受的 3G 标准主要有以下三种：WCDMA、CDMA2000 与 TD-SCDMA。WCDMA 全称为 Wideband CDMA（宽带分码多工存取），它是基于 GSM 网发展出来的 3G 技术规范，是欧洲提出的宽带 CDMA 技术。CDMA2000 是由 IS-95 技术发展而来的宽带 CDMA 技术，由美国主推。TD-SCDMA 全称为 Time Division-Synchronous CDMA（时分同步码分多址接入），是由中国提出的 3G 标准。

第四代移动电话行动通信标准（4G）包括 TD-LTE 和 FDD-LTE 两种制式。4G 是集 3G 与 WLAN 于一体，并能够快速传输数据及高质量音频、视频和图像等。4G 能够以 100Mbps 以上的速度下载，比目前的家用宽带 ADSL（4M）快 20 倍，并能够满足几乎所有用户对于无线服务的要求。4G 可以在 DSL 和有线电视调制解调器没有覆盖的地方部署，然后再扩展到整个地区。

4G 技术支持 100Mbps～150Mbps 的下行网络带宽，也就是 4G 意味着用户可以体验到最大 12.5MB/s～18.75MB/s 的下行速度。这是当前国内主流中国移动 3G（TD-SCDMA）2.8Mbps 的 35 倍，中国联通 3G（WCDMA）7.2Mbps 的 14 倍。

回顾手机的发展历史，我们可以发现，手机技术演进的一般规律是：外观越来越轻小，功能越来越多，价格越来越便宜。目前，手机已经不是“移动电话”，而是具有通信功能的迷你型电脑。而且，手机 CPU 也进入了“多核”时代。

智能手机是当今手机发展的主流。智能手机的本质特征是：在硬件上具有 CPU，在软件上具有操作系统。

手机 CPU 如同电脑 CPU 一样，是整台手机的控制中枢系统，也是逻辑部分的控制中心。微处理器通过运行存储器内的软件及调用存储器内的数据库，达到对手机整体监控的目的。

进入 2011 年后，智能手机硬件开始进入“双核”时代。在 2011 年年初的国际知名展会上，摩托罗拉公司、LG 公司以及三星公司就已正式发布了采用双核处理器的智能手机产品。智能手机的硬件发展就此进入了一个新的阶段。

手机处理器的发展与 PC 行业的进步非常相似，都是从单核向多核方向发展。但是，双核智能手机时代来得比人们预期的更快。

目前应用在智能手机上的操作系统主要有安卓（Android）、苹果 iOS、Windows Phone、塞班（Symbian）和黑莓（BlackBerry）。目前，苹果 iOS 系统在技术上可谓独占鳌头；但是，安卓后来居上，发展最快、市场占有率最高。相比之下，黑莓在走下坡路，而塞班则退出了历史舞台。

目前具有电脑功能的智能手机正在成为移动通信的主流。2013 年，全世界手机上网用户数量达 20 亿，超过使用电脑上网的用户数量，同时智能手机和其他能上网的手机数量将达到 18.2 亿部。

eMarketer 发布的全球智能手机用户研究数据显示，到 2017 年，超过世界总人口的三分之一会成为智能手机用户。2013 年全球智能手机用户数量最多的前 10 个国家依次为中国、美国、日本、巴西、印度、英国、韩国、印度尼西亚、法国、德国。

4G 时代正在来临。一些发达国家已经在为 4G 发展布局。如：2012 年 6 月，沃达丰和西班牙电信整合网络基础设施，为今后在英国推 4G 服务做准备，两家公司虽然共同运营网络，但仍会独立运营频谱以及基础设施以外的服务。

2009 年，全球首个 4G 试商用网络在瑞典启动。根据 GSMA 在 2014 年 8 月末发布的全球 4G LTE 网络发展现状来看，截至 2013 年年底，全球已经有 79 个国家部署了 206 张商用 LTE 网络，另有 10 个国家/地区的运营商宣布建设 52 张 LTE 试验网，全球 4G 用户已经超过了 1 亿。

2013 年 12 月，工业和信息化部向中国移动、中国电信、中国联通正式发放了即 4G TD-LTE 牌照，中国电信产业正式进入了 4G 时代。

二、国产智能手机飞速进步

美国高德纳公司 2014 年 2 月发表报告，2013 年全球智能手机销量超越功能机，达到手机总销量的 53.6%。三星仍然稳居市场占有率冠军，而华为跃升至第三位。

报告指出，2013 年全球共售出 9.68 亿部智能手机，相比 2012 年的 5.58 亿部增长了 42.3%。在拉美、非洲、东欧和中东地区，智能手机用户增长迅速，而在成熟经济体地区，智能手机保有量已经趋于饱和。

高德纳公司还公布了截至 2013 年年底全球智能手机品牌的市场占有率前五名，分别是三星拥有 31%的市场份额，苹果市场占有率下降至 15.6%，华为以 4.8%的市场占有率成功冲进三甲，联想以 4.5%的市场占有率位列第五名。

2014年第一季度的智能手机市场份额报告显示，三星、苹果仍旧占据头两名，国产手机的强势爆发令人震惊，联想凭借收购摩托罗拉已经大幅提升其市场份额，排名第三紧追苹果。在前八名当中，国产品牌已经占到半数，而前十名当中，已经占到六席，这样的发展态势足够让国人兴奋。2014全球智能手机品牌前八名分别是：三星、苹果、联想＋MOTO、华为、LG、索尼、小米、酷派。

据美国道琼斯旗下"市场观察网"报道，美国市场调研公司Canalys的数据显示，2014年第二季度中国智能手机厂商小米成为中国领先的智能手机供应商，其手机出货量首次超越三星。小米智能手机发货量在中国市场占14%，位列第一。三星、联想和宇龙次之，市场份额均为12%。

从2014年年初开始，包括小米、联想和华为等在内的中国智能手机制造商的出货量开始飙升。市场调研公司Strategy Analytics的统计数据显示，中国厂商如今已合计占有了全球智能手机市场38%的份额，超过三星电子和苹果的市场份额总和。小米2014年第一季度在全球市场的份额为3.9%，到了第三季度已达到5.6%，为仅次于三星电子和苹果的第三大智能手机制造商。

2014年，三星电子第三季度在智能手机市场的份额已经滑落至25%，低于第一季度的31%。这家韩国科技巨头移动业务的利润率更是从20%降至7%。三星电子表示，公司利润率的大幅下滑，部分源自于加大营销支出，清理中国和全球市场未销售出的智能手机库存。苹果2014年第三季度在全球智能手机市场的份额为12%，其在智能手机市场的份额首次跌破15%。

2014年第三季度，全球智能机出货量达到3.276亿部，较2013年同期的2.617亿部增长25.2%，较2014年第二季度增长逾8%。2014年第三季度，三星智能手机出货量为7 810万部，市场份额为25%，占第一位；苹果智能机出货量为3 930万部，市场份额为12%，排在第二位；小米第三季的全球智能机出货量为1 700万台，市场份额为5.3%，排第三；排在第四、第五位的是联想与LG。三星、苹果以及小米是全球智能手机出货量前三位的厂商。

据凤凰科技2014年12月29日的报道，在2014年整个智能手机的排行中，三星依然位列第一，苹果第二，其余排名是联想、华为和LG。三星销量为3.076亿部，市场份额为24.7%。而苹果iPhone销量为1.914亿部，市场份额为15.4%，联想市场份额为6.5%，华为为5.5%，LG为4.6%。2014年全年，全球智能手机总销量突破12亿台，较2013年增长28.4%。

第二节　手机出版成为数字出版的主流

一、何谓手机出版？

（一）手机出版定义一

有人将手机出版定义为："是指出版社以移动通信设备为平台，进行图书选题策划、编辑出版、信息发布、宣传营销以及售后服务的新型出版形式。在这里，出版社是内容提供商或文化事件发起者，而移动通信设备则成为新型传播渠道，它将带给受众信息和广告发布的双重功能。”①

这种定义借鉴了传统出版的定义，没有概括出手机出版的本质特征，也没有考虑到网络出版与手机出版的关联。

（二）手机出版定义二

还有人将手机出版定义为：“手机出版是指将已加工的数字作品以无线通信技术为手段按照特定的付费方式向手机用户发布的一种出版形式。”②

但是，这种观点有两点值得商榷之处：

第一，该观点没有看到互联网技术与手机技术相融合的客观现实。

该观点认为：“在出版介质这棵大树上，手机和互联网是两个不同的分支，互联网技术与手机技术二者是并行的，至于将来二者的技术融合问题，业界人士认为，那至少也是4G技术发展以后的事情了，在这之前我们仍然把手机技术和互联网技术区别看待。从技术上来说，手机出版是以无线通信技术为平台，而互联网出版是以互联网技术为平台，二者有完全不同的传输渠道和方式；从网络语言来说，互联网出版一般使用的是HTML语言，手机出版语言则主要是WML语言（在日本，I-MODE手机使用的是CHTML语言）。”③

但是，这种观点与手机媒体最为发达的日本及互联网技术高度发达的美国的客观现实并不相符。互联网技术与手机技术相融合在发达国家已经是现实，而绝对不是4G技术发展以后的事情。这种观点引用的所谓“业界人士”的说法只是一家之言。日本的I-MODE技术不过是2.5G技术，但是就已经实现了互联网技术与手机技术的无缝连接。在美国，互联网、有线电视网、移动通信网三网合一进展迅速。至于说HTML语言、WML语言、CHTML语言的问题，它们都是SGML语言的应用，有着共同的起源与特征，在技术上相互转换并不困难。

第二，该观点将“按照特定的付费方式”作为手机出版的特征之一，此种说法值得商榷。

根据日本手机出版的发展经验，受众除了以付费方式阅读和使用手机出版物外，许多手机出版商是依赖免费或低价提供阅读服务，以提高访问量、点击率，从而获取广告收入。对于很多手机出版商来说，往往是广告收入高于订阅费。

（三）手机出版是网络出版的延伸

我们认为，所谓手机出版，就是以手机为媒介的出版行为，是网络出版的延伸。随着上网手机的日益普及，手机正在成为互联网的重要终端设备，手机出版是网络出版的延伸与组成部分。手机与互联网的结合正在使手机媒体成为一个发展潜力巨大的出版平台。

手机出版是信息海量的网络出版的主要组成部分。全世界手机媒体（包括手机出版）最为

---

① 黄朝琴：《移动出版》，载《出版参考》，2004（21）。

②③ 《2005—2006中国手机出版产业年度报告》，见郝振省主编：《2005—2006中国数字出版产业年度报告》，北京，中国书籍出版社，2007。

发达的国家是日本，其手机出版的技术基础是 I-MODE，这种技术使手机媒体与网络媒体“无缝”地连接在一起，成为网络出版的一部分，是手机出版发展的方向与主流。

在此，要特别强调的是，手机短信只是手机媒体在现阶段的一种重要存在形式，但不是全部，也不代表未来的方向。在中国，许多人误以为手机短信（SMS）就是手机媒体，并称手机短信为“第五媒体”。其实，中国的短信量巨大、短信文化发达是由特定的电信管理体制与收费模式造成的。由于短信（包括彩信）的技术落后，信息承载量十分有限、信息形式十分单一，不可能成为手机出版的主流与方向。

二、我国各类型手机出版的发展

手机出版最活跃的领域是手机小说。过去，中国的手机出版活动是建立在短信技术基础之上的。但是，借助手机短信出版存在许多技术不足，尤其是短信所能携带的信息量十分有限，信息类型十分单一，不足以满足大规模出版的需要。从技术上看，手机短信只是手机媒体在现阶段的一种重要存在形式，但不是全部，也不代表未来的发展方向。

参照传统的出版形式，为了方便国内相关职能部门进行管理，我们可以将目前国内手机出版的类型划分为以下几种。

（一）手机图书

此处的图书概念是广义的，包括数字化图书。目前我国的手机图书最多的是手机小说。

手机图书出版形成一个正在腾飞的新行业。单单珠海一地，手机出版物栏目的订户就有 2 万多人，每个月的订制费是人民币 8 元，订户每周可以“上机” 8 次至 9 次。据统计，珠海通过手机发送的小说和简讯，每月平均是 400 多万条。在广州、深圳等大都市，很多大学的学生为手机专门供稿。

在微信出现之前，中国的手机短信文化已经相当发达，几乎所有手机用户都在自己的电话里存着一条或几条朋友发来的精彩短信。有一部自称中国首部手机短信连载小说的作品名为《城外》，作者笔名千夫长。这篇一共 4 200 字的小说，被分割为 60 个章节、每篇 70 个字，分次发送给手机订户。2004 年 8 月，《城外》的版权被电信运营商华友世纪通信公司以 18 万元人民币的价格买断。千夫长介绍说，《城外》取名源自钱钟书名著《围城》，探讨的话题是婚外恋，写的是“城外的风景，两个人的故事”。除了通过短信阅读之外，用户可以通过手机短信（SMS）、手机上网（WAP）、手机接听（IVR）等不同方式多角度欣赏《城外》。

中国台湾手机作家黄玄的手机短信小说《距离》也是一部比较著名的手机小说。小说全长 1 008 字，每次发表 70 字，分别在海峡两岸发表。《距离》写的是台北的都市快餐爱情。特点是完全以手机发表，内容又与手机有关。

（二）手机杂志/期刊

手机杂志依托于手机终端及手机无线网络技术，结合传统媒体与网络媒体的优势，必将产生强劲的发展势头。在中国，掌富科技（南京）有限公司（http：//www. byread. com）最先开发出一套多媒体电子阅读软件“百阅视听”，成功地将传统杂志搬上手机的方寸屏幕，实现手机杂志的在线、下载等多种模式阅读。

手机阅读文学拥有庞大的用户群，将杂志搬进手机屏幕，其前景是非常广阔的。杂志图文并茂，既有反映时代的新闻价值，又有文学故事的趣味性。这些特点将使杂志类的读物深受广大读者的喜爱。再结合手机无线网络的庞大用户群，阅读成本低廉，手机阅读快速便捷等优势，手机杂志的前景确实非常乐观。

在移动阅读领域具有领先地位的移动书城（wap. mbook. cn）已经开通了《女友》、《南方人物周刊》、《周末画报》、《意林》、《故事林》等多家著名杂志的手机阅读，读者可以通过移动书城仅用1元至2元甚至免费阅读这些杂志。移动书城还和《读者》杂志合作，将《读者》杂志搬进移动书城，以后《读者》的忠实读者们便可通过手机进入移动书城尽情地享受手机阅读杂志所带来的方便和实惠。

创刊于1963年的《故事会》是中国的老牌刊物之一，也是中国期刊界一个长盛不衰的传奇，先后获得两届中国期刊的最高奖——国家期刊奖。《故事会》面向未来无线阅读市场，与资深移动百宝箱内容提供商北京掌讯达成合作协议，顺利通过中国移动百宝箱评审而上线。目前手机用户只需登录百宝箱—娱乐百宝箱—电子书下载，花上8元钱，即可在自己的手机上流畅阅读图文并茂的《故事会》期刊，包括最新与以往的期刊，甚至可以读到几十年前的《故事会》。这种掌上阅读方式不仅可以随时随地进行，而且方便读者查询及保存自己喜爱的期刊，价格又低廉，给广大读者提供了不少便利。

像百宝箱提供的《故事会》这样的手机杂志即是所谓的“JAVA手机阅读器”，可以支持在线阅读和离线阅读两种方式。它是一种把传统纸媒原封不动地移植到手机上，并且最大限度地保持了杂志的封面、目录和全部内容，完全符合读者阅读习惯的新读书方式。近几年，终端手机市场更新换代速度惊人，JAVA市场更是以每年数倍的量增长，手机阅读以其廉价、便利、前卫的特征也在迅速发展。

（三）中国最大的“手机出版社”——中国移动手机阅读基地

总部在杭州的中国移动手机阅读基地，实质上是一个“手机出版社”。目前覆盖用户近2亿，月全网访问用户数超过5 000万，日均PV（访问量）超过3亿次，月平台信息费收入超过1亿元，提供超过22万册精品图书内容。与中国移动签约合作的CP（内容提供商）达到127家。

中国移动手机阅读基地主要负责手机阅读业务的平台和产品开发、内容和业务运营、全网的市场推广支撑等，该基地设在杭州西湖科技园。自2010年5月5日手机阅读业务在全国正式投入商用以来，到目前为止，通过手机进行阅读的用户数已近2亿。

中国移动手机阅读价值链由内容提供商（英文简称CP）、运营支撑方以及中国移动等主要环节构成。目前手机阅读基地的运营支撑方主要有卓望信息技术（北京）有限公司和北京中文在线文化发展有限公司，前者协助负责门户运营、营销推广、产品开发、平台维护的支撑工作，后者协助负责内容引入与策划、版权管理、内容审核等工作。

目前中国移动手机阅读基地整合了优质的图书、杂志、漫画等资源，主要是为了打造全新的无线数字发行渠道，成为国内最大的正版数字内容汇聚平台，成为阅读爱好者的集合地，助力传统出版产业的升级转型。

目前，中国移动手机阅读基地实现了从商用到全网规模发展的历程，实现了四个“基本”目标。

一是基本构建了国内正版图书最多的内容汇聚平台：汇聚超过22万册精品图书内容，涵盖图书、杂志、漫画、听书、图片等；覆盖70%以上的出版榜单图书、95%以上的原创榜单图书。

二是基本打造了国内收入规模最大的数字阅读门户：每月全网访问用户数超过5 000万，日均PV超过3亿次，每月平台信息费收入超过1亿元。

三是基本形成了用户“无缝阅读”的全业务阅读形态：通过手机、电子书、平板电脑等载体阅读，并为用户构建了云端的个人数字阅读空间；客户端适配超过1 000款手机，覆盖2亿用户。

四是基本催生了能够规模盈利的手机阅读良性产业模式：手机阅读基地与中国作家协会、中国出版集团、国家图书馆、中国编辑学会等实施战略合作，已与超过120家内容提供商签约合作，其中覆盖出版社超过100家。

手机阅读将实现内容提供商与移动运营商之间的双赢。对内容提供商而言，这种合作模式有利于出版物更快捷地传播；降低存储、避免污染、节约材料；通过手机，出版社和消费者及市场间将会更好地互动，出版社对营销情况、读者反馈处理更及时，从而对内容生产、传播和收益都将带来益处。对运营商而言，与出版单位的合作对稳定且有质量保证的内容来源作用明显。由于内容质量的优质和稳定，将能吸引更多的高端客户，最终对于企业品牌的树立、平台影响力的形成都有正面积极的效果。

在手机阅读平台上，书的定价基本为纸质书的10%，最高定价一般不会超过10元。价格虽低，但由于其庞大的用户群与点击率，中国移动的平台上，效益最高的一本书已获得了1 200万元的收入。

2010年5月以来，中国移动手机阅读基地已与260多家内容合作方进行了深入合作，汇聚了超40万册精品数字阅读内容，累计为3.5亿用户提供数字阅读服务。

2014年9月，中国移动手机阅读推出了4G高清精品悦听包与4G高清亲子悦听包，前者面向职场白领、学生、打工族以及商务人士人群，迎合大众热点打造高品质原创听书、热点品牌节目及明星主播作品；后者针对青少年儿童、年轻家长等人群，融育儿、教儿、亲子等内容为一体，打造最具吸引力的学前教育栏目。

手机阅读加大了阅读群体，扩大了图书传播对象，使得读者获得更为便捷的阅读，作者收入更高，出版社也有了另一种稳定收益。

传统出版的一本纸质书从策划到上市，最短周期需要三个月，出版商的利润在10%～15%。而手机阅读除去人力和前期加工成本，只要类别、题材、内容适合手机阅读即可，缩短了中间环节。仅成本一项，数字出版就可节约数万甚至数十万元。

中国移动的手机阅读平台上，现在平台一个月的信息费收入超过了1亿元。可见，数字出版由于平台优势、用户规模优势，相比传统出版业，更容易取得低投入高产出的效益。

Enfodesk易观智库发布的数据显示，2011年四季度中国手机阅读市场活跃用户数达3.09

亿，环比增长 7.46%，同比增长 33%。

目前中国在手机出版发展中还存在一些制约因素。首先是相关体制的制约。手机出版是出版商、作者、电信运营商、用户的多边博弈，手机出版需要一个与之相适应的商业模式，这种模式能有效地平衡多方的利益。

中国新闻出版管理体制也面临一些调整。比如，是否应该给网络公司、电信公司、SP 公司出版权？或至少给予他们网络出版、手机出版的权利？

此外，手机出版也给中国有关出版的教学研究提出了新课题，比如教科书中有关出版的定义和内涵都有必要作出修改。

三、发达国家手机出版的发展

发达国家的手机出版以网站型为主。在日本是 I-MODE 型，在其他发达国家是 WAP 型。目前，日本、韩国等手机出版发达国家已经全面发展到基于 3G 和 4G 技术的手机多媒体出版阶段。

手机小说首先出现在日本。日本总务省统计，日本的文字出版品销售额逐年锐减，但与此相反，通过手机阅读小说却日益风行。由于手机普及率越来越高，不喜欢读书的年轻族群，开始将阅读重心转移到手机上，文字和图案花哨的手机画面渐渐成为不可忽视的创作发表园地。

日本现在有数万个以上的手机小说营运网站，其中既有大出版社经营的收费网站，也有免费公开的个人网站。由于现代年轻人随时随地把玩着手机，在手机上发表小说也就逐渐流行起来。

日本手机小说通常的经营方式是以连载的方式，每天传送 1 000 字至2 000字的小说文字（章节）给读者。读者群则以一二十岁的年轻人为主，目前日本手机小说族已达到 200 万人以上。

在日本，有些人气作家借助推出手机小说创造了新的财源。同时，手机小说不需要花费印刷成本，也不会有库存压力，还可以从上网人数很快地统计出阅读率，使得新潮社等大出版社也开始积极经营手机小说。

2000 年春天，一个通过援助交际赚零用钱的少女阿雪的故事，通过手机在日本高中生之间广为流传，这就是首部手机小说《深爱》。结果，在短短一年内，订阅这部手机小说的手机读者高达 2 000 万人次。2003 年 1 月，作者 Yoshi 还自费出版了《深爱》印刷版，单行本发行也突破百万册，印刷本主要通过手机网上书店售卖。《深爱》还拍成了电影，并相继推出了录像带、CD、漫画连载。图 4—1 为《深爱》作者参加印刷版发布会。

目前日本的手机小说是建立在 I-MODE 技术之上的，并且有数万个 I-MODE 手机网站在“销售”新鲜出炉的手机文学作品，每天发送数百部小说供手机用户阅读，包括古典的、最畅销的和专门为手机这种新媒介而写的小说等，林林总总，五花八门。为了应付市场需要，东京、大阪的移动通信公司求贤若渴，雇用了数以千计的各种文体的写手。下载阅读手机小说是要付费的，作者及经营商就是通过这种方式来盈利的。如今日本手机小说读者已有数百万人了。

日本书籍经销商“东贩”发表的 2007 年年度畅销书排行调查结果显示，十大艺文畅销书中有 5 本是受中学、高中女生欢迎的手机小说，前三名都是手机小说。第一名《恋空》改拍成

图 4—1 《深爱》作者（右）参加印刷版发布会

电影也照常卖座，手机小说新人当道的现象给日本出版界带来极大的冲击。

很多手机读者也需要一个适应过程，因为手机屏幕只有名片的一半大，每次只能显示几行文字。但液晶显示技术的进步和手机具有的自动页面更新功能，使得手机小说读者逐渐能够乐在其中了。

日本现在流行的手机都可以下载短篇的手机小说，连续显示在屏幕上，让使用者有如身在书店，可以任意浏览。不管你是在家里、办公室或短途火车上，都好像有个缩微数字图书馆存在你的手机里，让你随时随地可以阅读。

目前，日本的手机出版已经进入 4G 多媒体时代。

日本最大运营商 NTT DOCOMO 在 2010 年 12 月正式推出品牌为“Xi”的 4G-LTE 服务，并在一年内就突破了 100 万用户大关。该公司运营的 LTE 产品还包括 32 款智能手机、6 款 Windows 8 平板设备等。KDDI 和软银也加速了 3G 向 4G 的升级过程。软银于 2012 年 2 月，在东京、名古屋、大阪等城市正式推出 TD-LTE 商用业务。

软银是发达国家为数不多的采用了中国推出的 TD-LTE 标准的运营商，软银的 4G 建网基本被中国两大设备商包揽，一期项目由华为、中兴两家平分，各 1 000 个基站，主要用于福冈、北海道、札幌等城市 TD-LTE 网络的建设。目前，软银已完成网络一期的建设，并开始启动二期网络建设。

和 NTT DoCoMo 的策略不同，软银在发展 4G 时很强调成本优势，软银之所以采用中国的 TD-LTE 标准，某种程度上就是看准中国移动这个全球最大运营商准备采用 TD-LTE 标准，因此软银可以在设备采购时节省不少成本。

2012 年 10 月软银斥资 200 亿美元收购美国第三大运营商 Sprint，也在某种程度上被认为是为了节省设备采购成本——因为软银在美国和日本两大市场同时部署 4G，设备采购上可以获得规模效益。

对比日本几大运营商的 4G 套餐和 3G 套餐，价格相差无几，因此许多日本用户在换新手机的时候都愿意加入4G套餐，日本正成为全球4G渗透率最高的国家之一。如果在更换手机的时候选择4G手机，加入4G合约计划，实际上消费者的支出并没有比3G时候多很多，有些甚至更便宜。

“日本版微信”Line因4G的到来迎来重大利好——Line的招牌应用便是免费通话，此前在3G时代，这种语音通话常常会信号不稳定，而到了4G时代，其通话质量有了大幅提升。

4G普及之后，日本的手机出版公司获益丰厚。因为在智能手机上下载App的速度大幅提升——这有利于加强手机出版的用户体验。

美国著名出版商蓝登书屋（Random House）已经投资专门制造手机产品的圣迭戈VOCEL公司，把蓝登书屋的学能评估测试应试材料、外语学习辅导和电脑游戏指南等书，开发成可以通过手机发送的产品。

美国手机出版的潜力巨大。截至2013年12月底，美国共1.598亿人拥有智能手机。苹果为第一大智能手机厂商，美国市场占有率41.6%；其后是三星，市场占有率26.7%；排名第三的是LG，市场占有率6.9%；摩托罗拉（6.4%）及HTC（5.4%）分列第四和第五。

美国智能手机中，苹果的市场份额最高。苹果在2014年9月推出的iPhone 6和iPhone 6 Plus，使2014年第四季度苹果在美国手机市场上的优势地位得到巩固。该季度苹果手机在美销量几乎达到了三星的2倍、LG的5倍，而该季度其他品牌在美市场销量的全部份额最多占到5%。

四、手机出版的发展中存在的问题

手机作为媒体，最大的优势在于便于随身携带。手机出版是一种数字化新型出版形式，作为网络出版的延伸，网络出版的许多特性（包括不足）也延续到手机出版之中。

（一）技术的角度

从技术角度看，手机出版的不足主要有以下几点。

1. 虚假与不良信息传播

一些不法分子发布虚假信息，大肆招摇撞骗，各种淫秽信息和虚假信息借助手机流传，败坏了社会风气，误导公众，导致社会秩序的混乱。

2. 侵犯个人隐私

彩信手机的出现，是因为手机制造商纷纷将竞争焦点集中在手机的功能扩展方面，以及用户要求短信以外更多的多媒体互动功能，但这种新型手机除了涉及国防安保和商业机密问题，还可能涉及其他法律问题。彩信手机有其独特功能的设计，把摄像镜头安装在手机的背部，并且还可以被隐藏起来，因此佯装打电话也能轻而易举地拍下一些机密的东西或侵犯个人隐私。

3. 信息垃圾

目前中国手机用户收到的垃圾短信不计其数。

4. 信息安全

一些手机黑客针对手机的软件专门设计了一些病毒，对广大的手机用户进行攻击。

5. 屏幕小，电池电量不足

这是手机所固有的技术缺陷。

（二）产业发展的角度

从产业发展的角度看，手机出版在快速发展的同时，自身也存在着一些隐忧。主要表现在以下几点。

1. 受众范围狭窄

手机出版的用户集中在公司高级管理人员、企业白领、城市知识分子等群体上。他们属于社会上知识水平高、经济条件好、对新闻信息敏感的中青年人，渴求获得信息却又因生活节奏快而没时间去买报、读报、看电视、上网。相对于四大传统媒体面对的普通大众，他们是小众，受众群体的狭窄在相当程度上限制了手机出版的规模。

2. 内容缺乏创新，影响用户体验

手机出版绝不是把传统媒体上的内容向手机终端进行简单平移。目前，手机出版没有根据目标读者群而设定的内容，尚缺乏专业的、有针对性的采编体系，运作管理体系和专业的手机媒体从业人员。手机出版目前所有的业务运作，包括作品及新闻来源、内容分类等都是依附于传统纸质媒体或者互联网，大多数是把纸质媒体上的内容直接翻版到用户的手机上，这会使手机出版失去竞争力。正如前面提及的，手机出版的用户多为城市白领，这部分人的关心的资讯焦点与普通人群有一定区别，他们更关心体育、科技、财经等消息。目前手机出版从业人员还缺乏相应的内容取向策略。

3. 广告模式限制手机出版盈利

由于手机出版受限于终端容量，因此没有足够的空间去承载大量的广告信息，也就无法像传统纸质媒体一样将之建立成一个新的营销平台。

（三）宏观管理的角度

从宏观管理的角度看，对手机出版的管理有其自身的特点。尤其是与成熟的传统出版管理相比，具有一定的难点。

较之传统出版的管理，手机出版的管理存在“六难”：

一是因新而难。手机出版是新技术条件下产生的新事物、新产业，而管理、法规难免落后于技术发展。二是手机出版是网络出版的延伸，无地界、国界的限制，确定管辖范围难、适用法律难。三是手机出版主体的市场准入授权难。其是否适用传统出版的资质标准，怎样确立其资质，都没有现成的依据可循。四是界定手机出版难。五是手机出版涉及新闻出版、互联网、移动通信等多个行业和部门，容易出现政出多门，多头管理。六是寻找政策法规依据难。

手机出版可以依据不同的标准分类，按照其与传统媒体的关系，手机出版可以分为：不依托传统媒体的手机新闻出版与依托传统媒体的手机新闻出版。前者管理难度大，但是代表了产业主流与方向。后者可以比照传统出版的管理模式，管理难度小，但是从互联网发展走过的历程来看，后者受制于已有的管理模式、人员结构、思想观念、资金运作等因素，很难成为新兴产业的主体。

尽管手机出版存在不足之处，然而手机作为新媒体已经实现移动电话媒介身份的突破，正在成为人随身携带的信息系统。手机作为新的传播终端，以高效、便捷、及时、互动的特性，为人们提供更为丰富、更为个性化和实时的信息服务。手机的特点在于可移动性以及个性化。从手机出版的特点来看，它完全不同于传统出版，而是和网络的传播特性较为接近。其功能是多元合一，比如，通话时手机就是移动电话，发短信时就是文字媒介，用手机上网时就是网络出版。应该说，手机出版是网络出版的延伸。

手机庞大的用户群已经构成了大众传播所必需的大量的、分散的受众。手机的特点在于随着其功能的日益强大，它正逐渐从一种通信工具向信息平台转型。

（四）微观经营的角度

从微观经营的角度看，手机出版的商业模式决定整个产业的前途。

手机出版盈利模式仍处于探索与培育阶段。目前，手机出版市场的盈利模式主要有三种：收取订阅费模式、在出版物内插入广告收取广告费的模式和收取出版物使用费的模式。

从营收规模来看，目前数字与纸质出版收入规模相差甚远。个人付费市场的发展差异是造成传统与数字出版收入差异巨大的主要原因。在目前的手机出版中，付费阅读仅占第三位，所占比例为10%。由于民众已经习惯于免费，因此消费习惯影响了民众为手机出版付费。要改变目前手机出版收费难的现状，需要提升用户内容购买动力。具体办法包括提供更多优质内容，消除读者与手机出版之间的信息不对称状态等。还需要强化手机出版物的产权保护，强化公民的版权意识，扩大正版和盗版的差异，等等。

目前手机出版较多通过广告渠道实现营收。运营商采用手机出版内插页广告、企业产品专刊等多种形式，并结合多元化和互动性的传播方式，得到了服饰、化妆品、IT数码、汽车等行业广告主的认可。广告营收渠道是目前数字出版行业发展较好的渠道，但因人才等方面的限制，广告质量不高，出版物带给消费者的价值亟待增强。广告是手机出版的主要利润来源，但目前很多广告主对手机媒体缺乏认知，在手机广告效果和投放收益无法预知的情况下，广告主对手机阅读平台缺乏足够的热情。同时，对手机在线阅读用户而言，为手机广告产生的流量埋单也将大大降低用户对手机阅读的使用热情。

五、手机出版的发展趋势

手机出版的魅力在于它高度的便携性、互动性，以及随之而来的增值服务。一方面，手机出版能够给受众提供新闻信息，用户可以按需获取信息；另一方面，手机出版具有的互动性也是其突出的特点。从未来发展看，手机出版的发展趋势之一是大众化，手机出版由少数社会精英的“专利”发展为大众化的媒体；二是手机出版多媒体化、娱乐化等。

自从2005年以来，通过手机进行文学阅读的中国手机用户以年均82%的速度快速递增，并且代替了部分传统阅读习惯，与互联网阅读一起成为读者数量增长最快的阅读方式。

手机出版的发展，将带动整个数字出版行业实现新的突破。2007年我国数字出版产业在电子书、数字报业、数字期刊、博客、播客出版以及手机出版等领域，已然初见成果。

手机出版为数字出版提供了跃进的契机。手机出版较互联网出版更易实现突破的原因在于：

（1）手机用户远远多于互联网用户；（2）目前手机阅读率较互联网阅读率更低，发展潜力和空间更大；（3）手机功能日渐完善，阅读体验已接近互联网普通读物，此外，手机阅读较电脑阅读有不受时间、空间限制的特点，更为方便快捷。

4G牌照发放为手机出版的发展打下了非常好的基础。用户手机终端的升级和无线互联网网速的提升，将有效降低手机出版的阅读障碍。4G全面商用后，一些基于手机的增值服务业务将出现井喷式增长，而手机出版也将顺应形势，呈现快速发展的态势。

【本章小结】

本章主要阐述了手机出版的概念、主要形式及发展中存在的问题，分析了手机出版的发展趋势。特别指出，手机出版成为数字出版的主流。

【思考题】

1. 请问手机出版有哪些形式？
2. 请分析现今手机出版的发展趋势。
3. 请分析中国移动手机阅读基地给传统出版带来的冲击。

第三单元

数字出版的经营与管理

第五章

数字出版的经营管理

【本章学习要点】

重点掌握数字出版的盈利模式。

实现盈利，是数字出版生存与良性发展的基础。非网络型的数字出版物，其营销、发行与传统纸质出版物并无本质区别；但是网络出版的经营管理有其特殊性。进行数字出版，最重要的是选择恰当的盈利模式。

目前，数字出版的盈利模式主要有以下三种：

（1）付费模式。付费模式的前提是提供的信息具有权威性与不可替代性，其代表是中国知网及各种数据库出版物。读者对象往往是教育界、科技、商业、政府部门或军界的专业人士。此模式通常将文件制作成 PDF、CAJ 等格式，需要账号、密码才能下载阅读，出版者为了保护版权还对不少电子书的复制、打印等功能作了限制。这种模式脱胎于传统的纸质出版。

（2）“免费＋广告”模式。该模式的思路是通过用户的免费阅读与使用，获得很高的点击率，从而获得广告收入。其中的代表形式是博客出版以网络上大量的免费电子书。

（3）电子商务模式。数字出版物通过网上书店进行网络直销。此模式适合于同时具有纸质印刷版和电子版的出版物。在网上书店，读者可以根据自己需求，或付费下载电子版，或购买纸质版。这种方式以美国的亚马逊网上书店（www.amazon.com）为代表。

不同的网络出版商可以根据自身情况及出版物的特点选择合适的盈利模式。当然，亦可以将以上盈利模式结合使用。

第一节　“免费＋广告”模式

在互联网上，免费获取信息已经成为网民的一种习惯，因此互联网上出现了大量的免费出版物。这种出版物的出版者主要是通过积聚人气、提高访问量，然后以广告收入来获得经济回报。这种经营模式类似于广播电视模式，即广播电视公司让人免费收听广播、收看电视，其收入主要来源于广告。目前的门户网站（Yahoo、新浪等）采用的就是该模式。这是一种与传统出版经营模式完全不同的发展途径。

一、何谓网络广告？

网络广告即电子广告，通常指通过电子信息服务传播给消费者的广告。按照这一定义，可能给人们造成一个错觉：电子显示屏也是网络广告，于是有人给网络广告重新定义。比如中国广告商情网就把网络广告定义为：在互联网上传播、发布的广告，在广告形式、收费模式、广告特点等方面与传统广告形式有很大的差异。

其实，网络广告就是以互联网为媒体发布、传播的商业广告。或者说，网络广告指利用数字技术制作和表示的基于互联网的广告。

网络广告发轫于1994年的美国。1994年10月14日，美国著名的《连线》(*Wired*) 杂志推出了网络版的Hotwired (www. hotwired. com)，其主页上开始有AT & T (美国电话电报公司) 等14个客户的条幅广告 (Banner)。这是广告史上一个里程碑式的标志。从此之后，网络广告逐渐成为网络上的热点，世界网络广告的发展速度可谓突飞猛进，网络广告发挥的效用越来越重要。

美国互联网广告局的调查结果显示，美国互联网广告收入增长迅猛，客户投放方向日益向少数几个大型商业网站集中。2006年排在美国网络广告收入前四位的分别为Google、Yahoo、AOL和MSN，占美国网络广告收入的比例分别为25%、18.3%、7.5%和6.7%。

美国市场调查机构国际数据公司2008年2月11日发布的《2007—2011年美国互联网广告预测与分析》报告显示，2007年美国互联网广告总开支达255亿美元，比2006年增长27%。

据美国互联网广告局与审计机构2003年6月12日共同发表的研究报告称，美国2002年全年网络广告销售收入为60亿美元。美国互动广告局报告的其他主要研究成果包括：在所有的在线广告形式中，关键词搜索广告增长速度最快。在2002年，关键词搜索广告收入占整个广告收入的15%，是2001年的3倍多。在经历了2002年的谷底之后，网络广告在2003年开始回升，到2005年，美国的网络广告收入达到80多亿美元。

根据Forrester发布的研究报告，2016年美国网络广告支出将超过电视。美国的网络广告，年均增长率高达13%，2019年美国网络广告将达到1 030亿美元（约合人民币6 339亿元），届时电视广告支出为860亿美元（约合人民币5 293亿元）。2019年数字广告将占到全部广告支出的36%，高于电视的30%。

中国的第一个商业性的网络广告出现在1997年3月，传播网站是Chinabyte，广告主是英特尔公司，广告表现形式为468×60像素的动画旗帜广告。英特尔公司和IBM是国内最早在互联网上投放广告的广告主。由于起步较晚，中国网络广告直到1998年年初才初具规模，当时中国520亿元的广告收入总额中，网络广告仅占2 000万元左右。据统计，1999年，中国的网络广告经营额已经接近1亿元人民币，是1998年的5倍。2006年中国的网络广告规模已经增长到49.8亿元，比2002年增长了10倍。作为新兴产业，网络广告可谓发展迅猛。

2008年1月21日，互联网数据中心发布的《Netguide 2008中国网络广告市场调查研究报告》显示，2007年中国网络广告整体市场规模增至76.8亿元人民币。

根据艾瑞咨询集团发布的网络广告市场数据，2014 年中国网络广告市场规模达到 1 540 亿元，同比增长达到 40.0%，增速较去年小幅下降。在网络广告市场整体进入成熟稳定阶段之后，市场仍然呈现出一些新的发展态势。各个网络媒体细分领域表现各异，一些传统领域呈现出成熟态势下的增速放缓，一些领域在新的广告技术与广告形式共同驱动下，迸发出强劲的增长势头。与此同时，品牌广告主预算进一步向数字媒体倾斜，均推动网络广告市场规模达到新的高度。

根据 eMarkete 2014 年 12 月 25 日发布的数据，2016 年互联网广告预计将占全球广告支出的 28.3%。在中国市场，互联网广告的市场份额将达到 31.5%，预计 2016 年将超过 43%。

二、网络广告的特点

网络广告作为一种全新的广告形式，之所以受到各个国家及地区企业的重视和欢迎，是因为它与当今电视、广播、报纸、杂志等媒体的广告相比，具有以下特点。

（一）互动性与主动性

强互动性是网络传播最大的优势，它不同于传统媒体的信息单向传播，而是信息互动传播，用户可以获取他们认为有用的信息，广告主也可以随时得到宝贵的用户反馈信息。

网民在浏览网页时可以随心所欲地主动选择（而不是被动接受）自己需要的各类广告信息，如果他想知道某种商品或服务的详情，可以通过点击广告进一步了解，或者利用电子邮件、网络电话、网络传真等与广告主进行交流，甚至可以直接实现在线购买。在与消费者实时沟通的过程中，广告主可以直接与目标群进行互动式交流，可利用网络广告同时达到不同的行销目的，形成完整的客户资料以及客户对产品与服务的意见或建议。网络广告提供了一条消费者与广告主之间即时的互动交流渠道，为广告主提高消费者对商品的认知、培养客户忠诚度、实施 CRM（客户关系管理）增加了有力手段。

网络广告可以做到一对一的信息发布以及一对一的信息回馈。这种优势可以使网络广告与电子商务紧密结合，迅速完成交易的过程。

另外通过在线调查等方式，广告主可以以较低的成本随时得到大量、快速的用户反馈信息，从而大大提高了广告主后期整理、统计、归档等工作的效率。

（二）实时性

在传统广告媒体上，广告发版后很难改变，或者说改换广告版面的经济代价太大，因而难以实现。而在互联网上做广告则能按照需要及时变更广告内容，包括改错。例如，一则有关电视机促销的广告，电视机销售价格变动了，更改其价格只需要 1～2 分钟，更改成本则可以忽略不计。这样就可以很容易地做到经营决策变化与广告变化之间的无延迟。

网络广告的实时性还表现在可以实时收集用户反馈信息。

(三) 无时间地域限制，传播范围极大

网络广告的传播范围广泛，可以通过互联网把广告信息全天候（无论刮风下雨都不影响效果）、24 小时不间断地传播到世界各地。网民可以在世界任何地方的互联网上随时、随意浏览广告信息。这些效果是传统媒体无法达到的。

(四) 受众数量可准确统计

网络广告的突出特点是可测量性和智能化。通过第三方服务器，广告商不仅可以精确统计出网站的访客人数、广告的曝光和被点击次数，还能记录网民上网的时间分布和地域分布情况，乃至网民的个人爱好和上网习惯，从而具备了精确定向的可能；广告客户借助于精确统计出来的数据评价广告效果，进一步审定广告投放策略，并利用互联网的互动和实时特点，按照需要及时变更广告的形式和内容。互联网的这些技术优势，从基础层面确立了网络广告的经济价值，即节省广告主的费用投入，增强广告的实际效果，改变传统媒体广告"知道有一半的钱白花了，但不知道白花在哪里"的固有缺陷。以报纸为例，虽然报纸的读者是可以统计的，但是刊登在报纸上的广告有多少人阅读过却只能估计推测而不能精确统计。至于电视、广播和路牌等广告的实际受众人数就更难估计。

(五) 针对性强

网络广告受众群体特征明显。分析结果显示，网络广告的受众是最年轻、最具活力、受教育程度最高、购买力最强的群体，网络广告可以直接命中最有可能的潜在用户。

利用软件技术，广告客户可以指定某一类专门人群作为广告播放对象，而不必为与此广告无关的人付费。比如，如果客户在上海举办一个新品展卖会，他可以要求网站只向在上海本地登录的网民播放广告，网站可以通过监测 IP 地址做到这一点。

通过提供众多的免费服务，网站一般都能建立完整的用户数据库，包括用户的地域分布、年龄、性别、收入、职业、婚姻状况、爱好等。此外，不同类型的网站有不同类型的用户集团。这些资料可帮助广告客户分析市场与受众，根据广告目标受众的特点，有针对性地进行定点投放和跟踪分析，同时对广告效果作出客观准确的评价。

(六) 形式多样

网络广告的表现形式包括动态影像、文字、声音、图像、表格、动画、三维空间、虚拟现实等，它们可以根据广告创意需要进行任意的组合创作，从而有助于最大限度地调动各种艺术表现手段，制作出形式多样、生动活泼、能够激发消费者购买欲望的广告。

(七) 多对多的传播过程

报纸广告基本是一对一的传播过程，电视传媒是一对多的传播过程，而网络广告则是多对多的传播过程。之所以会形成这样的特点，是因为在互联网上有众多的信息提供者和信息接受者，他们既在互联网上发布广告信息，也从网上获取自己所需产品和服务的广告信息。

（八）检索便捷

网络广告可以将文字、声音、画面完美地结合之后供用户主动检索，重复观看。与之相比，电视广告却是让广告受众被动地接受广告内容，如果错过广告时间，就不能再得到广告信息。另外，显而易见，较之网络广告，平面广告的检索要费时、费事得多。

（九）价格优势

从价格方面考虑，与报纸杂志或电视广告相比，目前网络广告费用还是较为低廉的。获得同等的广告效应，网络广告的有效千人成本远远低于传统广告媒体。一个广告主页一年的费用大致为几千元人民币，而且主页内容可以随企业经营决策的变更随时改变，这是传统广告媒体不可想象的。

当然，网络广告也有其不足之处。目前最大的不足在于网络在普及性方面尚不如电视等媒体，制约了网络广告的效果。此外，网络传播的主动性使得许多网民对网络广告“视而不见”，根本就不去点击。

三、网络广告的发展之道

第一，网络广告要有创意。网络广告数不胜数，只有有创意的、能让人留下深刻印象的广告才能打动受众，激发其购买欲望和消费需求。因此，网络广告的发展首先要突破已有的广告类型，寻求网络广告形式的创新，如创作寓于游戏中的网络广告、多媒体广告、Flash 广告等。

第二，网络广告内容要具体、真实，不能提供虚假的信息。例如，在网络上刊登产品目录，让客户进行“线上订货”，实现直接销售时，应提供具体、真实的产品目录，并对每一种产品做简单的介绍，使客户对产品有个基本的了解，如可以适当提供一些软件、音乐、书籍等的免费在线试用。

第三，利用传统媒体进行广告站点的宣传。如在报纸、电视上刊登广告以使更多的受众了解和熟悉广告站点，以提高广告站点或公司站点的知名度。传统媒体与互联网的结合，将进一步促进网络广告的发展，使更多的潜在消费者了解产品的信息。

第四，制定有关网络广告的法规，引导网络广告的正常健康发展。自 1995 年 2 月 1 日起施行的《中华人民共和国广告法》尚难以规范我国网络广告的发展。如此下去，诸如“邮件炸弹”、有不良意识或恶意诋毁等内容的广告将可能影响我国网络广告的健康发展。

第五，加快建立网络广告有效性的衡量标准。作为一种新兴的广告形式，网络广告将来如何发展，在很大程度上将取决于其衡量标准的开发能力。互联网广告业的国际性组织——互联网广告局，曾经就网站条幅广告向业界提出了有关行业指南，但目前还没有形成公认的网络广告效果衡量标准。而我国网络广告业才刚刚起步，借鉴国外一些相对成熟的做法，初步建立一套适合自己的统一标准，是解决当前业界混乱状况的关键。互联网广告有效性的衡量标准一旦确立，广告的计费方式和第三方审计方法就很容易统一，行业面临的主要障碍也将不复存在，网络广告便会驶入健康发展的快车道。

第六，立法与行业自律并重。在美国，有专门的网络广告标准联盟制定该行业总的指导性政策、规范，特别是行业自律的措施。我国北京、上海等地也相继出台了网络广告管理办法，全国性的立法也正在拟订之中，法制的逐步完善为该行业的发展营造了良好的外部环境。然而，法律终究不能解决所有矛盾，诸如如何保护网民隐私权之类的问题，最终要依靠业界的合作与协同。法制和业界自律二者不可偏废，其他行业如此，新兴的网络广告业更须如此。

第七，注重技术和营销方式的创新。我国互联网基础设施的落后是导致网络广告制作水平不高的重要制约因素。上网速度的提升将为丰富网络广告的表现形式提供更广阔的平台。我国网络广告业应多多吸收国外的先进技术与运作经验，从制作和营销两方面提高水平，加快与国际的接轨。

日本的网络广告发展十分迅速，有不少可资借鉴之处。如日本电通公司将网络广告与网络游戏相结合，使网民在游戏中接受广告信息；它还将电视广告数字化，通过宽带网传播；同时该公司更强调网络广告的创意性。这些广告取得的实际效果远比国内一些网站将按钮广告、条幅广告、弹出广告等网络广告形式充斥网页的做法要好得多。

第二节　电子商务模式

一、电子商务的发展

电子商务可以简明地定义为：买卖双方利用现代信息技术手段进行的商务活动。目前，电子商务是指在互联网上进行广告、订货、销售、付款、客户服务等商务活动。电子商务狭义上称为电子交易（E-Commerce），广义上称为电子商业（E-Business）。

电子商务作为一种商贸活动，由于利用了现代信息技术（特别是使用各种形式的网络），从而大大简化了商品流通环节，提高了交易效率，并且成为实现跨地区、跨国界交易更为有效的途径，同时还能降低交易成本。

虽然电子商务有明显的优点，但也有难以控制和易被不法之徒利用的缺点。从技术上说，还有安全保障和保护隐私等问题没得到根本解决。在尚无严格的国际司法保障的互联网上开展业务，交易能否在双方均无后顾之忧的情况下顺利完成，是电子商务业务能否迅速普及的关键。

电子商务最早产生于20世纪60年代，发展于20世纪90年代。其产生和发展的重要条件是：计算机的广泛应用，网络的普及和成熟，信用卡的普及应用，电子安全交易协议的制定，政府的支持与推动。

电子商务的发展可以划分为以下两个阶段。

（一）20世纪60—90年代：基于EDI（Electronic Data Interchange，电子数据交换）的电子商务

EDI在20世纪60年代末期产生于美国，当时的贸易商们在使用计算机处理各类商务文件

的时候发现，由人工输入到一台计算机中的数据，70%是来源于另一台计算机输出的文件，由于过多的人为因素，影响了数据的准确性和工作效率的提高，人们开始尝试在贸易伙伴之间的计算机上使数据能够自动交换，EDI 由此应运而生。

EDI 是将业务文件按一个公认的标准从一台计算机传输到另一台计算机的电子传输方法。由于 EDI 大大减少了纸张票据，因此，人们也形象地称之为“无纸贸易”或“无纸交易”。

从硬件方面讲，20 世纪 90 年代之前的大多数 EDI 都不通过互联网，而是通过租用的电脑线在专用网络上实现，这类专用的网络被称为 VAN（Value Addled Network，增值网），这样做的目的主要是考虑到安全问题。

（二）20 世纪 90 年代以来：基于国际互联网的电子商务

由于使用 VAN 的费用很高，仅大型企业才会使用，因此限制了基于 EDI 的电子商务应用范围的扩大。20 世纪 90 年代中期后，国际互联网迅速普及，基于互联网的电子商务得以迅猛发展。这种电子商务的优越性在于费用低廉，商务活动节奏快，信息传播的覆盖面广，使用更灵活方便，功能更全面。

二、中国电子商务发展中存在的主要问题

（一）金融体系支撑不足

电子商务活动需要与之配套的支付与结算的手段。美国的经验表明，信用卡是最理想的网上支付工具。因此电子商务需要有高质、高效的金融服务及其电子化的配合。目前我国金融服务的水平和电子化程度不高，网上支付问题曾经在很大程度上阻碍了我国电子商务发展的进程。

支付宝是解决网上支付问题的中国式创造。支付宝是淘宝主导的第三方支付平台，成立于 2004 年 12 月，自 2014 年第二季度开始成为当前全球最大的移动支付厂商。支付宝主要提供支付及理财服务，包括网购担保交易、网络支付、转账、信用卡还款、手机充值、水电煤缴费、个人理财等多个领域；在进入移动支付领域后，为零售百货、电影院线、连锁商超和出租车等多个行业提供服务。另外它还推出了余额宝等理财服务方式。支付宝与国内外 180 多家银行以及 VISA、MasterCard 国际组织等机构建立了战略合作关系，成为金融机构在电子支付领域最为信任的合作伙伴。

（二）政策法规、规划和体制瓶颈

电子商务这种崭新的商务活动方式，不可避免地会带来一系列法律问题，比如电子合同、数字签名的法律效力问题，网上交易的经济纠纷问题，计算机犯罪问题等。电子商务的发展是一个庞大的系统工程，需要信息产业、流通行业和金融业等方方面面的协同配合，这需要由政府权威部门统一协调，制订近期、中期和长期的电子商务发展规划，从战略上推动中国电子商务健康发展。

电子商务是一项复杂的社会工程，参与电子商务的不仅仅是交易双方，还涉及工商行政管

理、海关、保险、财税、银行等众多部门和不同地区、不同国家，这就需要有统一的法律、政策框架，以及跨部门、跨地区的强有力的综合协调组织，才能促进电子商务的蓬勃发展。我国电子商务还要解决宏观和微观的配套体制问题。宏观上要有一个利于电子商务发展的大环境；微观上，更多的是要强调政策的服务性与指导性，制订符合中国国情的电子商务发展策略和模式，以便使之有秩序地发展。

（三）社会化信用体系不健全

目前中国的市场还很不成熟，社会化信用体系很不健全。市场上假冒伪劣商品屡禁不止，不法行为时有发生，交易行为缺乏必要的行业自律和严厉的社会监督。在一个商业信用普遍低下，相互拖欠货物和货款现象屡见不鲜的社会里，当面交易尚且有不安全感，在一个无形的市场里，跟一个无形的商家或客户做生意，又如何能够放心呢？中国电子商务应用的全面普及，必然要求一个全面的社会化信用体系的形成和完善。要发展电子商务，必须加速培育市场，创造比较成熟和规范的社会信用环境，以利于传统商务向电子商务顺利转变。

（四）商业流通领域的现代化问题

除了少数无形或媒体类商品外，绝大多数商品和服务都必须解决交割问题，解决与电子商务应用方式相称的速度、质量和成本问题，解决安全可靠地把货物从甲地送到乙地的问题。这要求与之配套的商业自动化、商业信息化和物流现代化，否则只能是“网上谈兵”。此外，我国辽阔的地域和经济发展的不均衡决定了商品配送的巨大困难。中国近年来快递业的跳跃式发展是“被动的发展”，是被电子商务快递发展带动起来的。

（五）安全问题

安全问题对电子商务最为重要。目前涉及的电子商务主要通过互联网进行，而当初设计互联网的目的是为使用者提供一种弹性、快速的通信方式，并不具备商业交易需要的安全性。所以，随着互联网逐渐发展成为电子商务的最佳载体，必须在本质上对其进行重新设计，使其满足商业交易的安全性，这包括以下几方面：信息传送者和接受者的确认，保证信息在传输过程中未经篡改，保护敏感信息的隐私权，不被拒付（确信买方不能假称已经支付或卖方假称未被支付）等。只有在全球范围建立一套人们能充分信任的安全保障制度，确保信息的真实性、可靠性和保密性，人们才能够放心地参与电子商务。

第三节　付费模式的代表：苹果模式

付费模式的前提是提供的信息具有权威性与不可替代性。付费模式最成功的代表是苹果网上商店中的电子书的付费下载销售。苹果手机等产品具有封闭性的操作系统、特定的文件格式，因此如果需要苹果的手机应用软件、各类电子游戏与电子书，用户只能在苹果网上商店中付费下载，别无选择。

一、什么是苹果模式？

从 2010 年开始，苹果模式在全球取得了巨大成功。苹果在不到 4 年时间里，从被市场边缘化的电脑企业，一跃成为全球利润最高的手机企业和最大的平板电脑企业。

2011 年第一季度，苹果公司 iPhone 手机收入达到了 119 亿美元，第一次超越诺基亚，成为全球最大手机厂商，成为按营业收入和利润计算的全球最大手机生产商。而诺基亚同期的销售额为 94 亿美元。苹果的手机产品只有 iPhone 系列，2011 年第一季度 iPhone 手机的销售量是 1 860 万部；而诺基亚同期的手机的销售量是 1.085 亿部，但是苹果领导了高端智能手机市场。

诺基亚发布的 2011 财年第二季度财报，净营收达 92.75 亿欧元，同比下滑约 7%；净亏损 3.68 亿欧元。诺基亚 2012 年第一季度财报则显示，诺基亚亏损约 76.73 亿人民币，中国市场销售额骤降 70%。智能手机亏损更严重。

苹果与诺基亚业绩反差的根源在于苹果将手机视为电脑，诺基亚将手机依然视为移动电话。苹果手机率先走上了智能化、电脑化、娱乐化的道路，远远把传统的手机制造企业甩在了后面。

此外，欧洲的高福利社会制度造成的低效率，北欧最为严重。诺基亚作为北欧企业，自然也不例外。

2015 年 2 月，苹果的市值突破 7 000 亿美元大关的同时，其现金储备也达到了 1 780 亿美元的新高。过去数年中，苹果与三星依旧占据着智能手机产业近乎 100%的利润，中国的厂商则所获利润所剩无几。

苹果盈利模式的核心可以概括为：“高价的硬件＋苹果网上商店”。前者带来巨额的硬件销售利润；而后者通过信用卡支付，直接从苹果网上商店付费下载电子书、软件、游戏、视频等数字化信息，从而获得持续的利润。

苹果的硬件销售利润丰厚。从 iPhone 4、4S、5、5S 到 6、6S，其成本价从未超过 220 美元，但是其零售价却始终在 5 000 元人民币的高位上。在苹果模式的产业链中，由于低价出让土地给富士康等代工企业，中国只是获得微薄的劳动力收入，却把苹果产品生产过程的严重污染留给了中国。以苹果手机为例，参与生产零件的日本、德国和韩国分别能得到相当于批发价 34%、17%和 13%的分成，但负责组装的中国据称只能拿到 3.6%的分成。在现行的贸易统计方式下，整部手机的 178.96 美元批发价却因中国是最后组装国，而都记在中国的出口账目上，导致“统计在中国、利润在外国”的偏差。

此外，苹果封闭系统造成了基于技术的市场垄断。诺基亚、摩托罗拉、Google、微软的网上商店无法获取高额的垄断利润，因为安卓、塞班、Windows Mobile 是开放系统。但是，封闭系统是双刃剑，当年 WPS 失败的深刻教训就在于 WPS 的排他策略。

苹果相关软件在美国卖得好，是因为在美国一般游戏都卖得很贵。目前在美国由于严格的知识产权保护，一般电脑游戏每个需 40～50 美元，掌上游戏软件也需要 20～30 美元。现在苹果是以每个几美元来卖游戏，薄利多销，又没有盗版，销售额当然可以支撑开发商的投入。

国内严重的盗版问题已经让开发者和用户陷入双输的局面。国内用户没有付费习惯，再加上用户基础不大，让不少企业竹篮打水一场空。大量应用软件只要好用，很快就被破解。

此外，移动支付手段亦成商家的制约。

二、苹果模式给数字出版的启示

手机媒体的壮大，尤其是苹果模式的兴起，加速了纸质媒体的消亡速度。今后，传统媒体、传统出版社将逐步演化为提供各种新闻信息的内容服务商。但是，在新媒体的产业链中，技术巨头如苹果、渠道之王如亚马逊、移动运营商如中国移动，始终是市场的强者。作为内容服务商的传统媒体、传统出版社始终是弱势群体。

以目前流行的彩信报为例，目前通行的做法是彩信报用户每月通过交通信费的方式缴纳3元钱，但是作为提供新闻内容的报社一般只能拿到1元钱。

苹果模式进一步掠夺传统新闻出版业日益微博的利润，从而使得传统媒体及内容服务商的弱势地位更为严峻。在美国，苹果公司要拿走报社30%的利润。

2011年2月16日苹果推出订阅功能，就像App store里其他应用程序一样，苹果将收取30%的费用。美国时代公司因无法接受苹果30%的分成，刚推出的《体育画报》网络版没有包含iPad版或iPhone版。这30%的提成无疑提高了媒体付费模式的风险并加大了成本，媒体不堪压力会将其中一部分转嫁给读者，使得本来就不愿付费的读者更快地逃离。

国内受众有长时间的网络免费使用习惯；普通受众的支付意愿低、对收费存在抵触情绪；媒体本身内容同质化程度高，付费内容与免费之间的可替代性高，受众当然会选择免费；版权保护意识淡薄，盗版、转载是常态，“免费是理所当然的”思维模式相当普及，所以潜在用户较难转化为忠实用户；新闻业界保持公正、客观的职业素养和从业理念尚待加强，且资本实力抵抗不过苹果等巨头，所以可能会因实际利益而被资本操控。

苹果公司目前不仅已经是市值最高的电脑巨头、全球销售额最大的手机制造龙头企业，而且事实上已成为全球最大的电子出版社。

电子书由于可以节约印刷和发行成本，而且不需要考虑头疼的印刷数量问题，所以具有成本优势。一般作者将书稿给传统的出版社，作者的版税为7%～10%；而将书稿给苹果公司，作者能够获得付费下载收入的三分之一。

在美国，一些为商业化写作的畅销书作家，已经开始直接将书稿给苹果、亚马逊等公司，以便他们直接将书稿制作成可在苹果网上商店下载的电子书，或制作成Kindle格式，供亚马逊Kindle阅读器阅读。在国内，也有畅销书作家直接将书稿给中国移动手机阅读基地的苗头。

中国是一个新媒体管理严格的国家，但是，新媒体是没有国界的。苹果并未获得任何中国政府部门的许可或审批就向中国用户销售游戏、软件、电子书。苹果模式直接挑战了中国政府对新媒体的管理体系。

【本章小结】

本章系统阐述了数字出版的盈利模式，重点分析了苹果模式。

【思考题】

1. 请比较苹果模式与小米模式的异同。
2. 请分析数字出版的盈利模式。

第六章

数字出版盈利的前提：研究新媒体用户特征

【本章学习要点】

重点掌握网民的基本特征和行为特征。

由于新媒体的互动性，在传播过程中，传播者与受众的界限十分模糊。通常情况下，新媒体用户既是传播者又是受众。因此，在新媒体研究中，对新媒体用户的研究，尤其是对网民的定量分析，一直是西方学术界研究的热点。

第一节 新媒体时代的受众理论

一、受众、网络受众和网民

受众，简单地说，便是接收信息的人。传统上的受众是观众、听众、读者的统称。受众，在传播过程中是信息到达的终点（信宿），此过程可以简要表示为：信息→新闻传播者→大众传媒→受众→极少量的信息反馈。在这里，受众是与新闻传播者相区别的一个相对固定的群体，在信息传播过程中，他们只能被动地接收新闻传播者所传播给他们的完全一致的信息内容。而在受众选择性很大的新媒体中，有条件的受众摆脱了被动的地位，成为与从前的新闻传播者一样主动的信息传播参与者。

受众既包括大规模信息传播中的群体，即报刊的读者、广播的听众、电视的观众，也包括小范围信息交流中的个体。随着新媒体的出现，受众中又加入了一类新的成员：网络受众。受众的定义在网络上被赋予了新的含义。在新媒体中，无论是信息发布者还是受众，他们首先都是网络媒介的共同使用者，有条件的受众，既可以在网上接收信息，也可以发布信息。所谓网络受众，我们可以将其定义为：新媒体的信息接收者。这些信息接收者可以是一个个人，也可以是一个组织、团体或国家。

由于新媒体具有主动性和互动性，网络受众也有着传统媒体受众所不具备的许多新的特点。新媒体中的传播者和接收者可以在瞬间进行角色转换，这种转换尤其在BBS、电子邮件、网上聊天中表现十分明显。在新媒体的许多情况下，信息的传播者和接收者在动态上难以清晰区分，两者的界限比较模糊。当然，新媒体中的传播者和接收者在静态上还是能够区分的。

“网民”泛指上网者，上网者除了通过浏览等方式接收信息外，还经常通过BBS、电子邮件、网上聊天等方式发布和传播信息，即扮演传播者和接收者的角色；只有上网者处在单纯的接收信息的状态时，我们才能称之为“网络受众”。网民和网络受众是联系十分紧密的两个概念。网民有时既接收信息又发布信息；从外延上看，网络受众是网民的子集，或者说是其组成部分。在逻辑上，研究网民必然包含了对网络受众的研究。

由于客观条件（经济、技术、时间、知识技能等）的限制，至少在目前的大多数情况下，网民依然主要处在信息接收者的位置，即主要以网络受众的身份出现在新媒体中。从整体上看，网民发布、传播信息的影响力、科学性、真实性、可信度还无法与经济技术等各种实力雄厚的新闻网站、商业网站等相提并论。事实也是如此，绝大多数网民在上网时，浏览、检索、下载、接收的信息要远远多于上传、发布的信息。尤其是在网络新闻传播中，例如新浪、搜狐、人民网、新华网的新闻发布还是更多地类似于传统的大众传播，网民的受众（信息接收者）角色是十分清晰的。但是，随着网络的迅速发展，网民的自我意识、民主意识进一步提高，将来会有越来越多的网民发布高质量的信息。

显然，在理论研究和实践中，都难以将网民与网络受众两者截然分开。本书的网民研究也可以理解为网络受众研究。由于新媒体具有互动性，传播者与受众之间的界限十分模糊，两者角色可瞬间转换，可以用“用户”一词取代“受众”。

从20世纪90年代开始，新媒体的崛起产生了巨大的社会影响。国内外一些调研机构和企业对网民做了大量的调查，积累了大量的数据。国内有著名的中国互联网络信息中心（CNNIC）每半年一次的调查，中国社会科学院、国内的一些高校和一些市场调查公司，国外著名的Nielsen/NetRatings、NetValue、Jupiter Media Metrix、IDC等网络调查公司和机构也做了大量的网民调查。

目前的受众理论是基于传统媒体产生的，难以合理解释网民现象。从受众角度看，新媒体具有选择性、主动性和互动性的特点，这些传统大众传播方式所不具备的特点使得原有的受众理论亟须更新。

二、新媒体的互动性

无论是施拉姆（Schramm），还是马莱兹克（Maletzk）都强调受众社会结构的传播模式，受众反馈几乎都是一种“延迟”行为，大众传播中的反馈不能像人际传播中的沟通那样得到及时的回应，而且，就传播资源、传播能力以及传播时间而言，传受双方是不平等的，反馈在大众传播中是一个薄弱的环节。尽管在现代大众传播中，传播者充分注意到受众的反馈意见，诸多媒介设置了一系列渠道，实现了传受之间的直接对话，但是这种沟通仍然不能及时、准确、全面地反映所有受众的意见。

与传统媒介最大的不同是，互联网实现了类似于人际交流的双向信息传播模式，即互动性的模式，这是对旧有传播方式的一个革命性的变革。互联网是双向、多向交流的媒体，互动性是新媒体较之传统媒体的一大优越性。在新媒体中，受众享有了前所未有的参与度，由被动变为主动，随心所欲地从媒体中"拉"出所需信息，也可以参与媒体的传播活动。这样，媒体和受众形成了充分的双向交流。

新媒体的互动性使得传播者与受众之间的关系发生了一定的变化。新媒体的互动性带来受众的主动性，在新媒体活动中受众的参与性大大加强。

传播学理论认为，任何传播行为，尤其是大众传播都应该是双向的，只有及时获得受众反馈才有可能获得理想的传播效果。由于受到经济技术条件的限制，传统媒体的传播方式基本上是单向的，受众处于被动接受的地位，而网络的互动性则使新媒体的传播过程成为一个闭合的回路，这将有助于媒体便捷、低成本地搜集受众反馈信息，从而提高传播效果。目前，许多新媒体在自己的网页上设立了可以联机填写的调查问卷。这类调查涉及方方面面，既有对社会热点问题的看法，也有对某媒体的评价和看法。传统媒体虽然也很重视对受众的调查和搜集受众反馈，但与新媒体相比，其反馈和整理速度要慢很多，为此花费的成本也要高得多。

三、新媒体带来受众获取信息的主动性

20 世纪 90 年代中期，互联网的规模快速扩张，成为全球最大，也是最流行的计算机信息网络。互联网的迅猛发展，已将世界各国、各地区连成一片。它打破了传统的地缘政治、地缘经济、地缘文化的概念，形成了虚拟的以信息为主的跨国界、跨文化、跨语言的全新空间。在这种情势下，受众的地位及其反馈发生了根本性的转变。新媒体中受众的主动性表现得十分明显。在新媒体中，受众能够主动地选择自己感兴趣的、需要的媒介信息，他们积极地使用媒介，而不只是被动地听任媒介的摆布。

在传统的大众传播过程中，受众只能被动地接收大众传媒传递的信息。在新媒体中，受众可以对信息进行自由选择，包括选择信息内容和信息的接收形式以及接收时间和顺序。目前网络信息是名副其实的海量，不仅有文本，还有图像、声音，供受众自由选用。在信息的编排上，网上媒体除少数重大新闻事件采取同步传播外，对大多数信息采取异步传播，将各种信息散布在网上，并随时更新，让受众去选择，使受众可以随时在网上按自己喜爱的顺序浏览或下载新闻信息。新媒体改变了受众的地位和角色。有条件的受众不仅将从被动地接收信息变为主动地获取信息，还将进而主动地报道甚至发布信息。

传统的大众媒体是点对面的传播，传者处在中心控制地位，受众较少有主动选择的余地，受众的个性化受到一定程度的限制。广播、电视的线性传播，带给受众的是强制性，它迫使受众只能按时间顺序线性地看下去。传统的大众传媒发送信息有两个特点：一是单向的推送式，媒体把经过编排了的信息推送给受众；二是点对面式，一家媒体向众多受众推送同一种信息。媒体发送信息的特点，决定了受众获取信息的方式。这种方式一方面是被动的，受众不管愿意与否，只能接收既定的信息；另一方面是群体性的，受众无论喜恶如何，只能是接收同样的信息而别无选择。

新媒体打破了传统大众传媒的单向传播模式，从而使得信息发送有了双向互动和点对点的特点。这种传播特点决定了受众获取信息的方式。这种方式首先是主动的，受众从丰富多彩的网络中自己拉取信息；其次是个性化的，受众根据自己的需要想选择什么就拉取什么。这种从群体向个体的转移，无疑增强了受众的自主性。

在新媒体中，受众不再是被动接收信息，而是主动发现、处理信息。传播者与受众之间的关系发生了根本的变化，"受众中心"替代了"传者中心"，受众地位得到了充分的尊重。

现在的受众已不再满足于"你说我听"或者"你播我看"的旧有传播方式。由于市场经济的冲击以及观念的开放，受众结构已经发生分化，受众这一整体变成了一个个有着不同愿望和需求的"小众"群体。主体意识的增强，使得受众的参与意识较之从前有了很大提高，新媒体的发展促进了个性化传播趋势，除了传播方式的变革外，我们的政治将更加民主化，我们的经济、文化、社会和个人生活、学习、工作都将更加多样化。这些都加速了个性化传播趋势，不仅信息来源很多，选择余地很大，个人的独立自主性也会相应增强；受众眼界开阔，文化程度高，独立思考、判断的能力和习惯增强，盲从度会大大降低，受众需求的个性化程度会相应提高。

四、新媒体对受众接近权的突破

接近权指大众即社会的每一个成员皆应有接近、利用媒介发表意见的自由。首倡这一理论的美国学者巴隆（Barron）认为："为确保大众的言论自由，必须由宪法确认大众'接近'媒介的权利。"① 从理论背景上来看，它是对媒介作为社会公器这一基本性质的再次确认。随着实践的发展，古典自由论的观点被证明流于理想化而实不可得，人们对媒介的权力忧心忡忡。这一理论企图削弱体现在媒介身上的过于浓厚的权力色彩。

从传播学角度来看，对受众接近权的强调有比较突出的意义。

一是有利于提高传播效率。一个有效的传播模式不仅要包括从传者到受众的信息流动，也应该包括从受众到传者的信息反馈。只有实现传者与受众之间的信息互动，才能使传者的传播更好地满足受众的需要，更充分地被受众接受。而要建立畅通的反馈渠道，就必须保证受众的媒介接近权，使受众可以对媒介的报道进行纠正或补充，提供新的事实，并发表自己的意见看法。

二是有利于建立健康积极的媒介环境。传播理论认为，在客观环境和人们对它的认知之间，存在着一个信息环境，这主要依靠大众传播媒介来构造。这个虚拟的媒介环境能在多大程度上接近真实，依赖于传者的修养、良知和观察力。如果受众不仅被动地接受，还可以主动参与到这一构造过程中，无疑将对传者的行为产生有效的约束。

三是有利于妥善地解决信息源和传者之间的关系。在信息源和传者之间一直存在一个悖论。理论上讲，信息源是传播的真正源头，传者的传播活动依赖信息源。但在实际操作中，因为传者握有选择权，反而变成信息源依赖于传者才有可能使信息被受众知晓。受众接近权的提

---

① 转引自张国良主编：《传播学原理》，171 页，上海，复旦大学出版社，1995。

出，理顺了两者的关系。当受众主动接近媒介时，受众转为信息源的角色，并为信息源赢得了一定的主动性和独立性。从社会发展角度来看，受众接近权则成为实现现代民主制度的重要途径。

尽管在理论上，受众接近权有着积极意义，但是，在现实中要真正实现它还面临着诸多困难。有学者企图借助于法律来保障受众接近权。实际上，法律保障依赖于现实的物质基础，缺乏基础便难以实施。这种现实困境表现在：

(1) 传统的大众传媒的时间和版面的限制性决定了受众的意见和客观事实不可能全部被反映。

(2) 传统媒介的高度选择性、时间和版面的限制让媒介对信息进行选择被普遍认可。而媒介出于自身立场和利害关系的考虑，必然在选择时有所偏重和回避，这使受众的意见和客观事实很难获得公平对待。

从实际运作角度来看，目前，传统媒介和受众对接近权的认可程度都还不高。辟出专门版面刊登读者来信的报纸不多，有的只是在报纸中缝。广播电视上热线电话类的节目差不多都属于传者的议程设置，受众意见是被限定和被选择的。理论上媒介应反映舆论，实际上媒介成为舆论代言人，真正的舆论（社会普通公众的言论）离媒介很远。媒介的这种现实状况也影响了受众参与的积极性。

网络这一新技术的诞生使我们看到走出困境的希望。首先是网上勃兴的BBS使用户可以自由发送信息、交流观点、展开讨论，为民间信息和意见提供了一个重要集散地。传统媒体开始建立网站，开设各种网上论坛，为获得点击率想方设法吸引用户参与，不再忽视大众意见。在电子论坛中，受众对媒体的接近已达相当高度。

网络对实现受众接近权的积极意义在于以下几点。

(1) 新媒体打破了传统媒介的信息准入特权。传统媒介作为庞大的信息机构，人们赋予了它监视环境职能的同时，也赋予了它选择的职能。这样就产生了大大小小的媒介“把关人”，这些“把关人”拥有信息准入的特权。符合“把关人”利益的信息被传播，符合公众利益而与“把关人”利益相违背的信息则可能被忽略，“把关人”（媒介）利益超越于公众利益之上。这样的结果可想而知，强势力量可以利用媒介，处于弱势地位的声音却难以接近媒介。

网络技术使人们期待已久的大众传播过程中的互动不再那么艰难，并以其开放式结构和海量存储能力为各种信息和意见的进入与碰撞提供了空间。对于受众来说，网络技术最大的意义可能在于提高了他们在传播过程中的地位，他们由被动的接收者变成主动的参与者。网络较低的准入门槛（一定的技术、文化和物质条件）为大众发表多样的意见提供园地的同时，其实也就打破了传统媒介的信息准入特权。

(2) 网络使个人意见获得有力传播。“大道不传小道传”曾经是在大众传播统治下处于弱势地位信息的唯一选择。个人意见要想产生较为广泛的社会影响，希望是渺茫的。网络的出现则改变了这种状况。虽然目前从总体势力来看，网络影响力还不敌传统媒体，但也不可轻易忽视之。古典自由论所极力倡导的“观点的自由市场”，几个世纪后在网络上得以实现。

(3) 网络使传统媒介的权力受到制约和监督。自从传播学的社会责任理论提出以来，人们一直都在探讨如何监督媒介的问题。人们寄希望于媒介自律、媒介管理、媒介教育和公众监督等渠道。但细想，媒介的权力并非一种实在赋予的权力，它是依靠媒介在信息传播中的特殊地位，作用于社会舆论而产生的特权。因此，监督媒介权力，只有先打破它在信息传播过程中的垄断地位。现在，网络承担起了这个角色，我们已经在不止一个案例中看到大众传媒所制造的舆论氛围被打破。

网络正在实现受众接近权。网络成为信息传播的另一种渠道，因为种种原因而没有进入大众媒介的一部分信息，可以首先在网络上找到存身的空间，并可以获得一些浏览者的关注，于是传统媒介所制造的权力空间被打破。

网络使弱势信息获得被接收和沟通交流的机会。大众传播学中著名的“沉默的螺旋”理论在网络时代有望被挑战。通过网络，在大众传播中处于弱势地位的信息，绕过大众传播的环节有可能在网络中乃至网络外产生一定的影响。

当然，网络上信息准入的宽松也会产生一些负面效应，最主要的就是信息的可信度低。一部分人无事生非，制造信息垃圾使人们真假莫辨，这从整体上降低了新媒体的影响力，同时也影响其更好地实现受众接近权。

五、新媒体挑战“沉默的螺旋”理论

“沉默的螺旋”是德国学者伊丽莎白·诺埃勒-诺依曼（E. Noelle-Neumann）于 1974 年在一篇论文中最先提出的。1974 年，她在《沉默的螺旋：舆论——我们的社会皮肤》一书中，对这一理论进行了系统的阐述。诺依曼认为，舆论的形成与大众传播媒介营造的意见气候有直接关系。大众传播有三个特点：报道内容的类似性——由此产生共鸣效果；同类信息传播的连续性和重复性——由此产生累积效果；信息到达范围的广泛性——由此产生遍在效果。这三个特点使大众传媒为公众营造出一个意见气候，而人们由于惧怕社会孤立，会对优势气候采取趋同行动，其结果为，造成一方声音越来越大，而另一方越来越沉默下去的螺旋式过程。

尽管这一理论夸大了人的从众行为和趋同心理的作用，但它在一定程度上反映了大众传播媒介对舆论形成所起的重要作用。同时，诺依曼还把舆论比作社会的皮肤，以表明大众传播媒介在维持社会整合方面所起的重要作用。

在“沉默的螺旋”理论中起重要作用的“从众心理”会因为网络时代的到来而有所改变。从心理学的角度来说，从众心理的产生主要是由于认知失调和对孤独的惧怕。从认知失调理论看，群体的压力会让人感到失调，而从众是减少失调的一种有效方法。但是在网络中，网民的身份往往是匿名的，而且多数网民群体并不是稳定的，因此，网民在这样的群体中，如果感到失调，可以通过转换群体的方式来逃离让他感到失调的环境。因此，相对来说，在网络环境中，从众心理发生的机会应当较少。从人害怕孤独这方面来说，这种心理往往在人们的生活圈子较小的时候表现得比较强烈，这时一旦人在意见上陷入孤独，往往也意味着他在其他方面也陷入孤独，而且这种局面没有积极的办法可以扭转。但是当人们的交往能力随网络技术得到扩展时，人们的交往空间也得到了极大的扩展，因此，消除孤独的方式也变得多种多样。这时，人们往往不是消极地采取从众措施以保护自己，而是积极地在网络中寻找盟友。

网络时代被认为是一个尊重个体的时代，它更承认人们个人意见的表达与个性的发展，所以相对来说，传统的从众心理可能会表现得较弱。网络社会将是一个舆论更分散的时代，“沉默的螺旋”理论虽然在新媒体中未完全失效，但是受到了冲击与挑战。

第二节　网民的基本特征分析：由精英走向大众化

在传播学的受众研究中，定量研究方法起到了重要作用，传播学史中著名的有关受众的理论基本上建立在对大量一手数据的定量分析和研究的基础之上。在新媒体日益兴盛的今天，对网民进行定量研究显得十分迫切和重要。

依据中国互联网络信息中心公布的《中国互联网络发展状况统计报告》的数据，以及在互联网上获得的 NetValue、Nielsen/NetRatings、Jupiter Media Metrix、IDC 等知名网络调查公司和机构的调查数据，作者对网民进行了以定量研究为主、定性研究为辅的研究，发现了网民的几大特征和趋势。

互联网在发展的初期在很大程度上是“精英”的“专利”。这里所说的“精英”是指受教育程度较高、经济收入较高的年轻的单身男性，这从历次的中国互联网络信息中心公布的《中国互联网络发展状况统计报告》就可以得出结论。国外早期的调查报告也得出同样的结论。一般的研究也认为，初期网民的群体特征为：信息需求大，年轻，教育程度高，收入高，身处发达地区，以男性和白领为主。

但是，通过对大量的历次数据及国内外数据的对比研究，作者发现，随着互联网日益普及，网民已经开始呈现出大众化趋势。

一、中国网民数量增长分析

中国互联网络信息中心第一次公布《中国互联网络发展状况统计报告》是在 1997 年，此后每年统计和公布两次。截至 1997 年 10 月 31 日，中国互联网用户人数是 62 万。中国互联网络信息中心报告中将“网民”定义为：平均每周使用互联网至少 1 小时的中国公民。

2012 年 1 月 16 日消息，中国互联网络信息中心发布的《第 29 次中国互联网络发展状况统计报告》(以下简称《报告》) 有如下几点。

截至 2011 年 12 月底，中国网民规模达到 5.13 亿，全年新增网民 5 580 万；互联网普及率较上年年底提升 4 个百分点，达到 38.3%。中国手机网民规模达到 3.56 亿，同比增长 17.5%。与前几年相比，中国的整体网民规模增长进入平台期。

截至 2011 年年底，中国网站规模达到 229.6 万，较 2010 年年底增长 20%。经过一年多的下跌之后，在 2011 年下半年，网站规模显现出稳步回升的势头，有望进入一个新的增长周期。与此同时，国家顶级域名 CN 域名的注册量也开始转身向上：2011 年年底，CN 域名注册量达到 353 万个，较 2011 年 6 月上涨 0.7%。

2011 年，网络视频的使用率呈逆势上扬的态势，网络视频行业的发展势头相对良好。《报告》显示，2011 年，网络音乐、网络游戏和网络文学等娱乐应用的用户规模有小幅增长，但使用率均有下滑。相比之下，网络视频的用户规模则较上一年增加 14.6%，达到 3.25 亿人，使用率提升至 63.4%。

用户规模的增长对网络视频行业而言是一个良好的信号，但就行业发展而言，网络视频仍面临着较大考验。《报告》指出，由于各大视频网站需要靠聚合数量更多、质量更好的版权内容来获取高流量，因此网络视频业版权价格提高、运营成本大幅攀升，但同时视频广告价格较低，其他盈利模式无法在短时间内培养成熟，因而网络视频行业整体处于亏损状态，这一现状目前还很难改变。

2011 年，我国团购用户数达到 6 465 万，年增长高达 244.8%。团购用户热情不减，但团购网站数量却在下半年开始下滑。《报告》分析指出，由于团购服务本身存在低门槛、弱约束等问题，加之团购网站前期投入资金较大，遭遇资本市场整体转冷，市场负面因素显现，导致团购网站数量大幅下降。流量虽大，人气虽足，但是团购网站仍面临盈利难的尴尬局面。《报告》认为，网络团购经过 2011 年的行业"洗礼"后，将寻找新的均衡和稳定。以购物网站、旅行预订为代表的其他互联网服务商的进入将挤压小型团购网站的生存空间，而定位清晰、有核心竞争力的团购网站仍将受到市场的青睐。

根据中国互联网络信息中心 2015 年发布的统计报告，截至 2014 年 12 月，我国网民规模达 6.49 亿，互联网普及率为 47.9%。我国手机网民规模达 5.57 亿，较 2013 年增加 5 672 万人。网民中使用手机上网的人群占比由 2013 年的 81.0%提升至 85.8%。

中国网民数量呈指数增长的原因很多，以下因素起了很大的推动作用。

（1）中国经济实力增长，上网费用下降。中国经济实力一直在高速增长，人们的购买力日益增强，而电信部门又调低上网费用，使上网人数大增。中国民众上网将变得越来越便宜。

（2）随着产业技术进步和网络运营商的重组及竞争的加剧，网络接入的软硬件环境在不断优化。3G 技术的推广，使得手机作为网络终端使用更为便利。同时，网络接入和用户终端产品的价格不断下降，产品性能和用户体验的日新月异，也使得网络使用的门槛不断降低。

（3）公众上网较为积极。随着社会经济的发展，人们的生活水平不断提高，对物质的需要达到一定满足后，社会交流和信息获取成为精神生活的重要成分。现代社会的人际交流方式更加间接，网络作为媒体和交流工具填补了人们在日常生活中信息和社会交流的空缺。另外，受金融危机影响，大批农村外出务工人员返乡，其对网络的了解和熟悉会向周边人群传递，这种人际传递的乘数效应也提升了农村地区人群的上网意识。

（4）中国教育事业在发展，使得计算机网络知识和技能在迅速普及。目前中国网民规模持续增长，但与互联网发达国家相比，我国的互联网普及率还处于较低水平，网络信息化的优势还没有充分发挥。但是，随着国家经济实力的快速发展，网络基础设施的不断完善，互联网普及率也会随之攀升。

二、世界互联网用户的发展

2000 年，很多人可能才刚刚接触互联网，甚至可能还不知互联网为何物。转眼十几年过去，互联网用户迅猛增长，不仅在用户数量上实现了飞跃，在互联网普及范围上也有突破。

2000 年，全球互联网用户共计 3.61 亿，这个数字只是 Facebook 2010 年用户数量的三分之二；2000 年时，互联网用户超过百万的国家有 38 个，2010 年，互联网用户超过百万的国家达到 95 个；2000 年时，互联网用户超过 1 亿的国家数量为零；如今中国和美国两个国家的互联网用户均已超过了 1 亿（见表 6—1）。

表 6—1　　2000 年、2010 年互联网大国

2000 年		2010 年	
国家	互联网用户数量（万）	国家	互联网用户数量（万）
美国	9 510	中国	42 000
日本	7 100	美国	23 920
德国	2 400	日本	9 910
中国	2 250	印度	8 100
韩国	1 910	巴西	7 590
英国	1 540	德国	6 510
意大利	1 320	俄罗斯	5 970
加拿大	1 270	英国	5 140
法国	850	法国	4 460
澳大利亚	660	尼日利亚	4 400

这 10 年间，印度、巴西、俄罗斯和尼日利亚的互联网发展迅速，把韩国、意大利、加拿大和澳大利亚挤出了十强。

中国和美国在 2010 年时互联网用户均已超过 1 亿。值得注意的是，日本互联网用户 9 910 万，而日本总人口数是 1 亿多，网络普及率相当高。

全球互联网发展状况

美国调研机构 Royal Pingdom 2011 年 1 月 13 日发布报告，对 2010 年全球互联网发展状况进行了总结。该报告显示，截至 2010 年 6 月，全球网民数量约为 19.7 亿。其中，亚洲为 8.251 亿、欧洲为 4.751 亿、北美为 2.662 亿、拉美/加勒比海为 2.047 亿、非洲为 1.109 亿、中东为 0.632 亿、大洋洲/澳大利亚为 0.213 亿。此外，2010 年共发送了 107 万亿封电子邮件，平均每天发送 2 932 亿封，其中 89.1%为垃圾邮件。截至 2010 年 12 月底，全球网站数量为 2.55 亿个，博客数量为 1.52 亿个，Twitter 发送了 250 亿条消息，Facebook 用户数量达到 6 亿，YouTube 每日视频浏览量为 20 亿次，Facebook 每月视频访问量为 20 亿次。

中文互联网数据研究资讯中心 2011 年 12 月 31 日发布的报告显示，互联网仅仅覆盖了亚洲 24%的地区，但亚洲已经拥有了超过 9 亿网民，占世界网民总数的 44%。亚洲已经有 27 亿手机用户，用户使用的手机中有 15%为智能手机，使用手机上网的人有 6.23 亿，占手机用户总数的 23%。

国际电信联盟曾预计，全球手机用户入网数将于 2010 年年底突破 53 亿，其中发展中国家占 38 亿。国际电信联盟电信发展局市场信息和统计处主任苏珊·特切尔（Susan Teltscher）指出，第三代移动通信近年来发展迅猛，用户数从 2005 年的 7 200 万猛增至 2010 年的 9.4 亿。目前，全世界共有 143 个国家和地区提供民用 3G 移动通信服务，而 2007 年只有 95 个。

日本的手机上网及手机媒体最为发达。2010 年 10 月互联网统计和市场调研机构 comScore 对日本、美国和欧洲五国（英国、德国、法国、西班牙、意大利）的移动用户习惯进行了调查。调查显示，超过 75％的日本移动用户使用手机上网，超过了美国和欧洲移动用户；21.3％的美国移动用户使用手机登录社交网站；而 81.7％的欧洲移动用户使用短消息服务。

国际电信联盟 2011 年 1 月 27 日发布的报告显示：到 2010 年年底，全球网民数量已经达到了 20.8 亿，而 2009 年年底这个数字为 18.6 亿，也就是说在短短的一年时间里全球网民数量增加了 2.2 亿。2010 年年底全球手机用户数量为 52.8 亿，而 2009 年年底为 46.6 亿，在一年时间里全球手机用户数量增长了 6.2 亿。

2010 年全球人口数量约为 68 亿，手机用户的普及率已经相当高了，而网民数量也占据了差不多 1/3 的比例。国际电信联盟的报告显示，有 57％的网民是发展中国家居民，而手机用户数量和网民数量增长最快的也是发展中国家。

2012 年 1 月 28 日，市场研究机构波士顿咨询公司发布的报告显示，世界网民数量到 2016 年将达到 30 亿，约占全球总人口的 45％。

该报告称，随着智能手机覆盖率的上升和社交媒体影响力的加强，所有商务都必须跟上互联网世界发展的步伐，实现数字化。商业模式将在未来五年发生变化，推荐企业建立数字化资产负债对照表，以方便各公司负责人在线处理业务。

该报告显示，移动电子产品将成为宽带上网的最重要组成部分。2016 年移动电子产品将占到所有宽带连接设备总数的 80％，其中 20 国集团中互联网消费者所蕴藏的价值为 1.9 万亿美元，平均每个互联网家庭为 5 000 美元。

国际电信联盟 2015 年 1 月发布的研究报告显示，2014 年全球网民已突破 30 亿人。2014 年全球互联网使用率继续稳定增长，平均年增长率 6.6％。其中，发达国家互联网使用率增长 8.7％，发展中国家则为 3.3％。从 2009 年到 2014 年五年间，发展中国家的互联网用户数量已经增加一倍，三分之二的网民现在都生活在发展中国家。

三、创新扩散理论模型与中国特有的“2 000 万现象”

按照传播学界的共识，如果一种媒介的使用者人数超过总体的 20％亦即1/5以上，它就跨越了“普及”的门槛。以美国为例，为达到这一标准，广播用了 38 年，电视用了 13 年，而网络只用了 5 年。根据创新扩散理论的 S 曲线理论，当一种新产品或服务在其潜在市场中占据 10％～25％份额之际，扩散率就将急剧上升。

此外，手机正在成为媒体工具，促使网民数量飞速增长。短短几年，在中国，不仅手机的使用已经大大普及，而且手机的功能也大大扩充，它已由最初单一的双向语音通信工具，变成媒体信息的接收端和个人信息的发送端。尤其是第三代手机技术的完善与普及，使得手机正在成为互联网的延伸。手机技术的发展、手机功能的增强、手机新品的不断推出，将使其媒体工具的特性越来越明显。手机不仅是人们随时随地获取信息的工具，而且是新闻记者及时快速传递新闻信息的利器。由于中国移动用户数量已经居世界第一，能够上网的手机的大量使用，将极大地促进中国互联网的普及。

在中国的经济领域，有所谓的“2 000 万现象”：彩电、冰箱、空调等均在用户数量达到 2 000 万以后迅速走向大众化，中国手机的普及更加印证了“2 000 万用户往往会带来雪崩效应”的观点。中国网络自突破 2 000 万用户后开始向低收入、女网民倾斜，也印证了这一趋势。

综合上述数据和分析，可以得出结论：互联网在迅速普及，并呈现出大众化趋势。而且，越是发达的国家和地区，网民的大众化特征越明显；越是欠发达的国家和地区，网络的“精英”特征越明显。

第三节　网民的心理和行为特征分析

一、网民的类型与心理

网民可以按照不同的标准进行分类。不同类型的网民有着不同的上网心理和行为。

（一）地域

不同的国度、地域，其气候、文化、风土人情也不同，对网民的心理和行为有重大影响。

有调查显示，中国人上网爱聊天，美国人常查地图，法国人爱写博客。当一个中国网民打开电脑开始聊天的时候，一个美国网民可能正在查找到他的一个商业伙伴办公地的行车路线，而一个法国网民可能正在自己的博客上“奋笔疾书”。不同的上网习惯不仅反映出一个国家互联网的发展水平，也反映出一个国家的网络文化。

（二）性别

男性网民和女性网民在上网心理和行为上均有较大差异。男性比较注重理性，喜欢搜寻科技、新闻、军事等类信息；女性则比较侧重于感性，喜欢浏览时装、美容等信息，上网聊天的女性多于男性。

美国互联网调查机构皮尤互联网与美国生活项目（Pew Internet & American Life Project）于 2005 年 12 月所做的调查显示，与女性相比，美国男性在网上更愿意浏览天气情况，了解新闻、体育、时政和财经方面的消息。他们还常常利用互联网的下载功能，下载音乐和软件。另外，男性网民还把互联网的娱乐功能发挥到了极致，他们用网络听歌、下载音乐和视频节目等。美国女性网民则更喜爱电子邮件。她们喜欢发邮件给亲友，告诉亲友自己看到的新闻、自己的计划和担忧等。她们喜欢用这种方式来维系和家人、朋友以及同事间的关系。而且她们更愿意在网上了解宗教信息，并对健康或一些个人问题感兴趣。研究还发现，在很多事上，如查阅旅游信息和查找电话号码等，男性和女性都会想到借助互联网的帮助。

（三）年龄

不同年龄的人，会有不同的上网心理和行为。新媒体应针对人们的年龄差异，发布不同内容的信息，设计不同形式的页面，最大限度地满足不同层次的网民的心理需求。

（四）支付能力

经济支付能力是直接影响网民上网动机和行为的重要因素。一个收入不高的人，不太会花很多时间去上网聊天。

（五）教育水平

教育水平直接影响网民上网获取信息的心理和行为。受教育程度不同的人，对网上信息的需求和兴趣也不同。受教育程度越高的人，花在娱乐上的时间越少，而花在阅读新闻、科技信息上的时间越多。

此外，不同职业、社会地位的网民也有着不同类型的信息需求。

二、网民的普遍心理分析

不同类型的网民虽然在具体的信息需求上有所不同，但是某些心理却具有较大的普遍性。与传统媒体的受众心理相比，以下是网民表现突出的心理特征。

（一）参与性心理

与传统媒介的受众不同，网民不仅仅是接收者与旁观者。网民更多地加入传播过程中，他们可以提出自己对信息的需求，可以对传播的内容提出看法，也可以将自己认为有价值的信息放到网上传播。参与性不仅仅意味着传播者与网民之间界限的模糊，也不仅仅意味着网民地位的提高，它还意味着网上信息内容的多元化与复杂化。

由于新媒体的互动性，网民自主性心理增强，网民已不再仅仅满足于一般性的浏览阅读，他们还通过 E-mail、BBS、网上聊天等方式参与传播活动，发表意见，提出建议，展示自我的思想感情和喜怒爱憎。

（二）个性化心理

传统媒介的传播方式是“点对面”的，个体只是作为受众中的一员存在，任何一个传媒组织都不会针对某人的特别需求来进行传播。在传统大众传播媒介中，个体的个别需求通过个体自己在“大众化”的信息产品中进行挑选而得以部分满足。受众有一定的决定权，但挑选余地是很小的。

网民可以更加自由地选择自己喜欢的网站、信息或服务。更重要的是，网民的媒介消费行为，在时间上和空间上有更多的自主性。网民不必再根据电视台、电台的时间表来安排自己的行动，也不一定要在某个固定的空间里看电视。在传统媒体时代特别是电视时代，人们的生活规律往往要更多地受到媒体节目的影响。例如，为了收看一个自己喜欢的电视节目，人们也许不得不放弃其他社交活动。而在网络时代，人们对于自己的日程有了更多的决定权。

（三）虚拟环境下的匿名心理

与传统媒体的受众不同，网民在网络这一虚拟环境下接收网络信息或服务。网络给他们提供了一种充分放开自己的环境。在匿名的状况下，网民的需求与其在物理世界的需求会发生一些偏离，或者说，他们会更加追求在物理世界里无法满足的需求。

匿名心理，在社会心理学中，指的是在一种没有社会约束力的匿名状态下，人可能失去社会责任感和自我控制能力。而网络环境，虽然也是一种匿名状态，但一般情况下，网民都有自己的代号，如果是在一个比较稳定的社区里，每个人的代号也是相对固定的。如果一个人做出了违背大家意愿的事，他就可能遭受冷落甚至被赶出社区。另外，每一个上网者都有 IP 地址，对于网络管理者来说，他们可以通过 IP 地址来查找某一个违法行为的责任人。在网络进一步发展的情况下，网民会更加体会到，IP 地址实际上使他们在某种意义上不再是匿名的。这会促使他们加强对自己的约束。所以，网络的匿名并不是完全意义的匿名。在大多数情况下，网民只有在面对自己时，才更有可能失去自我控制能力，例如浏览色情网站。

此外，网民还具有一定的从众心理，当然由于网络的隐蔽性，从众的压力较在传统媒体环境下有所减轻，从众心理有所弱化。

三、网民上网目的分析

国内外的调查都表明，网民上网的首要目的是获取信息，尤其是新闻信息，其次是游戏娱乐，常用工具是电子邮件和搜索引擎。

中国互联网络信息中心历次的调查结果都显示，网民上网的主要目的依次是：获得各方面的信息、学习计算机等新技术、工作需要、休闲娱乐。网民最常使用的网络服务是电子邮箱和搜索引擎；网民在网上获得的最主要信息是各类新闻。

国外的调查也得出了类似的结论。在美国，互联网已经成为美国人首要的信息来源。美国人最常用的是电子邮件，其次是浏览各种信息，新闻只是他们所浏览的各种信息的一部分。美国人主要是把互联网当成为自己提供服务的工具，当美国人需要新的信息的时候，他们的第一反应就是去互联网查。

网民在网上获得的最主要的信息是各类新闻，但是，与传统媒体的新闻信息需求相比，网民的新闻信息需求至少有以下几个新特点。

（一）信息来源很多，选择余地很大，接收时的主动性和互动性很强

这对于人的发展和社会的进步是十分有利的。而新闻传媒只有按照新闻规律和传播规律进行运作，才能在众多的传播者中脱颖而出，获得受众的青睐，从而实现其使用价值和经济价值。

（二）在大量的信息面前，受众需要在选择上获得帮助

传媒的信誉和品牌的质量对受众的选择会有很大的影响。

（三）独立思考和判断的能力加强，个人的独立自主性也相应增强

网民眼界开阔，文化程度高，独立思考、判断的能力强，盲从度低。这与生活的多元化，各种选择机会的丰富多样相结合，于是个人的独立性和自主性便会很强。因此，受众对传媒质量的要求更高，且不易被欺瞒和愚弄。媒体必须时时处处、方方面面都保持其真正的高质量，才能不断地吸引受众。

（四）对传媒的需求增强，需求的个性化程度提高

由于受众的经济能力强，文化程度高，因而传媒消费能力大为增强。又由于社会联系多，生活、工作等各种活动的社会化程度提高，人们对信息、娱乐、生活指导等的需求以及自我表达的需求既多又强，受众和广告主对传媒的依赖程度不断提高，因而传媒消费欲望也会相应增强。许多受众会不满足于只接触一种日报、几个广播电视频道和少数网站。因此，广告会大量增加，并具有更强的针对性。所有这些，都将给媒体带来新的机遇，同时又为传媒市场更加细分创造了条件。

另外，受众需要更优质的服务，包括符合他们个性化需求的传播。这使传媒小众化趋势更强。因此，媒体必须增强自己的特色，进一步提高对特定受众的针对性。

随着经济的发展，越来越多的网民开始关注经济信息。

此外，随着网络的普及，许多网民上网的态度已经由重“量”转为重“质”。

四、网民上网动机分析

动机的原始含义是引起（或发动）动作，心理学则把人们经常以愿望、兴趣、理想等形式表现出来的，激励人们行动的主观因素称为动机。动机是行为发生的先导和条件。网民上网的动机主要有以下几种。

（一）求知

求知，是以对知识、信息的追求为目的的一种动机，它是网民中最普遍、最常见的一种心理活动。发展自己、完善自己是人们普遍存在的一种需要，求知动机正是这种需要的一种心理反应。网民利用互联网，可以获取外部信息，监视环境，通过新媒体了解外部世界，了解国内外大事，了解别人的见解，决定自己的行为。网民在网上求知的过程中，往往是主动寻求信息和知识，这与传统媒体受众的被动接收信息截然不同。

（二）消闲娱乐

娱乐，是以追求精神享受和放松为目的的一种上网动机。用户通过新媒体可以增加见闻，

满足好奇心，打发时间，寻求刺激，寻求快乐，放松情绪，消除烦恼和疲劳，释放日常生活带来的种种压力和烦恼。

非功利性的网上视频点播和网络游戏虽然不能与人的生存发展相关，但它使人的身心从繁忙的工作中恢复过来，使人们从日常利害关系中解放出来，是对自我个性各个方面的丰富，可使人自我发展和自我提高。

（三）求名

这是以追求自己成名、获得成就感为特征的一种上网动机。许多网民乐于在网站、BBS上发表见解，就是出自此动机。

（四）求便

许多网民进行网上购物，就是一种求便心理在起作用。网民在网上购物，不仅要求交易迅速方便，而且要求送货上门。

（五）逃避

新媒体可以使网民逃避现实，不理会常规的工作。网民可以利用互联网，在他与周围的人之间建立一个缓冲带，以摆脱他人的打扰和制约。在逃避动机中起作用的不是“合群倾向”而是“离群倾向”。事实上，逃避已经成为许多人上网的理由。一些网民在虚拟的网络社区中寻求安慰和解脱，回避现实生活中的矛盾和冲突。互联网成了一些人的避风港。对现实不满的人，或有心结的人，更容易到虚拟的网络世界中寻找支持和寄托。例如，一些女性喜爱网上聊天室，把它当成寻求现实中无法获得的浪漫的途径，或是抱怨其丈夫的一种方式。

事实上，网民上网的动机十分复杂，网民上网往往是多个动机综合作用的结果。从中国互联网络信息中心以及国外的统计数据可以看出，在互联网发展初期，网民上网的主要目的是获取信息；但是随着网民的大众化，为休闲娱乐而上网的网民比例已经逐步上升为第1位。

中国互联网络信息中心2005年7月发布的调查报告是一个分水岭。其数据表明，就网民的上网目的来看，获取信息第1次由第1位降低为第2位（37.8%）；为休闲娱乐（包括网络游戏、在线点播等）而上网的人首次上升为第1位（37.9%）。这印证了新媒体的娱乐化趋势。

新媒体娱乐化的主要原因在于网民结构的大众化。网络正在由“精英”（年轻富有的高学历男性群体）的“专利”转化为大众化媒体，网民结构呈现出大众化趋势。从社会心理学的角度分析，与精英相比，大众更喜爱娱乐信息。网民结构的大众化造成了新媒体的娱乐化趋势。

网络游戏热也促进新媒体的娱乐化。此外，宽带的普及带来了新媒体的多媒体化，也加速了新媒体的娱乐化，网络不仅已经成为重要的新闻媒体与广告媒体，而且正在成为新兴的娱乐媒体。

新媒体的发展趋势是上网方式的宽带化、无线化，新媒体的娱乐化，网络新闻的多媒体化，新媒体与传统媒体界线的模糊与整合等。

五、网民行为特征分析——网民注意力呈现“马太效应”

调查显示，网民的注意力越来越集中在少数的知名网站，呈现出“马太效应”。

所谓“马太效应”（Matthew effect），是指好的越好，坏的越坏，多的越多，少的越少的一种现象。其名称来自《圣经·新约》中的一则寓言。在《圣经·新约》的“马太福音”第25章中有这样一句话：“凡有的，还要加给他，叫他有余；没有的，连他所有的也要夺过来。”

1968年，美国科学史研究者罗伯特·K·莫顿（Robert K. Merton）提出这个术语用以概括一种社会心理现象：相对于那些不知名的研究者，声名显赫的科学家通常得到更多的声望，即使他们的成就是相似的。同样地，在同一个项目上，声誉通常给予那些已经出名的研究者。例如，一个奖项几乎总是授予最资深的研究者，即使所有工作都是一个研究生完成的。

莫顿将“马太效应”归纳为：任何个体、群体或地区，一旦在某一个方面（如金钱、名誉、地位等）获得成功和进步，就会产生一种积累优势，就会有更多的机会取得更大的成功和进步。

此术语后为经济学界所借用，反映贫者越贫、富者越富，赢家通吃的收入分配不公的现象。

在新媒体领域，“马太效应”指的是网民虽然越来越多，但是，他们经常访问的网站却越来越集中在少数几个网站上。包括美国媒体调查研究公司Jupiter Media Metrix在内的多家调查机构发布的报告称，Google、雅虎、Facebook以及YouTube四个网站吸引美国网络用户驻足浏览的时间占所有美国用户上网时间的一半还多，即四家网站瓜分了网民半数线上时间。Jupiter Media Metrix公司的研究显示，在如今的互联网媒体市场上，公司规模越大就越可能获得成功。该公司表示，AOL与时代华纳合并的同时，很多小公司却因为资金匮乏而倒闭。互联网媒体市场的大部分份额将被几家大公司瓜分。

这些大型网站都因其丰富多彩的内容及周到的服务吸引了数量众多的网民，因此，它们已经成为广告主在选择广告载体时所必然要考虑的对象。

【本章小结】

本章主要阐释了新媒体时代的受众理论，指出在传统媒体研究中适用的理论在新媒体研究中需要做出调整，并分析了网民的心理和行为特征。

【思考题】

1. 试分析网民大众化的原因。
2. 试分析网民上网的心理特征。
3. 非常时期网民的行为特征有哪些？
4. 试分析创新扩散理论模型与中国特有的“2 000万现象”的关联。

第七章

数字出版盈利的关键：保护网络出版中的著作权

【本章学习要点】

重点掌握网络著作权保护的难点及手段。对“避风港”原则和“红旗”原则亦需要重点掌握。

数字出版，尤其是网络出版的出现，给其著作权（版权）保护带来了崭新的课题，虽然世界各国已对此予以相当的关注。早在1996年12月20日，世界知识产权组织（WIPO）关于版权与邻接权协商会议就通过了涉及网络出版著作权保护的世界公约——《世界知识产权组织版权公约》(*WCT*）和《世界版权组织表演和录音制品公约》（*WPPT*）。它们对《伯尔尼公约》、《罗马公约》作出进一步的完善，在此次的《世界知识产权组织版权公约》中已明文规定：今后计算机网络中信息的存储、拷贝都必须经版权人许可，作品的内容、署名等不得任意改变；对加密信息的擅自解密，以及擅自生产解码设备，均是侵犯版权人权利的行为。同时各国也制定了相应的法律保护措施。另外，在这两份公约中还确认了《伯尔尼公约》中的“向公众传播权”这一概念中包含权利人在网上传播其作品的权利，明确规定著作权人有权许可他人以有线和无线方式向公众传播其作品。世界知识产权组织通过这一规定赋予了著作权人一项新的专有权利，即网络传播权。此后，世界主要发达国家纷纷对其国内法进行修订，以加入上述两公约。美国、澳大利亚、日本、欧盟等分别采取了不同的立法模式，实施上述两项公约中对网络传播权的规定。受国际社会影响，2001年，我国在第一次修订的《中华人民共和国著作权法》（以下简称《著作权法》）中设立了“信息网络传播权”这样一项专有权利，2010年第二次修订后也不出意外地保留了这一权利。

第一节　网络出版中著作权保护面临的问题

一、互联网的特性造成了侵权易、维权难

事实上，目前并不缺乏网络出版著作权保护的法规，但是，网络出版中的著作权保护形势

依然十分严峻。在网络上，知识产权被侵犯现象之所以屡见不鲜，一个重要原因是在网络上对知识产权的侵犯存有隐蔽性、迅速性、全球性以及罪证难以收集等特点。

一部网络出版作品在虚拟的网络世界中被不法者侵权，被侵权人甚至难以发觉，但是，作品侵权后却能在瞬间传遍全世界。如果要对网络出版作品进行侵权，不法者只须轻点鼠标，简单地进行下载、复制、粘贴即可完成，其侵权成本几乎为零。而且从技术上看，作为数字化作品，复制品与原件没有任何质量上的差别，但是，著作权人如果想要维护自己的合法权利，却要付出极大的风险与成本。不像传统的纸质出版物被侵权，可以比较容易地找到有形的物证，网络出版作品被侵权后，不法者可以轻易地从计算机中删除被侵权作品，造成诉讼证据难以被有效收集的窘境。从我国目前已有的网络作品著作权保护法规与司法实践来看，即使著作权人成功地赢得了版权诉讼，然而所获赔偿额往往过低，甚至不足以支付律师费等费用。因此，这就既无法有效地保护著作权人的合法权益，也无法对不法者起到应有的打击与震慑作用。

二、关于网络服务商的法律责任问题

网络服务商，是指为个人计算机提供上网中介服务的服务提供者（Internet Service Provider，简称 ISP）。根据提供服务内容的不同，网络服务商可以分为提供连线服务的网络服务商和提供内容服务的网络服务商，或者是具有这两种功能的网络服务商。网络侵权行为的实施离不开网络服务商提供的服务，因此必须规范网络服务商的行为，尽量明确网络服务商对著作权侵权的过错责任，从而对其行为进行约束。

涉及网络服务商侵权案件时，《著作权法》如没有直接规定，可适用《中华人民共和国民法通则》（以下简称《民法通则》）有关规定：一是网络服务商通过网络参与他人的网络侵权或帮助、教唆他人网络侵权，适用《民法通则》第 130 条，行为人负连带责任。二是提供内容服务的网络服务商明知客户通过网络侵犯他人著作权或经著作权人提出警告后，仍不采取措施删除、移去侵权内容的，适用《民法通则》第 118 条和第 130 条，与行为人负连带责任。三是在著作权人提出警告后，提供内容服务的网络服务商在技术、经济许可的情况下，不得拒绝提供侵权人的通信信息。四是著作权人提出网络侵权警告时，要出示身份证明及著作权权属证明、侵权情况，如无不能出示的正当理由，被视为没有提供。如提出警告后，网络服务商没有停止侵权行为，著作权人可以请求司法机关先行裁定停止侵害、排除妨害、消除影响的诉讼保金措施。五是著作权人的警告，不能以此为据要求网络服务商负担民事责任，本条旨在限制申请人滥用诉权。

网络服务商通过网络参与他人著作权侵权行为，或通过网络教唆、帮助使用者实施著作权侵权行为，根据《民法通则》第 130 条的规定，属于共同侵权，应当承担连带侵权责任。如果网络服务商通过网络自行实施侵犯他人著作权的行为，根据《民法通则》第 106 条第 2 款的规定，其侵权行为并不因网络服务商主体特殊而具有特殊性，应当等同于一般的网络使用者的侵权行为，承担侵权的法律责任。

提供内容服务且对网络传输内容可以控制、监督、做增删编辑的网络服务商，有采取措施停止侵权内容传播的义务。在著作权人发现其权利被侵害而告知网络服务商采取措施停止侵权、网络服务商仍不采取措施的，属于实施了不作为的侵权行为，根据《民法通则》第 130 条的规定应当承担连带侵权责任。有的观点认为，在这种情况下，网络服务商法律责任的确定，应适用过错责任原则，即使著作权人没有告知，如果网络服务商在主观状态上明知著作权人的权利正在被侵害，而不采取措施进行停止侵权，也应承担连带侵权责任。提供内容服务的网络服务商，有提供侵权人通信资料等有关证据的义务。在明知用户通过网络传输侵犯他人的著作权，或者在著作权人提出确有证据的侵权警告后，网络服务商在技术可能、经济许可的范围内拒绝提供侵权人的通信资料，拒绝移除侵权内容的，具有侵权的主观过错，实施了不作为的侵权行为，根据《民法通则》第 106 条的规定，应当承担侵权责任。

要求网络服务商承担不作为侵权法律责任，著作权人必须提交证明其权利人身份及权利被侵犯事实情况等有关证据。根据《民事诉讼法》第 64 条第 1 款的规定，著作权人发现网络上侵权内容向网络服务商提出警告时，应当出示权利人姓名、电话、电子邮件地址、通信地址、著作权权属证明及侵权内容等有关资料，如无正当理由不出示上述资料的，不能追究网络服务商的法律责任。但网络服务商在著作权人提出上述资料后仍不采取措施的，著作权人可以在向人民法院提起诉讼时申请停止侵害、排除妨碍、消除影响的先行裁定。

网络服务商应著作权人的要求采取移除等措施制止侵权行为，是维护著作权人合法权益的合法行为，不应承担违约责任。同时，因申请人申请网络服务商采取措施停止侵权内容的传播而造成的损失，责任应由侵权人承担，不应由网络服务商承担。

仅提供连线服务的网络服务商，由于其只是为作品在网络上的传输提供信息通道，并未直接或间接参与使用他人作品，因此并未实施侵犯他人著作权的行为，根据《民法通则》第 106 条第 2 款的规定，该类服务商对于使用者通过网络传输侵犯他人著作权的行为，不应承担法律责任。该侵权的法律责任，应当由使用者本人承担。

三、多媒体网络出版作品的法律保护

在网络出版中，出现了越来越多的多媒体作品。多媒体作品凝聚了大量开发人员的创造性劳动，并能够以一定的物质形式固化。因此将多媒体作品作为作品受著作权法保护在国内外法学界达成了共识，但在多媒体产品的归属以及在多媒体开发过程中遇到了众多的法律问题。

（一）多媒体作品的法律归属

多媒体以其友好的交互方式区别于传统的作品，并且多媒体创作工作通常较为复杂，涉及的人员和范围都与传统作品的创作有很大的差异，所以一些人主张将其单独列为一项作品加以法律保护。而持另一种观点的人认为，多媒体实质上无非载体的多样化和综合化，即将动画、声音、图像等采用一定的技术进行综合加工、处理，因此应将其视为汇编（编辑）作品。其实，以文字、语言为主，集文字、声音、图像于一体的“多媒体”如含人物活动形象、谈话录音的百科全书只读光盘，作为一种新的表现形式的作品，还是可以按编辑作品对待。从多媒体应用的角度看，将文本文件和图像、视频信息综合起来的多媒体数据库将成为其发展核心。因此，将多媒体作品单独列为一项作品加以法律保护，将使得多媒体数据库处于两难境地，产生新的矛盾。

（二）取得在先作品的授权问题

多媒体是文本、图像、声音、动画等多种媒体信息的综合，多媒体作品的创作不可避免地要利用到大量的在先作品。这些作品的权利人有可能多达上百个，也有可能分布在不同的国家，甚至无法确认权利人是谁。在这种情况下，如要求多媒体开发者逐一去取得在先作品权利人的许可，所花费的金钱和时间都是极为可观的。这一点是现行多媒体开发者最难解决的问题之一，也是阻碍多媒体发展的主要障碍。显然，这对现行著作权的管理制度提出了挑战。现在国内外法学界多倾向于建立一个非营利性的集体管理机制来对著作权进行统一的管理。

四、与网络出版有关的传播权限制

网络出版的著作权问题应该受到应有的重视，否则版权人就不愿，也不会冒险把自己的作品制作成网络出版物。然而事物总是有其两面性的，赋予权利人一定权利的同时也必须加以适当的限制，否则，就会导致权利的滥用，并且也不利于网络出版物的传播。法律固然应该保护作品的创造者和所有者，但也应顾及任何一件作品的创作，都是个人的创造与社会的结合。一方面，它蕴涵了创作者个人的辛勤劳动；另一方面，它也凝聚着对前人智力成果的继承，公有领域始终是我们进行智力创造的宝贵源泉。因此版权法制度无论如何进步，都不可破坏私人利益与公众利益之间的平衡。

知识产权制度虽然是一种合法的垄断制度，但只有在它也是符合情理的垄断制度时，才能被人们普遍接受并自觉遵循。因此，读者只有在法律限制的条件下使用网络出版物，才能构成合理使用。

（一）网络出版著作权保护中的合理使用

1. 合理使用的判断标准

《伯尔尼公约》第 9 条第 2 款规定，本联盟成员国可自行在立法中准许某些特殊情况下复制有关作品，只要这种复制与作品的正常利用不相冲突，也不致不合理地损害作者的合法权益。这为确定一个行为是否属于合理使用设定了可供参考的标准。

一般来说，对合理使用的界定有两种方式：其一是在立法中明确规定认为合理的事项；其二是由法院根据确定的标准自行判断。立法时也必须以一定的标准为依据，因为当涉及纠纷时，管理机关也必然有一定的认定标准。美国法律是以著名的四要素来判断是否属于合理使用的，即使用作品的目的和性质、被使用作品的性质、使用作品的数量和程度、使用对作品潜在市场价值的影响。

按照传统要求，只有不具有商业目的的使用才可构成合理使用，而对于网络出版物的读者而言，其使用目的是很难判断的。因为合理使用必须限定在一定的范围内，而以私人目的从网络上下载作品将成为网络出版发行的重要方式，例如欣赏、学习、研究等，因此仅仅是不具有商业目的不应该再作为合理使用的理由。当然，这都是相对于纸质图书而言的，纸质图书不经过销售便无法传播，而网络出版物却可以通过网络进行下载。由于网络环境的特殊性，读者对网络出版物的使用即使属于合理使用，仍应附加一定的保护和限制措施，以控制合理使用的范围。如使用作品只能限于必需的情况，使用的作品部分必须是合理的，复制阅读的数量也不允许超出必要限度。总之，使用的范围不能大到足以影响作品在市场上的销售份额。若超过此范围，使用者就必须为此取得许可并支付合理的报酬了。

网络出版的形式及创作高度和深度都应成为其性质的重要考查方面。而网络出版性质的区分只能作为认定其合理使用的辅助手段而非依据。有否商业性质是保护程度高低的另一个重要标准，专为商业用途开发的网络出版物应受到更为严格的保护。

在我国，《著作权法》第 22 条规定了作品合理使用的范围，即在何种情况下可以不经著作权人许可，不向其支付报酬，但应当指明作者姓名、作品名称，并且不得侵犯著作权人依照本法享有的其他权利。其中，如“为个人学习、研究或者欣赏，使用他人已经发表的作品；为介绍、评论某一作品或者说明某一问题，在作品中适当引用他人已经发表的作品；为报道时事新闻，在报纸、期刊、广播电台、电视台等媒体中不可避免地再现或者引用已经发表的作品；报纸、期刊、广播电台、电视台等媒体刊登或者播放其他报纸、期刊、广播电台、电视台等媒体已经发表的关于政治、经济、宗教问题的时事性文章，但作者声明不许刊登、播放的除外；为学校课堂教学或者科学研究，翻译或者少量复制已经发表的作品，供教学或者科研人员使用，但不得出版发行”等合理使用的情况也可适用于网络出版。

美国著作权法为认定合理使用范围规定了四条标准：（1）要看有关使用行为的目的，即看是否为商业目的而使用；（2）要看被使用的作品性质，对不同类型作品的著作权利使用形式不同，划分是否合理的界限也不同；（3）在所使用的作品中，被使用部分与整个作品的比例关系，比例若失当则不能属于合理；（4）看使用行为对被使用作品的潜在市场价值有无重大不利影响。如果有这种影响，则不属于合理使用。合理使用作为著作权法律制度的一项重要内容，肯定有长期稳定存在的必要。随着现代信息传播技术、传播手段日新月异的发展，人们通过网络获取知识更先进、更方便、更快捷。原本依法合理的使用作品方式，也会变得不合理。原本著作权人不必控制的使用方式，如不控制则会使著作权人的利益损失殆尽，因而违背了合理使用对著作权人的利益损害不大的原则。

但是，从多种他人享有版权的作品中取出需要的部分进行组合加工成一部新的作品，不能视为合理使用，而是复制他人作品的行为。如果事先不取得已有作品版权所有者的授权，又不注明被使用作品的作者姓名及作品出处，则可能构成剽窃行为。如果被使用的作品已经超过版权保护期（指财产权利），则不必取得版权所有者的授权。

2. 合理使用包含的内容

在世界各国的版权法中，关于合理使用所规定的内容各不相同，但涉及个人使用和图书馆使用，则是许多国家普遍承认的属于合理使用的范畴。另外远程教育作为网络时代的新生事物，对原有的合理使用制度也提出了挑战。个人使用、图书馆使用和远程教育这三种合理使用方式是网络出版的合理使用包含的最主要的内容。下面只重点介绍一下个人使用和图书馆使用两种形式。

（1）个人使用。著作权人对其作品的独占权不应成为再创造的障碍，所以各国法律多以合理使用等制度来保护后人的再创造权。当然个人欣赏应有一定的范围限制，个人使用他人已发表作品的方式绝大多数为对作品的复制，传统意义上的复制使用复印机、录音机、录像机等设备。到了网络时代，利用数字技术可以把绝大多数作品数字化并在网上传播，复制作品不再依赖传统的复制设备，数字技术条件下的私人复制要简单得多，然而版权人正在采取一系列的技术措施来防止他人对其作品进行复制。相对于传统的纸质图书，网络出版的个人合理使用的范围更多的是面临技术上的挑战，传统意义上的个人合理使用往往局限在对地点的界定上，如只限于家庭使用。而网络出版的传播是在互联网上，如果缺乏法律的有效干预，必然导致著作权人的权利在网络环境下得到过分的保护和扩张，因而挤压了公众合理使用的空间。

（2）图书馆使用。在保护国家资源和传统文化方面，图书馆发挥了其他机构不可替代的作用，因此图书馆对作品的使用在各国版权法中都规定为合理使用。国外的许多图书馆都把网上书刊分为两部分：一部分是已超过版权保护期的作品，如莎士比亚等人的作品，可以全文上网供读者在线阅读；另一部分则是仍在版权保护期内尚未进入公有领域的作品，除书目、图书简介及相关书评可以上网供公众阅览外，读者想更多地了解图书内容或阅读作品全文，则须到图书馆按传统方法借阅。

《著作权法》第 22 条第 8 项规定，图书馆、档案馆、纪念馆、博物馆、美术馆为陈列或者保存版本的需要，复制本馆收藏的作品，可以不经著作权人许可，不向其支付报酬。对于网络出版而言，如果图书馆只是为了馆藏而将其复制，在本质上与传统环境下的馆藏作品的复制只存在方式的不同，而没有实质的差别，因此应包括在合理使用的范围之内。如果图书馆非营利地为公众提供网上阅读的方便时也继续运用合理使用的规定的话，就会造成侵权。因为网络出版物如果在网上开放使用，读者就能随意浏览，这与到图书馆借书完全不一样，被阅读的概率要大得多，这样就影响了传统形式的书刊销售，造成了对著作权人的不合理损害。

随着网络传播技术的发展，合理使用的范围有缩小的趋势。在传统的印刷和传播途径下，高成本、长周期以及受较强地域性限制等因素，使得个人的合理使用还不足以给著作权人的利益带来严重的影响，但在数字技术日益成熟、网络普遍应用的信息时代，任何人在任何地方只要拥有一台可以上网的计算机，便可接收来自世界各地的包括网络出版物在内的各种信息，并能快速、低廉地进行复制甚至修改后向全世界发送。显然，网络出版的巨大覆盖率和广泛的公开性，使传统的合理使用变得不那么合理了。

（二）法定许可

法定许可，在网络环境下主要表现为转载。《著作权法》第 33 条第 2 款规定，作品刊登后，除著作权人声明不得转载、摘编外，其他报刊可以转载或者作为文摘、资料刊登，但应当按照规定向著作权人支付报酬。最高人民法院的《关于审理涉及计算机网络著作权纠纷案件适用法律若干问题的解释》第 3 条将法定许可的范围扩大到网站，其中规定：已在报刊上刊登或者网络上传播的作品，除著作权人声明或者上载该作品的网络服务提供者受著作权人的委托声明不得转载、摘编外，网站予以转载、摘编并按有关规定支付报酬、注明出处的，不构成侵权。该条款也为网络出版的著作权限制提供了依据。

目前，报刊、网站上的作品被相互转载的情况普遍存在，为了使网络上这种无序的违法使用作品行为得到及时、有效的控制，考虑到网站转载他人作品前确也难以找到著作权人取得许可并支付报酬的实际状况，以及促进方便网络信息传播、平衡当事民事主体间的权益等，在有关法律对此作出明确规定之前，将《著作权法》第 33 条关于报刊转载的规定扩大解释于网络环境，不失为目前情况下一种可行的应急措施。这样至少可以使著作权人的获酬权得以保障，但在适用时必须把握两点：一是网络上允许转载作品的范围不得超过《著作权法》第 33 条规定的作品范围；二是应当注明出处。这种政策选择在法律未有明确规定和社会各界、当事人网络版权观念不强的情况下，可以防止侵权案件的大幅度增加。另外，现在很多网站都没有专门的编辑力量和采访权，网络的特点就是信息传输、资源共享，如果限制网站的转载权，对网络的发展极为不利，并且执行起来十分困难。因此，既然作品已经发表，就允许公开传播，如果在传播过程中侵犯了著作权的其他权益，可以进行赔偿，但若仅仅是扩大了传播范围的，应视为符合《著作权法》的规定。

就当前来看，法定许可不适用于网络。因为自《著作权法》实施以来，该法第 33 条的规定执行得并不理想。目前，报刊的文摘版很多，绝大多数有文摘版的报刊转载时都不支付稿酬，然而著作权人因此而提起诉讼的却很少。这一则是因为稿酬本身数额不大，诉讼标的小；二则是因为诉讼成本比较高，很可能是赢了官司输了钱。因此，虽然《著作权法》规定了著作权的权利，但很多人放弃了这一权利。如果再把法定许可扩大到网络上，危害就更大，如果口子一开，再收就比较困难。况且报刊转载本身就与《伯尔尼公约》、TRIPS 协议（《与贸易有关的知识产权协议》）等规定相悖，不能再将其扩大到网络环境下。此外，根据《世界知识产权组织版权公约》第 6 条对发行权所作的新规定，发行必须达到作品原件或复制件所有权的转移。在这一点上，报刊和网络是不同的，网络中不存在发行问题，简单地将报刊转载的法定许可扩大于网络环境是有失妥当的。因此，在网络上转载、摘编他人已经发表的作品也应当取得著作权人的许可，并支付报酬。同时，应由国家版权主管部门建立著作权集体管理组织，由该组织对作品的使用发放许可，并就使用报酬等有关事项进行统一管理。在与著作权人联系有困难的情况下，转载、摘编人可以通过著作权集体管理组织联系。这样可以解决网站无法与著作权人取得联系的实际困难，使上述规定更具有可操作性。

第二节　网络出版著作权的法律保护

一、发达国家对网络出版的著作权保护情况

自 20 世纪 90 年代以来，数字技术已发展到网络技术阶段。网络技术的特殊性不仅对数字作品的保护产生一定的影响，而且涉及网络作品的保护。网络作品是指计算机互联网上出现的符合著作权法规定的文字、艺术和科学作品。在网络空间里，著作权人的网络传输、作者身份的认定，甚至确定暂时复制性质等诸多问题，都不能仅仅通过对传统版权法的扩大解释予以解决。

《伯尔尼公约》第9条规定的复制权及其所允许的例外，完全适用于数字环境，尤其是以数字形式使用作品的情况。不言而喻，在电子媒体中以数字形式存储受保护的作品，构成《伯尔尼公约》第9条意义上的复制。它增加了计算机程序和数据汇编两种受著作权保护的客体，明确指出，计算机程序作为《伯尔尼公约》第2条意义上的文学作品受到保护，此种保护适用于各计算机程序，而无论其表达方式或表达形式如何。数据或其他资料的汇编，无论采用任何形式，只要由于其内容的选择或排列构成智力创作，其本身即受到保护。这种保护不延及数据或资料本身，亦不损害汇编中的数据或资料已存在的任何版权。可见，该公约保护各计算机程序和选择或排列具有智力创作的数据库产品，规定了网络传输权，即向公众传播的权利。文学和艺术作品的作者应享有专有权，以授权将其作品以有线或无线的方式向公众传播，包括将其作品向公众提供，使公众中的成员在其个人选定的地点和时间可获得这些作品。

1996年的《世界知识产权组织版权公约》中规定：文学、艺术作品，包括使公众中的个体成员，可在选择的地点和时间，独立接触该作品。该条规定将《伯尔尼公约》中的向公众传播这个概念扩展到网络环境中，这项新权利名称虽然被定为“公众传播权”，但这项权利不仅仅指网络传播的权利，也包括其他传统的公众传播权利，这在该公约的第8条中规定得很清楚，这一条一方面规定了网络传播权明确的含义，另一方面也说明了网络传播权与传统权利并不交叉，也不得影响传统权利的实施。

互联网上的公众传播权，有别于广播、电视上的播放权，是对作者在互联网上权利的专门描述，指作者在互联网上自行传播作品和许可他人传播作品，禁止他人未经许可而传播其作品，包括禁止他人：(1) 未经许可对从互联网上得到的作品违法转载，或使他人违法转载，例如复制他人作品刊登到自己的网站，或向其他网站投稿。(2) 未经许可对从互联网上得到的作品在网下进行改编、翻译、发行、表演、播放，如对他人网上作品直接做成图书出版，或编辑、翻译后出版图书。

网络版权问题非一国之法律所能解决，而是有待国际社会在全球范围内取得认同。国际上对网络传播权的讨论始于20世纪80年代末90年代初。世界知识产权组织召集100多个国家的专家学者，经过七八年的研究探讨，最终在1996年制定了两个新条约——《世界知识产权组织版权公约》和《世界知识产权组织表演与录音制品条约》，被称为“国际互联网条约”。这两个公约确立了作者、表演者、录音制作者的“向公众传播的权利”，把作者的权利有效地覆盖到了网络空间。在数字技术的应用及计算机国际互联网的环境下，增加作者权与邻接权的内容，扩大权利的范围，缩小原有的合理使用范围，同时纳入了类似《与贸易有关的知识产权协议》中的“执法条款”的内容。其中禁止解密、禁止删改权利信息等规定，为保护原有的著作权在网络环境中不被侵犯提供了依据。

尽管《世界知识产权组织版权公约》第8条赋予了作者网络传播权，但只是作出了一个极为概括的规定，并没有为网络传播权提供具体而明确的权利内容和保护方式。网络传播权的具体权利内容和保护方式必须由成员国的国内版权法加以解决。世界各国根据各自不同的立法体系，也选择了不同的方式对该公约中的新权利进行了处理，以美国、澳大利亚、日本及欧盟各成员国为例，它们分别采取了不同的立法模式，对网络传播权的具体权利内容和保护方式进行了规范。

（一）美国

美国是世界上信息技术最发达的国家，它对网络环境新问题做出的反应对其他国家会产生重大影响。

美国 1997 年通过了《网络著作权责任限制法案》、《世界知识产权组织版权公约实施法案》、《著作权与科技教育法案》，1998 年 10 月又颁布了《数字千年版权法案》。美国对公众传播的解决方案基于发行权。

1998 年 10 月美国联邦议会通过的《数字千年版权法案》（Digital Millennium Copyright Act，简称 DMCA），其中规定了数字化信息的版权保护和使用的问题，同时赋予信息所有者"数字化作品如果在互联网上使用，就可以对其收取使用费"的权利。《数字千年版权法案》适用对象是所有的数字音乐作品。这一法案同样也适用于在互联网上放映和播放的音乐作品。也就是说唱片公司和歌手们获得了"可以对在网络上播送的数字内容收取使用费"的前所未有的法律权利。但是在《数字千年版权法案》中没有具体地规定作品使用的费用和费率。作为实施《世界知识产权组织版权公约》和《世界知识产权组织表演与录音制品条约》的法律，美国《数字千年版权法案》对于网络环境所涉及的一些敏感问题，都做了明确规定。它的做法是对现有版权法中的"发行权"进行了新的解释，从而涵盖网络传输的权利。

（二）澳大利亚

与美国不同，澳大利亚对其版权法的修订是大刀阔斧地重组各项权利。根据其 1999 年《版权法修正案》的规定，传播是指以电子形式传输或者在线提供必须使用接受设备才能听到或者看到的声音、图像或者视听资料。作品的"公开传播权"所适用的传播方式包括所有需要借助设备影响公众的传播种类，不仅有无线电广播、有线传播，还包括网络传输。

（三）日本

日本采取的方式与澳大利亚相似，其版权法在 1997 年修改后，确立了一个新的"公众传送权"（Right of Transmission），它的范围极为广泛，包括所有的以"有线和无线方式、数字和模拟形式、单向和互动模式"向公众传送版权作品的权利。"公众传送权"与表演权、发行权一起，共同构成"公共传播权"。从发展的眼光看，不限定传输使用的技术，在立法上有前瞻性。考虑到各种传播方式确有逐渐融合的趋势，这样的立法也不失为一种有远见的选择。

（四）欧盟各国

欧盟各国采取的措施与世界知识产权组织的《世界知识产权组织版权公约》和《世界知识产权组织表演与录音制品条约》的规定直接对应。《世界知识产权组织版权公约》第 8 条规定，在不损害《伯尔尼公约》赋予作者的合法传播权的前提下，文学和艺术作品的作者享有以"有线或无线的方式授权将其作品向公众传播的专有权"，包括以"公众中的成员个人选择地点和时间的方式，使公众获得作品的专有权"。《世界知识产权组织表演与录音制品条约》第 10 条、第 14 条也分别规定表演者与录音制品制作者享有类似权利。这就是专门针对作品网络传输行为而规定的网络传播权。

1998 年，欧盟委员会向欧洲议会提交了《关于信息社会的版权及有关指令的建议草案》，1999 年 5 月欧盟在对该草案进行修改后予以公布。在该草案中，欧盟建议用“公众传播权”协调联盟各国对网络传播的立场。该“公众传播权”是指版权人享有的以有线或无线的方式向公众传播其作品的原件或复制件的专有权，也包括让公众中的成员以个人选择的时间和地点访问作品的方式获得作品的权利。同时，该草案还赋予邻接人以仅适用于交互性传播的“公众传播权”。

二、《伯尔尼公约》和国际互联网条约关于网络著作权的法律规定

关于传播权的法律规定在《伯尔尼公约》中主要体现在第 11 条和第 14 条中。该公约第 11 条第 1 款规定，戏剧作品、音乐戏剧作品和音乐作品的作者享有下列权利：（1）授权公开表演和演奏其作品，包括用各种手段和方式公开表演和演奏；（2）授权用各种手段公开播送其作品的表演和演奏。这一条涉及的作品种类只是戏剧和音乐作品，并且规定了其传播权仅限于作品的表演和演奏。该公约第 11 条之二第 1 款规定，文学和艺术作品的作者享有下列专有权利：（1）授权广播其作品或以任何其他无线传送符号、声音或图像的方法向公众传播其作品；（2）授权有原广播权机构以外的另一机构通过有线传播或转播的方式向公众传播广播的作品；（3）授权通过扩音器或其他任何传送符号、声音或图像的类似工具向公众传播广播的作品。这一条是关于作品的传播方式的规定，包括对作品的广播、转播、有线传播和通过扩音器或类似工具传播等。该公约第 11 条之三第 1 款规定，文学作品的作者享有下列专有权利：（1）授权公开朗诵其作品，包括用各种手段或方式公开朗诵；（2）授权用各种手段公开播送其作品的朗诵。这一条是关于文学作品的公开朗诵传播方式的规定。该公约第 14 条第 1 款中规定，文学或艺术作品的作者享有下列专有权利：（1）授权将这类作品改编和复制成电影以及发行经过如此改编或复制的作品；（2）授权公开表演以及向公众有线传播经过如此改编或复制的作品。这一条是关于电影或改编的电影作品的改编权和复制权的规定，同时规定其传播权是通过有线传播的方式进行的。从以上这些规定可以看出：出于历史和技术的原因，公约中关于传播权的规定很难涵盖现在的信息网络传输方式，并且在网络上经常传播的摄影、美术和图形作品等也没有进行规定，所以时代和技术的发展客观上要求信息网络传输应纳入法律的调整范畴，这样国际互联网条约就应运而生。国际互联网条约对于信息网络传输进行了明确的规定，另外这一条约的规定也是对 TRIPS 协议（数字技术，特别是互联网方面的问题没有包括在该协议中）的补充。

三、中国网络出版的著作权保护的法规

（一）《著作权法》有关网络传播的立法过程

网络出版属于网络传播，因此网络出版的著作权保护主要依靠信息网络传播权。研究网络

出版的著作权保护，最主要的是研究信息网络传播权，而信息网络传播权的发展历程蕴含在《著作权法》的发展过程中。

1990年我国颁布的《著作权法》，是我国现行版权保护的基本法；1991年我国颁布了《中华人民共和国著作权法实施条例》和《计算机软件保护条例》，作为《著作权法》的补充性法律文件；1997年我国开始了对《著作权法》的修订工作，著作权保护的客体中已增加了数据库一项。

从1998年到1999年，我国发生的与网络传播有关的著作权侵权纠纷案已经有数十起。互联网发展初期，由于技术限制和传播范围小，网络上版权侵权行为并没有引起很大的注意，以至于国务院于1998年12月初次提出的著作权修正案并没有提到网络传播权的问题。

2000年11月22日，最高人民法院出台了《最高人民法院关于审理涉及计算机网络著作权纠纷案件适用法律若干问题的解释》，对发表在网络上的作品《著作权法》的保护问题进行了回答。该司法解释规定，受《著作权法》保护的作品，包括各类作品的数字化形式；在网络环境下无法归于《著作权法》第3条列举的作品范围，但在文学、艺术和科学领域内具有独创性并能以某种有形形式复制的其他智力创作成果，人民法院应当予以保护；《著作权法》对著作权人拥有的以复制、发行、播放等方式使用著作权作品的各种专有权利的规定，均适用于数字化作品。根据这一司法解释，网络出版也在《著作权法》保护之列。

中国《最高人民法院关于审理涉及计算机网络著作权纠纷案件适用法律若干问题的解释》主要内容是：

> 网络著作权侵权纠纷案件由侵权行为地或者被告住所地人民法院管辖。侵权行为地包括实施被诉侵权行为的网络服务器、计算机终端等设备所在地。对难以确定侵权行为地和被告住所地的，原告发现侵权内容的计算机终端等设备所在地可以视为侵权行为地。
>
> 受《著作权法》保护的作品，包括《著作权法》第三条规定的各类作品的数字化形式。《著作权法》第十条对著作权各项权利的规定均适用于数字化作品的著作权。将作品通过网络向公众传播，属于《著作权法》规定的使用作品的方式，著作权人享有以该种方式使用或者许可他人使用作品，并由此获得报酬的权利。
>
> 已在报刊上刊登或者网络上传播的作品，除著作权人声明或者上载该作品的网络服务提供者受著作权人的委托声明不得转载、摘编的以外，网站予以转载、摘编并按有关规定支付报酬、注明出处的，不构成侵权。但网站转载、摘编作品超过有关报刊转载作品范围的，应当认定为侵权。
>
> 网络服务提供者通过网络参与他人侵犯著作权行为，追究其与其他行为人或者直接实施侵权行为人的共同侵权责任。提供内容服务的网络服务提供者，明知网络用户通过网络实施侵犯他人著作权的行为，或者经著作权人提出确有证据的警告，但仍不采取移除侵权内容等措施以消除侵权后果的，追究其与该网络用户的共同侵权责任。
>
> 人民法院在确定侵权赔偿数额时，可以根据被侵权人的请求，按照其因侵权行为所受直接经济损失和所失预期应得利益计算赔偿数额；也可以按照侵权人因侵权行为所得利益计算赔偿数额。侵权人不能证明其成本或者必要费用的，其因侵权行为所得收入，即为所得利益。被侵权人损失额不能确定的，人民法院依被侵权人的请求，可以根据侵害情节在

人民币500元以上30万元以下确定赔偿数额，最多不得超过人民币50万元。

我国《著作权法》在2001年修订以前对网络传播没有作出专门规定。但是随着上网人数的剧增和电子商务的发展，因网络传播引起的著作权纠纷也在不断增多。于是，2001年修订后的《著作权法》已经建立有关网络传播权及技术措施的法律制度，有关数据库的特殊权利保护虽然尚未建立，也已引起官方关注。

信息网络传播权的设立，使我国著作权制度与《世界知识产权组织版权公约》、《世界知识产权组织表演与录音制品条约》的规定已大体一致。设置信息网络传播权有利于保护著作权人的合法利益，遏制以营利为目的的网站擅自将许多著作权保护的作品复制上网的行为。它的设立是顺应社会发展、科技进步和法学进化的结果，反过来也必将极大地促进社会的发展、科技的进步和应用以及法律体系的完善，尤其是对于知识经济、电子商务和网络的发展及相关法律系统的完善，更有着至关重要的作用；同时也会在很大程度上结束网络与电子商务领域许多法律问题无法可依，或一些规定相互冲突的混乱局面。

（二）我国网络出版著作权保护的司法实践

《著作权法》修订前，有一些诉讼涉及作品在网络上的传播行为，从这些诉讼最后的结果来看，法院基本上认为原《著作权法》第10条第5项提到的“使用权和获得报酬权，即复制、表演、播放、展览、发行、摄制电影、电视、录像或者改编、翻译、注释、编辑等方式使用作品的权利”中，这里的“等方式”里包含了将作品上网传播的方式。学者对《著作权法》中作品使用方式的规定一般认为：法律以不完全列举的方式举出了一些最常见的使用方式，随着科学技术进步，必然出现其他使用作品的方式，只要该方式涉及作品的复制、演绎或传播，就属于著作权的使用方式。学术上的这种宽泛的理解并不是有法律效力的解释，我国作为有大陆法系传统的国家，没有法律法规或司法解释的明确规定，新的使用作品的方式并不必然在作者的专有权的控制范围之内。

我国原《著作权法》与《著作权法实施条例》中，都没有明确规定使用作品的其他方式也属于对著作专有权的使用。如果仅凭一个“等”字对法律做出扩大解释，即便合理，说服力也不强，在严格意义上也不合法。比如，许多国家版权法都规定了艺术作品版权人享有“追续权”，但并不能因为它涉及对作品的使用而认为我国法律也规定了此项权利。因此，在法律法规没有规定“其他利用作品的方式”的情况下，审判的基层法院不宜将作品的网络传播行为定性为著作权人专有权的权利范围。虽然这有可能造成个别极不公正的情况发生，但也更能促使立法机构对科学立法、及时修法的重视。基层法官不越俎代庖，严格依法判决，也是维护法律尊严、发挥法律的规范功能和引导功能的必然途径。

2000年《最高人民法院关于网络著作权的司法解释》第2条第2款规定：将作品通过网络向公众传播，属于《著作权法》规定的使用作品方式，著作权人享有以该种方式使用或者许可他人使用作品，并由此获得报酬的权利。另外，对于如何实施这项权利，法律授权国务院另行作出规定，以保护这项权利的原则性与适应我国当前情况的灵活性（规定主要是为了对这项权利进行必要的和适当的限制）更好地统一起来。

新修订的《著作权法》第10条第1款第12项进一步明确规定了著作权人的信息网络传播

权，即以有线或者无线的方式向公众提供作品，使公众可以在其个人选定的时间和地点获得作品的权利，从而第一次明确了著作权人的网络传播权。虽然此项规定未明确该种权利的性质，但为解决网络纠纷提供了依据。另外，《著作权法》第38条第1款第6项、第42条第1款也给相关的邻接权人规定了类似的权利，把信息网络传播权作为作品的使用方式单独罗列出来，从而在法律上明确界定了网络传输权与复制权、发行权、表演权等权利之间的区别，规定了网络传输属于著作权人使用作品的方式之一，也是其享有的专有权利之一。

从具体法条来看，涉及该权利的有第10条第1款第12项：信息网络传播权，即以有线或者无线方式向公众提供作品，使公众可以在某个选定的时间和地点获得作品的权利；第38条，表演者对其表演享有许可他人通过信息网络向公众传播其表演，并获得报酬的权利；第42条，录音录像制作者对其制作的录音录像制品享有许可他人通过信息网络向公众传播并获得报酬的权利；第48条第1、3、4款，未经权利人许可，有通过信息网络向公众传播著作权人作品的、传播表演者表演的、传播录音录像制作者制作的录音录像制品的（本规定另外有规定的除外），应当根据情况，承担停止侵害、消除影响、赔礼道歉、赔偿损失等民事责任，以及行政责任甚至刑事责任。

我国信息网络传播权的出台在一定程度上保障了著作权人的网络传播权利，但由于目前国内对信息网络传播权的规定仅是原则性的、笼统的规定，在很多方面留有空白，而最高人民法院的司法解释虽然在一些具体问题上作出了规定，但其中一些规定的合理性和可操作性还值得商榷。

例如，新《著作权法》中未涉及如何确定网络传播权侵权行为的损害赔偿这一内容，因此在确定赔偿数额时，往往会遇到困难。赔偿数额如何能够建立在网络传播权侵权人所得利益的基础上，这是我们应该考虑到的问题。虽然新《著作权法》中没有关于如何确定网络传播权侵权行为损害赔偿的规定，但《关于网络著作权的司法解释》第10条涉及了这一内容，即人民法院在确定侵权赔偿数额时，可以根据被侵权人的请求，按照其因侵权行为所受直接经济损失和所失预期应得利益计算赔偿数额；也可以按照侵权人因侵权行为所得利益计算赔偿数额。此规定的出台是基于网络上侵权作品的传播不同于纸介质侵权作品的发行这一点考虑的。纸介质侵权作品的发行往往数量比较确定，虽然可能不容易查清，但一般能通过一些旁证等获得侵权数额或损失数额的大致范围。然而网络上侵权作品的传播则不易确定这些因素。应该说，凡是有可能登录阅览的地方，都是侵权作品可能传播到的地方，侵权数额往往很难确定，因此需要通过法定赔偿额来确定。这一规定虽然在一定程度上保护了权利人的合法利益，但还是存在一些欠缺之处。

由于传统媒体侵权使用他人作品，要按正常规定程序发稿、三审、排版、印刷、出版、发行、销售，才能实现其“侵权所得”。法院依法判处这样的侵权人赔偿权利人的损失，除了权利人实际得到的赔偿之外，侵权人的侵权成本也成为一种无法得到回报的支出，实际上成了对侵权人的一种惩罚。而网上侵权，只要一个“盗版编辑”用鼠标点几下，就直接把他人的作品转发到自己的页面上了。论成本，前者肯定要大大高于后者；论利润，后者的广告收入，则可能一点也不少于前者；论社会危害性，网络无与伦比的传播速度和广阔无垠的传播范围，更让传统媒体望尘莫及。这种情况下如果仍适用上述法规去赔偿权利人的损失，虽然权利人的收入没有变化，但是侵权人的实际付出却已经大大地缩水了。这显然不能起到法律对违法行为人应有的惩罚力度。因此，在确定赔偿数额时，应充分考虑到侵权行为的危害程度。

四、网络出版著作权中人身权的保护

（一）署名权

又称作者身份权，它包括以下内容：作者有权要求他人承认其作者身份；作者有权决定是否公开或何时、何地、以何种方式在何范围内公开作者身份；作者可以通过先例署名权来实现作者身份权；作者可在原作品中、也可以在衍生作品中通过自己选择的方式署名。网络出版的作者同样应享有上述权利，任何人不得侵犯。

（二）发表权

发表权是指作者享有决定是否、何时、采取何种方式发表其著作的权利。防止网络用户非法将他人作品上载入网进行传播，是确保网络出版作者享有发表权的先决条件。网络出版传播的便利性、低成本性以及影响范围的广泛性，成为困扰网络出版著作权保护的难题。

《著作权法》严格规定了对“已发表”的作品和“未发表”作品采取保护的区别，因此在判断是否侵权及确定解决方式时，首先要明确网络出版是否符合《著作权法》对“发表”的要求，确定是否“发表”是决定采取何种保护措施的一个非常重要的因素。

作为《著作权法》的一个概念，不同法系对“发表”一词的解释是不同的。在英美法系中，发表（publishing）是正式地让公众感知，与出版发行是同义语。在中国，发表一般是指在一定范围内公开。凡在国家出版并标有统一书号或国际标准书号的图书上发表，或在国家最高行政机关或省、自治区、直辖市主管部门批准，在期刊主办单位所在地的省级出版管理机构登记并领取登记证，或载有有效的国际期刊编号的期刊上发表，称为正式发表。根据国务院批准的有关规定，履行了申报程序并被批准的音像出版广播电视机构公开广播的作品也视为公开发表。除此以外，在其他刊物等材料上发表作品，被视为非正式发表。

（三）修改权

是指修改或者授权他人修改作品的权利。如 DRM（Digital Right Management，数字版权管理）技术就可以防止作品在网上被人修改，此类技术一旦应用于网络出版，就会从根本上杜绝对作者修改权的侵犯。

（四）保持作品完整权

是指作者所享有的保持作品的完整性，禁止他人歪曲、篡改其作品的权利，但作者本人有权对自己的作品予以修改。此项权利是作者享有的一项重要的著作人身权，与作者的声誉休戚相关。对互联网上传播的网络出版物来说，维护此项权利要比一般的纸质图书难度大得多。

五、网络出版著作中财产权的保护

著作财产权是指作者享有的使用或者授权他人使用作品并取得报酬的权利。网络出版的出现，意味着一种新的图书发行方式的崛起，它导致原有的权利与利益体系的变革，向原有的著作财产权保护制度提出了挑战。下面列举四种网络出版的主要著作财产权，以探讨其在网络出版的著作权保护中所起的作用。

（一）复制权

复制是著作权和相关权利的核心，也是著作权保护的基础。通过控制作品或其他保护客体的复制，权利人能够控制随后的多种使用行为。由于网络技术的发达，作品一旦被转化成电子形式并进入网络空间，就难逃被复制的厄运，要切实保障著作权人的复制权，就有必要对传统的复制权概念及其法定限制进行新的认识。特别是对于网络出版而言，读者有可能为了方便阅读而暂时将作品另存到计算机中，这种复制应属合理使用；而如果将下载后的电子书重新放到网上发送出去，则属侵权。

（二）发行权

发行权是指著作权人通过出售或所有权转移等方式，或者通过出租或出借，向公众提供有著作权的作品复制的权利。相对于纸质图书，网络出版的发行占有明显的优势，它具有速度快、覆盖面广、无库存、无地域限制，可按需下载等特点。

（三）传播权

传播权是指著作权人直接或借助任何装置和过程所实现的对其作品进行表演和展示的权利。网络出版的传播是对《著作权法》前瞻性与扩容性的考验，它以互联网为依托，可以实时地将作品传播到世界的每一个角落。

（四）出版权

出版权是一项与发行权、复制权密切相关的著作财产权，因为从出版所需具备的两个条件（即必须经作者同意后复制作品，并予以公开；为出版而进行的复制必须达到一定的数量）来看，出版权不再是包含复制权和发行权，而是已经无法严格区分开来了。网络技术的飞速发展，使得作品从原本以有形的物质形态进行的传播、交流，转变成以无形的数码形态所进行的信息传播和交流，复制、发表、发行、传播等概念纷纷扩大化，这些正是著作财产权制度中权利融合现象的原因所在。基于此，网络出版的出版与发行可以融合为一个概念，由著作权人享有专有权。

六、著作权集体管理组织

在网络出版的开发过程中，开发者难以掌握各类作品的著作权人信息，即使在信息充分的情况下，也要逐一取得他们的许可，并与之签订许可协议，这是一项手续繁复的工作，需要花费大量人力和时间。既要保证作者的合法权利受到尊重与有效保护，又要方便需要大量使用他人作品的网络出版者获得作者的授权。因此，有必要建立一个著作权集体管理组织，统一代表著作权人与作品使用者洽谈使用许可事宜，负责对各种侵权行为的监督和法律责任追究，并提供各类版权信息数据库的检索。由该机构将其成员的作品编号归类，列出目录，提供给数字出版者，并与之签订一揽子的使用许可合同，集体授权，统一收费，然后再将使用费按一定的分配规则与标准分配给作品的版权所有者。

网络出版的品种十分丰富，已达到一个一般规模的传统出版社所无法比拟的程度。全国有几百家出版社，如果让网络出版机构与各出版社，甚至是著作权人就版权使用问题分别谈判，那所要花费的时间成本和经济成本将是巨大的，也是不现实的，未来将涌现一批著作权集体管理组织就成为一种必然。出版社和著作权人向著作权集体管理组织授权，由著作权集体管理组织来管理网络出版的著作权使用。新《著作权法》中已经对“著作权集体管理组织”的性质和作用作了明确的界定，即著作权集体管理组织是非营利性组织，可以由著作权人和与著作权有关的权利人授权，行使著作权或者与著作权有关的权利。网络出版机构只要向著作权集体管理组织支付其代理著作的版权等相关费用，就可以出版该著作。著作权人和出版社的版权收益通过著作权集体管理组织结算，网络出版单位在使用著作权时无须与著作权人、出版社进行协商。这将大大简化网络出版单位合法使用著作权的程序，降低使用成本。通过著作权集体管理组织解决网络出版的版权使用问题是未来的发展趋势。

一些发达国家的经验表明，这是一种协调作者与社会大众关系并维护著作权人合法权益的有效途径。在这些国家里，已建立了许多针对不同类作品的著作权使用管理集体。如美国的电影家协会（MPAA）、版权结算中心（CCC），英国的演出权利协会（PRS），日本的文艺著作权保护同盟等。

为使这种集体管理机构公正、合理、有效地运行，著作权法律应确认其地位，政府应扶持和监督此类机构业务活动。例如，法律可授权其管理非该机构成员但属于本国作者的作品，规定其有权起诉侵犯所管理的作品版权者，管理机构发放许可证的使用费标准以及使用费的分配规则，应经国家主管部门批准等。

七、网络出版著作权保护的国际化

网络出版中的数字化信息通过互联网能够很容易地在世界范围内广泛传播，使国家和地区的界限在网络中逐渐淡化，这对法学界长期认同的知识产权的时间性、地域性特征提出了前所未有的挑战。著作权作为知识产权制度的重要组成部分，属于国内法的范畴。各国对著作权中所包含的信息产品的保护标准、保护水平差异很大。这种差异会导致网上侵权行为和执法主体等难以界定，同时势必会阻碍智力成果的传播和使用，挫伤网络信息资源开发者的积极性。

同时，由于各国法律制度的不同、国际条约的局限性以及网络技术的不断发展，网络出版的跨国保护仍然是一件棘手的事情。如不同国家对于版权和邻接权的保护标准不完全相同，那么应该依据哪国的标准保护跨国传输的作品的版权呢？除了有关的国际条约或存在双边协议的两国可以依据相关条约或协议外，目前很多国家还没有在网络出版的国际传播中合理保护版权人权益的法律规定。由于版权保护的这种“地域性”，在一国受到保护的作品在他国不一定符合版权保护的条件，或者在一国已经进入公有领域的作品在他国仍然受着版权法保护。如果网络出版在数十个以上的国家传播，则会面临更加复杂的国际私法问题。

例如，在美国，某版权人向美国联邦地区法院提起了诉讼，控告某意大利网站在传播侵犯其版权的材料。审理该案件的美国法院认定，虽然侵权行为实施于美国国外，但是在美国国内能够毫无困难地通过互联网访问这些侵权材料。尽管美国法院无权禁止被告意大利网站的网上活动，但它有权禁止被告的侵权行为进入美国司法管辖的范围。法院最后责令被告采取必要的技术措施，使美国公众无法再访问该意大利网站上的相关侵权材料。这种技术措施的采用使法律管辖严守地域性的疆界，避免了不同国家法律之间的冲突。但是，技术手段无法避免所有的法律冲突，而且始终只能是法律规则的补充，它不能取得法律的地位，也不能发挥与法律同等的作用。因此，解决法律冲突的根本途径还在于对现有的法规加以完善。

第三节　网络出版著作权的技术保护

互联网的零成本复制性、全球传播性、隐蔽性和共享性，使得针对网络出版的著作权保护变得十分困难。在互联网上，每个人都有能力同时成为作者、出版商和侵权人。任何人都可以不留痕迹地改动网络上作品的内容、排序、署名，或把几部作品综合成一部作品，一部作品往往被改得面目全非，真假难辨，从而引发网络侵权行为大量发生。互联网给版权保护带来的严重问题之一就是侵权行为的大众化，每个人都可能是现实或潜在的侵权者。侵权者可以分布在地球的各个角落，无人知晓其真实身份，令司法救助也出现困难。在互联网上，维护权利的成本与风险都很高，而侵权的成本与风险却很低，甚至为零。在这种环境下，著作权人为防止他人对网络出版作品的非法使用，必然会在版权作品上采取一些有效的技术措施，令使用者不能任意复制、发行、传播和修改，从而达到更好地保护其合法权益的目的。

一、技术保护措施的界定

著作权的技术保护措施，是指著作权人主动采取的能有效控制使用受著作权保护的作品，防止侵犯其合法权益行为发生的设备、产品或方法。《世界知识产权组织版权公约》第 11 条规定，作者和其他著作权人有权为行使各项著作权而采用技术保护措施，以限制未经其许可或未经法律许可的行为。

技术保护措施可以是限制他人访问自己作品的，也可以是防止他人行使自己权利的。但是著作权技术保护措施不能损害公共利益，它必须符合以下条件：（1）技术保护措施只能是防御性的而不能是攻击性的；（2）只可以给侵权行为设置障碍，不可以采取过激的技术手段对故意侵权者或无意侵权者的计算机系统进行破坏；(3) 不能对他人的作品或已处于公共领域的作品设定技术保护。

二、技术保护措施的种类

（一）按用途分类

常见的技术保护措施按用途可分为以下四种：一是控制访问作品的技术保护措施，如设置密码、付费浏览等，目的主要是使用户未经允许无法访问、接触某个网站或该网站的某些内容；二是控制传播作品的技术保护措施，主要是防止作品未经许可的复制、打印等，这是著作权人关心的重点；三是识别非授权作品的技术保护措施，它隐蔽在数字化作品中，以识别作品及著作权人，鉴定作品的真伪，为司法救助提供侵权的证据；四是制裁非授权使用的技术保护措施，一般通过在著作权作品内暗藏一定的程序的手段进行防护，当使用侵权作品时，该程序的运行会妨碍对作品的使用，甚至对使用者的计算机产生影响。

（二）按手段分类

1. 访问控制技术

该技术是确定合法用户对计算机系统信息资源所享有的权限。例如，某些用户对某一信息的使用权限是只能阅读，而另一些用户对这些信息则可以修改、复制，该技术可以防止非法用户的入侵、合法用户使用非权限内信息资源以及以非法方式使用信息资源等。最常用的访问控制技术是“设置口令”和“身份验证”。

2. 密码技术

该技术对信息的保护方式是将信息加密，使非法用户不能解读，因此信息即使被窃取也不易被识别。发送者利用加密密钥对信息进行加密，然后把加密后的密文发给接收者；接收者收到密文后，再用解密密钥将密文恢复成原来的信息。

3. 数字水印技术

该技术是用信号处理方法在数字化的多媒体信息中嵌入隐蔽的标记，这种标记通常是不可见的，只有通过专用的检测器或阅读器才能提取。

传统水印广泛用于货币和重要的法律文件，以证实其真实性。“数字化浮水印”类似于传统水印，所不同的是它一般是看不见的。如果要打开一个从互联网上下载的音像文件，看看是否有“数字化浮水印”，必须要借助相应的软件。这就像我们常常把带有传统水印的纸币对着光亮处，看看是不是假币一样。当然，“数字化浮水印”比传统水印“高明”得多，它不仅能帮助我们辨别真假，还能传达著作权信息，告诉他人只有制作者才有权支配这些网上作品。另外，有效的“数字化浮水印”应该经久耐用，任何图像编辑（包括模糊、旋转、剪切、粘贴和颜色分离）、数据压缩、扫描和打印都无法将其去除掉。例如，你下载完一张图片，用 Photoshop 作一下处理，然后把它打印出来，最后发个传真给你的朋友。这时，图片中的“数字化浮水印”依然毫发无损，仍可据此进行著作权信息识别。

三、DRM 技术

网络出版的出现，改变了纸质图书所隐含的权益。因为计算机文件可以被无限次复制，而且保持与原始文件一模一样，同时计算机文件很容易被低成本，甚至零成本地修改，所以有必要通过技术手段把原来“隐含”的纸质图书权益在网络出版中体现出来，例如 DRM（Digital Rights Management，数字版权管理）技术就是保护网络出版内容免遭未经授权的播放和复制的一种方法。DRM 技术通过对数字内容进行加密和附加使用规则对数字内容进行保护，它的使用规则可以断定用户是否符合浏览数字内容的条件，从而防止内容被复制或者限制内容的浏览次数。其目的是让作者和出版社的电子著作权以及相应的收益得到保护。这样，网络图书销售网站就可以从出版社得到网络图书的销售许可，读者通过网上支付购买网络图书。而出版社也可以把网络图书通过销售渠道卖给图书馆，图书馆购买网络图书就像购买纸质书一样，按复本数购买，并对读者提供借阅服务。

DRM 技术是网络出版中最重要的技术基础，它至少要在四个方面体现纸质图书的隐含权益。

（1）DRM 技术要保证网络图书不能被复制，网络图书与阅读的机器是绑定的，计算机文件被拷贝到其他机器上将无法阅读。

（2）DRM 技术要保证网络图书不能被篡改，包括网络图书的内容、定价、出版社名称等信息。

（3）DRM 技术要保证网络图书可以计数。这里的可以计数，包括两层含义：第一，读者购买网络图书，按“本”购买，网络书店销售书，按“本”销售，图书馆按“本”购买网络图书，然后“一本一本地”借给读者；第二，出版社能掌握网络书店的图书销售量及图书馆的图书购买量。该统计数据通过技术保证其公正和不可篡改。

（4）DRM 技术可以控制网络图书的二次传播。例如图书馆购买的书籍可以借给读者阅读，到期后读者不能继续阅读。

目前，只有方正 Apabi 和部分国外的网络图书采用了 DRM 技术，在这四个方面实现了对网络图书的著作权保护。当然，除了实现这几个方面的保护外，还需要用到对称加密技术、非对称加密技术、数据通信安全技术、版式文件的数据加密以及 XML（可扩展标记语言）等多种技术，在这些技术的基础上，才能构成完整的网络图书 DRM 系统。

四、寻找侵权者的技术技巧

（一）HTML 中的技巧

简单地说，HTML（Hypertext Markup Language，超文本置标语言）技巧就是著作权人在编写 HTML 文件时，使用 Meta 标签（Meta Tag）[①] 来保护自己的网上作品。Meta 标签中可以包含有关的著作权信息，这为作者日后的追查工作提供了方便。因为 Meta 标签包含了著

① 即 HTML 语言 HEAD 区的一个辅助性标签，提供用户不可见的信息。

作权人的著作权标志、出版日期、姓名、编号等相关信息。这种标签处于隐藏状态，仅用浏览器浏览网页是看不出来的。

除了著作权信息，著作权人还能把文件的序列号隐藏于 Meta 标签之中。对于那些完完整整地复制别人的网页或源代码，然后只是简单地改改名字的侵权者，这个办法很有效。因为著作权人能借助搜索引擎，来查找这些序列号。隐藏 Meta 标签的一般做法是使序列号字体的颜色和网页背景的颜色保持一致。这种标签能一直保存在网页中，一旦有人复制了自己的网页，著作权人就可以把标签中的序列号当做关键词，通过搜索引擎来查找它。

绝大多数的搜索引擎都是通过自动搜索程序来创建数据库的，这种自动搜索程序经常搜索网页的内容，为搜索的每一个网页作索引。如果没有特别限制，搜索引擎会自动把标题或文本的头几句话当做整个网页的主要内容或关键词。所以当人们利用搜索引擎查找资料时，常常会得到许多不相关的信息。但如果网页有 Meta 标签，搜索引擎就会先读取标签中的信息，来描述该网页并确定其关键词，而不是搜索整个网页的内容。如果想利用搜索引擎来追踪那些复制网页的侵权者，著作权人可以在标签中加上具有自己特点的序列号或关键词，然后去主要的搜索引擎注册。这样，当在搜索引擎键入自己的序列号或关键词时，很快就能得到准确的反馈信息，找到侵权者。

（二）利用搜索软件

如果必须通过多个搜索引擎来查找侵权者，那么这将是一项烦琐的重复劳动。但如果能借助一些像 Web Ferret 这样的搜索工具，就能大大减轻劳动量。Web Ferret 是一个网络搜索软件，内置了目前著名搜索引擎的搜索代码，例如 Yahoo、Alta Vista、Infoseek、Excite 等，它可以同时向这些搜索引擎提交搜索请求，并在返回结果中自动过滤掉相同的信息。而且通过其保存功能，还可以保存搜索结果，方便离线查询。

无论采取什么措施，仍然会有人非法地盗用受著作权保护的网络出版物，他们甚至复制别人的 HTML 源代码和带有“数字化浮水印”的网络出版作品，因此与著作权法律相比较，以技术对抗技术为核心思想的技术措施更具有防患于未然的优势。同时，技术措施作为在网络环境下著作权保护的有效手段，也得到了相关国际组织和各国立法机构的肯定，禁止规避技术措施已成为著作权立法的新趋势。

第四节　网络传播著作权保护案例分析

网络出版作品发展十分迅猛，而与此相关的侵犯著作权和相关权利的案件也越来越多。在图书出版界，有关网络出版的著作权侵权案不胜枚举。

一、国内首例网站诉传统媒体的著作权案

据新华社报道，国内首例由网站对传统媒体提起的侵权诉讼案，于 2000 年 12 月 1 日在北

京市第一中级人民法院公开宣判。

法院判令被告中国社会出版社立即停止出版发行《寂寞如潮》、《网事悠悠》等侵权书籍，赔偿原告上海榕树下计算机有限公司损失人民币1万元，并在《新民晚报》、《北京晚报》上就其侵权行为向原告公开赔礼道歉。

原告上海榕树下计算机有限公司创办的“榕树下”网站是全球最大的中文原创作品网站之一，发表了大量网络原创作品，并与作者签订了著作权许可使用合同。2000年4月，中国社会出版社在其出版的“网络人生系列丛书”中，未经榕树下公司许可，收录了原告享有著作权的《寂寞如潮》、《网事悠悠》等九篇文章，并在全国范围内公开发行。

二、国内第一起网络著作权官司“《电脑商情报》被诉侵权案”

原告陈先生于1998年5月10日以“无方”为笔名，在其个人网页《3D芝麻街》上发表了《戏说MAYA》一文，并注明“著作权所有，请勿刊载”。而被告《电脑商情报》在未经他同意的情况下，于1998年10月16日将这篇文章刊登在该报第40版上。陈先生认为自己的著作权被侵犯，要求被告公开道歉，并支付稿费231元，同时支付惩罚性稿费5万元并承担诉讼费用。被告同意按照国家有关稿酬标准，支付陈先生231元稿费，但认为自己无侵权故意，因为此稿是读者投入报纸电子信箱的，稿件上未写明作者真实姓名和地址，无法发送稿费，因而不同意向原告道歉。

在此案中，被告《电脑商情报》违反了原《著作权法》第45条第5、第6项的规定，侵犯了原告的作品使用权和获得报酬权，应当承担侵权责任。因作者地址不明而无法发送稿费的说法也站不住脚。因《著作权法实施条例》第49条规定：著作权人或者著作权人地址不明的，应在一个月内将报酬寄送国家著作权局指定的机构，由该机构转递著作权人。

最终法院判决被告停止使用原告作品，登报公开道歉，向原告支付稿酬并赔偿损失924元，负担2 000余元受理费。

在这一类侵权行为中，侵权主体主要是以报刊、书籍为代表的纸质媒体和以广播、电视为代表的电子媒体，而侵权的客体则是网络作品。网络作品的著作权人和传统媒体作品的著作权人一样享有《著作权法》规定的六种权利：发表权、署名权、修改权、保护作品完整权、使用权和获得报酬权。

网上的作品与发表在报纸上的作品相比，只不过是传播的载体不同而已，二者在本质上是一致的。从网上“下载”网络作品，与摘登其他报纸的作品一样，应视为“转载”，应依照《著作权法》第33条规定，对著作权人的合法权利予以保护。

三、王蒙、张抗抗等作家诉网络侵犯传统媒体作品著作权案

1996年8月，“北京在线”网站未经王蒙、张抗抗等作家允许，将他们的作品登载在“北京在线”网站上，引发诉讼。1999年6月15日，王蒙、张洁、张抗抗、刘震云、张承志和毕淑敏六位作家通过代理律师，向北京市海淀区人民法院提起诉讼，状告由世纪互联通讯技术有

限公司主办的“北京在线”，未经许可就将他们享有完全著作权的文学作品登载在网上，侵犯了他们的作品使用权和获得报酬权，要求赔偿经济和精神损失。

在这起案件中，网络公司辩称：作品经数字化后产生的新作品，不是原作，网络公司享有对网络作品的著作权。被告代理律师认为我国现有《著作权法》对于作品上网并无明文规定，而互联网是新兴行业，网上提供信息具有数量多、速度快的特点，在实际操作中会产生无法与信息源沟通等障碍；网上刊载的原告作品，绝大部分是网友用 E-mail 方式提供的，而网友不可能知道刊载这种作品需征得著作权人的同意；网上刊载作品属新型作品使用问题，不同于盗版，法律上尚无明文可依，被告无侵害故意。

王蒙、张抗抗等作家主张：虽网上作品署名正确，与原作一致，但北京宝润图文信息有限公司（后被北京世纪互联通讯技术有限公司接收）未经作者同意，把作品用于商业网络获取经济利益，侵犯了作者对作品的使用权。把作品数字化后刊登于网络上，该行为不属于创作，故作品仍是原作。

1996 年 9 月 18 日，法院做出判决，认定被告未经原告许可将其作品登载到互联网上，侵害了原告对其作品享有的使用权和获得报酬权，被告应停止侵权，在其主页上刊登致歉声明，并分别赔偿六位原告数额不等的经济损失。对原告提出的精神损失费的诉讼请求，法院予以驳回。本案上诉后被二审法院维持原判。

网络在“媒体”这个意义上，与传统媒体享有同等的权利与义务，不论是网上作品“下载”还是传统媒体作品“上传”，都应该视为转载，并依照《著作权法》第 33 条第 2 款规定，向著作权人支付报酬。在无法与信息源沟通的情况下，应在使用作品一个月内将应付报酬寄送中国版权保护中心。网站内容属于网站管理者的编辑作品，网站管理者对其整体享有著作权。

四、刘戎诉中国友谊出版公司著作权侵权案

2003 年 9 月 8 日，刘戎诉中国友谊出版公司著作权侵权纠纷一案，由北京市朝阳区人民法院进行了公开审理。

原告刘戎诉称，他以“背包小虫”的署名在新浪网站发表《徒步独龙江完全攻略（附地图）》一文。2002 年和 2003 年，中国友谊出版公司在其出版的《中国自助游 2002》和《中国自助游 2003》中分别以不同方式使用了该文中的文字，未经作者许可，也未署名，且对部分内容采用删改、节选等方式进行了修改和编排。

涉案图书是由多位作者共同完成的汇编作品，但中国友谊出版公司仅就《中国自助游 2002》一书与策划人签订了出版合同，且未取得作者授权的合法手续。我国《著作权法》规定，出版者出版图书应当与著作权人订立出版合同，并对其出版行为的授权、稿件来源和署名、所编辑出版物的内容等尽到合理的注意义务。

依据 2001 年修订的《著作权法》第 10 条第 1 款第 2、第 3、第 5、第 6 项，第 47 条第 1 款和第 48 条第 1 款之规定，北京市朝阳区人民法院判中国友谊出版公司立即停止出版发行《中国自助游 2002》和《中国自助游 2003》两书，同时在新浪网旅游论坛向刘戎公开致歉并赔偿

刘戎经济损失。

从上述案件的判决可以看出，刘戎作为《徒步独龙江完全攻略》一文的作者，依法享有该作品的署名权、修改权、复制权和发行权等著作权，任何人不得侵犯。“网络作品”是一个学理概念，不是一个法律概念。在网络环境中，作品的表现形式并没有超越传统的作品范围，也就是说，《著作权法》保护的客体没有变化。只要是有独创性的作品，无论是以何种形式发表，其创作者都合法地享有著作权，除非作者声明放弃。

从保护网络出版著作权的必要性来看，中国友谊出版公司正是忽略了网络出版的著作权问题，可见除了要加强出版社的著作权意识之外，网络出版的作者也要对自己的作品依法进行保护，这是非常必要的。

网络出版是将作品经过数字化转换，以数字化方式使用，只是作品载体形式和使用手段的变化，并没有产生新的作品，作品的著作权人对其创作的作品仍然享有著作权。而本案所涉及的侵权图书只用了网络版图书的一部分，却又超出了合理使用的范围，因而构成侵权。这与我们经常见到的整本书从网上下载制成纸质图书在细节上有所区别，但本质是一样的，只是界定的难度有所增加。此类侵权往往更具隐蔽性，不易被发觉，这就需要读者与著作权所有人具有高度的警惕性和责任感。

《著作权法》的核心在于保护著作权人的正当权益。未经许可使用他人的网络出版内容，将对著作权人的著作权，尤其是著作权人的经济利益产生重大影响。网络出版的著作权保护任重而道远，除了需要业内人士的不懈努力，更需要广大群众的守法意识。总之，网络出版的著作权保护不容忽视，它是网络出版在互联网上顺利发行的可靠保障。

第五节 韩寒百度之争

一、韩寒百度之争的来龙去脉

2011 年 3 月 15 日，包括韩寒等数十位作家在内的作家联盟发出声讨百度的檄文，檄文言语激烈，称百度为“小偷”，称百度文库为“邪恶平台”，称百度“偷走了我们的作品，偷走了我们的权利，偷走了我们的财物”，称百度所标榜的“免费分享的精神”是“卑鄙的借口，是慷他人之慨只为了一己之私欲，伤害每位作者和每个读者”。

此后，韩寒、慕容雪村、小桥老树和何马联名状告北京百度网讯科技有限公司，诉称百度文库侵犯著作权。2011 年 11 月 3 日，北京市海淀区人民法院受理此案。这是作家联盟发出檄文后，首批用法律武器向百度讨要说法的作家，此案也号称作家打响的“百度战役”第一枪。

韩寒等人诉称，网友将其享有著作权的文学作品——《1988：我想和这个世界谈谈》（韩寒）、《零下一度》（韩寒）、《像少年啦飞驰》（韩寒），《成都，今夜请将我遗忘》（慕容雪村）、《天堂向左，深圳往右》（慕容雪村），《官路风流》（小桥老树）以及《藏地密码》（何马）

等——上传至百度文库，建立多个文档，供用户付费或免费下载。四人多次要求百度采取措施，但百度文库中仍存在大量侵权文档。

韩寒等人认为，百度是专业的文档分享平台，明知网友上传作品的实际作者，但不加以审查，直接编辑加工，并向公众提供下载和阅读，增加用户量和广告投放量，获取经济利益，严重侵害了作品著作权人的著作权。韩寒等要求法院判令关闭百度文库、百度要连续七天在网站首页赔礼道歉并赔偿经济损失。

2012 年 7 月，此案开庭审理。9 月 17 日，海淀区人民法院审理认为，百度有主观过错，一审判决百度文库败诉，赔偿韩寒损失 8 万余元。与韩寒一同诉讼的何马获得赔偿 1 万余元，慕容雪村获得赔偿 4 万余元。

二、"韩寒百度案"的争议焦点

（一）谁在侵权

百度公司否认自己侵权，称作品是网友上传的，百度文库仅仅属于信息存储空间。百度同时称自己通过多种方式向网民公示了法律法规要求的保护权利人的措施和步骤，尽到了充分提醒的义务。不仅如此，百度还一再强调，这些网友上传的作品文档，深受网民欢迎，已赢得网民的同情和支持。

海淀区人民法院负责审理此案的法官以《像少年啦飞驰》一书为例介绍双方的态度：本案中，双方均认可网络用户将《像少年啦飞驰》文档上传至百度文库，使他人可以在选定的时间和地点获得该作品，网络用户的行为未经韩寒许可，所以上传《像少年啦飞驰》文档的网络用户直接侵犯了韩寒对《像少年啦飞驰》一书享有的信息网络传播权。

百度公司作为提供上传《像少年啦飞驰》一书的信息存储空间的网络服务提供商，虽然没有直接实施上传行为，但其是否应对涉案文档的传播承担侵权责任是双方的分歧所在。依据《信息网络传播权保护条例》第五条第二款的规定，未经权利人许可，任何组织或者个人不得通过信息网络向公众提供明知或者应知未经权利人许可被删除或者改变权利管理电子信息的作品、表演、录音录像制品。

显然，未经许可上传文档的网友侵权了，那么百度呢？鉴于韩寒等人的高知名度，百度应该知道上传作品的权利人，因此，百度文库也应该承担侵权责任。

（二）百度是否存在过错

海淀区人民法院审理认为，著作权侵权为一般的民事侵权行为，民事责任的构成通常实行过错责任原则。我国《侵权责任法》第六条规定了行为人因过错侵害他人民事权益，应当承担侵权责任。本案中，要认定百度公司侵权并应承担侵权责任，需要认定百度公司所实施的涉案行为侵害了韩寒享有的信息网络传播权、百度公司的行为与损害后果之间存在因果关系以及百度公司主观上存在过错。

2010 年，北京市高级人民法院曾下发针对涉及网络环境下著作权纠纷案件的司法审理的指导性文件。文件中提出，将正在流行的影视剧放置在首页，或是在其他页面放置在显要的位置，或者设立排行榜，或者进行推荐，或者将作品进行整理、分类，有这些行为的网络服务提供商均存在过错，因为在这些操作中，网络服务提供商显然应当知道而且也能够知道作品的著作权权利人，未经其授权，或明知这些上传的文档侵权却依然使用，就应当承担侵权责任。

韩寒提出百度公司在百度文库推荐、编辑加工《像少年啦飞驰》一书，向用户提供免费浏览、下载服务，并从中获利。推荐行为体现在文档页右侧显示的“相关推荐文档”栏；编辑行为体现为百度公司改变了涉案文档格式；获利行为体现为百度文库有很多合作伙伴，有合作就会有经济利益存在。

百度公司解释，“相关推荐文档”是百度文库针对网民的搜索意图，根据文档关键词、题目和内容自动识别、匹配出与网民搜索需求类似的文档，这与百度公司主动推荐是不同的。百度公司在百度文库设有“热门推荐”栏目，其中的作品系百度公司的合作权利人提供，《像少年啦飞驰》一书并不在“热门推荐”栏目中，也未在其他显著位置上；百度公司对文库中上传的作品未做编辑加工。

（三）百度是否靠侵权文档盈利

百度称，百度文库中文档的浏览和下载均是免费的，合作伙伴自愿将相关文档放在百度文库中给网民共享，百度公司未从中获利；百度文库设置的财富值只是其吸引和鼓励网民分享文档的方式，下载文档所需的财富值由上传者自己设定，财富值归属于网民，对百度公司没有任何商业价值。百度认为，设立财富值是为了防止网友光看不发。必须先上传文档赢取财富值，才能再通过其下载文档。其目的是丰富文档内容，不是鼓励发布盗版作品。

虽然表面上百度文库的确没有要求网友付费下载，但该产品平均每天的新文档上传量达到惊人的15万份，当时该文库拥有多达近6 000万份文档，日浏览量数千万次，这为百度公司带来了相当可观的流量。只有注册才能上传下载的模式，又为百度文库增强了黏度。这些流量与黏度，对于以流量为生的互联网公司而言，可谓是无本万利，将为百度主要的盈利模式——竞价排名带来极旺的人气。百度在收取服务费用时，又会因这些流量和黏度更加硬气。

可见，百度文库同样在为百度创造着财富。其设置的财富值，实际上是对网友上传下载的侵权行为的一种纵容。

（四）百度对网友上传到百度文库中的文档的著作权情况是否有审查的必要

韩寒的律师提出，百度文库将韩寒的上述作品建立多个文档，供用户下载，侵犯了韩寒的著作权。他发送律师函通知百度公司后，该公司仅删除了韩寒方提供的链接文件，但韩寒方通过搜索引擎依然能搜到涉案作品，百度并没有尽到对著作权的合理保护义务。

百度代理人则表示，百度已经按律师函所示删除了相关的链接，还将韩寒、韩寒作品名称设置为关键词，删除了文库中其他侵权文档。百度认为，韩寒方所称的仍能搜索到其他作品的情况，是由于韩寒方将韩寒、作品名称等关键词用空格隔开，如搜索“韩（空格）寒（空格）零下（空格）一度”，这种搜索方法已经超出常规的搜索习惯，百度的反盗版系统很难控制。

此外，百度认为，百度文库只是信息存储空间，网友每天都在上传，信息海量，事先无法一一审查。

北京市盈科律师事务所律师刘铭对此表示，依据“避风港”原则——发生著作权纠纷时，网络提供商接到相关投诉后，负有审查、删除的义务——来衡量百度的做法，其作为开放的网络存储平台已经尽到了义务。而且，我国法律中也有相关规定，即如果网络服务提供商为用户提供存储、搜索或者链接等单纯网络技术服务，不承担与著作权有关的信息审查义务。这说明法律也认可，面对海量信息，网络服务提供商不必事先进行主动的版权审查。

（五）百度文库该不该关闭

韩寒律师认为，百度文库已经成为文学作品侵权的“大本营”，其推测文库中99%是侵权作品，社会作用弊大于利，在这种情况下，应该直接将其关闭。“没有控制能力，百度就不该提供这样一个侵权工具。”

百度文库首页显示四个专区——教育专区、PPT专区、专业材料、应用文书。“文学作品只占文库的一部分，更多的是应用性文档。”百度方举例说，优秀老师的教案很难发表成书，但上传到百度文库，就可以让全国的老师共享，提高教学水平。“不能因为发生了个体侵权事件，就否认一个新产品的社会效益。”

虽然百度的这种美好愿望并没有错，但其有意无意地忽视了一些重要的前提：这些教师的优秀教案在被分享之前，教师们本人是否知情？他们是否愿意分享？他们的教案是不是其本人上传分享的？如果百度希望给这些优秀教师提供服务，那么是否应该先确认这些前提呢？若不能确认，百度所描绘的“美好愿望”也许将给老师带来新的伤害。

但不少律师和法律界人士认为，一款网络产品是好是坏，应做整体评价：如果确实破坏了公共秩序和社会道德风气，那么应该制止、关闭；如果只是有一定负面影响，主体是好的，那么应该予以纠正、改善。网络创新的目标是更好地服务公众，如果打击过重，则不利于创新。对待网络纠纷应该从更长远的角度看待，不能简单“就事论事”。

我们认为这一观点直接导致了权利人在网络等新媒体环境下著作权被侵犯时处于劣势地位，也直接导致了我国《著作权法》对于侵犯权利人权利行为的罚则过低，在新媒体环境下未能有效地保护著作权，反而纵容了侵权行为的发生。

三、韩寒案带来的思考

是什么让百度们有恃无恐？是新媒体的传播速度太快，范围太广？是新媒体强大的技术力量？还是我国法律没有与时俱进，存在监管空白？抑或网友没有维权意识，只习惯免费午餐？这些都是答案。

（一）新媒体侵权的隐蔽性

依据《信息网络传播权保护条例》的规定，未经著作权权利人许可，任何组织或者个人都不得通过信息网络向公众提供明知或者应知未经著作权权利人许可被删除或者改变权利管理电子信息的作品、表演、录音录像制品。

显然，未经著作权权利人许可或授权，擅自上传文档的网友应当承担侵权责任，作家们应该向这些网友，而不是向网站追究责任。但由于网友众多，新媒体传播技术的运用和发展大大提升了网络用户复制侵权作品、传播侵权作品复制品的能力。而且，由于信息海量，网络用户的身份信息只有 ID、IP 地址等，侵权行为更加隐蔽。不仅如此，网络用户多数不具有赔偿能力，因此很难追究网络用户的法律责任。侵权的隐蔽性也导致网络用户侵权的证据很难留存。

具体到作家与百度的纠纷，百度文库并未要求用户实名注册，同时也并未进行身份审核，因此作家希望追究上传侵权作品具体用户的法律责任难度很大。因为百度只能提供用户 ID、注册时间及注册时使用的 IP 地址等，著作权人依据这些信息依然无法确定具体的侵权人，无法向其追究责任。于是，作家只能将矛头直接指向百度文库的经营者——百度公司。

的确，网络服务提供商提供了网络服务平台以及网络传播技术，虽然为大量用户提供了分享信息的机会，降低了获取信息的难度，加大了信息的获取量，但客观上也使侵权作品的传播速度更快，传播范围更广，给著作权人带来了更大的利益损害。而且不仅仅是客观纵容，部分网络服务提供商还利用这种盗版传播，吸引流量，增加用户黏度，吸引商业投资，直接或间接从网络用户的侵权行为中获利。因此，在相关国际公约中，遇到新媒体著作权纠纷，开始追究网络服务提供商为用户利用其服务进行的侵权行为所应承担的责任，也成为各国网络著作权保护的趋势。

（二）新媒体的开放性导致侵权责任方难以确定

新媒体的开放性导致新媒体环境下侵犯著作权行为更为隐蔽，侵权责任方难以确定，侵权行为发生地难以确认，这就使得侵权纠纷诉讼的管辖权难以确定，权利人维权艰难。

法院对某一案件进行审判和裁决的权力或者权限被称为管辖权。法院必须同时对所涉案件具有“标的物管辖权”和“个人管辖权”，才能对此案件具有管辖权。依据我国《民事诉讼法》的规定，因侵权提起的诉讼，由侵权行为地或者被告住所地法院管辖。

这样的规定显然不适用新媒体环境下的著作权保护。侵权行为的发生地在网上，网上也没有人民法院，如何诉讼？如果侵权的是网友，那么在没有网络实名制的情况下，就无法确定侵权人的住所。如果侵权的是网络服务提供商，网络服务提供商所在地的法院将管辖类似纠纷，那么集聚了国内 IT 业内众多大企业，号称要打造中国“硅谷”的中关村、上地地区所属的海淀区，案件将堆积如山，如果网络服务提供商在海外，那官司是否要打到海外去？

网络等新媒体空间的无限性、移动的随机性，使得在网络环境下侵犯著作权的行为可能发生在全国各地，这就导致属地不明确，给诉讼造成麻烦。有些侵权者甚至故意利用管辖权，人为地制造管辖“连接点”，为诉讼制造障碍。

据海淀区人民法院相关负责人介绍，涉及网络的著作权侵权案件，被告多为视频分享网站或门户网站，因该类网站遍布全国各地，原告出于便利诉讼、节省成本等考虑，故意制造管辖“连接点”，将该类公司与其他跟案件关系不大但住所地位于海淀区的公司或个人一并诉至海淀区人民法院。搜索网站多被选择作为管辖的“连接点”。因百度、搜狗等搜索网站均位于海淀区，且通过搜索网站的搜索服务易于找到载有涉案电视剧、电影、文字、图片等的侵权网站，故在涉及网络的著作权侵权案件中，原告通常首先通过搜索网站搜索到涉案视频或文字、图片的播放网站，定位侵权对象，然后以搜索网站提供搜索服务为由，将其与涉案侵权内容网站一并起诉，达到使位于外地的被诉侵权网站能进入海淀区人民法院管辖范围的目的。此外，甚至有些被告恶意提出管辖权异议以拖延诉讼时间。

（三）中国网络公司本身就没有尊重版权的习惯

中国网络服务提供商从其诞生之初就没有养成尊重版权的习惯，甚至他们自身，就是靠侵犯他人著作权、知识产权而起家的。

QQ就曾经吃过官司。1996年，ICQ由几个以色列人开发出来，后被AOL于1998年耗资4亿美元收购。它凭借其好记的口号式名称ICQ（I seek you）迅速流行。两年后，QQ以曾经的名字OICQ名字在中国出现，直接在ICQ前加个圈，就开始推出自己的产品，引来"侵犯版权"事件。然而这个模仿催生了中国第一大软件。

中国互联网公司之间也是相互模仿，相互抄袭产品。百度有百度知道，新浪就有爱问知识平台，而人人网用户界面则和新浪微博差不多。靠模仿起家的中国互联网，从来就是拿来主义，自然不会在意作家的著作权，更不会主动承担著作权保护的义务，而在这种网络环境下培育出来的网民，则更难有版权的意识。

（四）新媒体环境下著作权保护的法律缺失

1. 法条表述过于宽泛，缺乏针对性

我国法律中有关著作权的相关法律原则、规定等在包括《宪法》、《民法通则》、《刑法》、《行政诉讼法》、《侵权责任法》、《著作权法》、《著作权法实施条例》、《信息网络传播权保护条例》等法律法规中均有所涉及。虽然法律体系清晰，但法条表述过于宽泛，存在监管真空区，同时也给网络服务商提供了更多的保护。

（1）立法过于概括，缺乏针对新媒体环境下著作权保护的专门法律。

法条表述上过于宽泛，主要进行了概括性规定，例如概括规定了法律主体、权利内容、保护期限以及法律后果等；行政法规层面主要是针对法律中某些条款的解释和补充，重在对执法和司法实践的指导，缺乏对著作权侵权行为的精确认定，缺乏对侵犯著作权行为是过失还是故意的区分，同时对侵权行为的形式、手段等也没有进行具体说明。

现行立法依旧更多地将对象锁定在传统媒体上，而对新媒体的传播特点、侵权方式的新变化缺乏关注，对新媒体发展带来的新问题缺乏反应。例如，《著作权法》对著作权复制权专有性的表述甚至仍以传统媒体为对象，仍以印刷、复印、拓印、录音、录像、翻录、翻拍等传统传播方式为表现形式进行表述，对新媒体传播的新特点缺乏反应，对新媒体环境下的复制方式没有涉及，这就留下了监管真空。

（2）各部法律法条之间相互割裂。

在现行立法中并没有对新媒体著作权保护进行单独立法，有关网络等新媒体环境下著作权保护的相关规定散落于各部法律之中，彼此缺乏联系。在互联网经营等方面的法律中，针对著作权、知识产权等的保护和条款也很稀少，甚至可以说几乎没有。例如，在2000年9月公布实施的《互联网信息服务管理办法》中，互联网信息服务提供者禁止发布的内容包含违宪、危害国家安全、泄露国家机密、损害国家荣誉和利益、煽动民族仇恨、宣扬邪教、散布谣言、散布淫秽色情或赌博信息、侮辱诽谤他人等，但唯独没有禁止发布有著作权纠纷的信息的保护条款。

（3）罚则过低，不仅对侵权人缺乏威慑力，而且未能较好地发挥法律的引导功能和规范功能。

《著作权法》、《信息网络传播权保护条例》等法条，对于侵犯著作权的一方制定的罚则偏低，对于赔偿权利人损失竟然只规定了上限，没有规定下限，未能很好地维护权利人的利益。

例如，《中华人民共和国著作权法》规定：如果侵犯了权利人的著作权以及相关权利，应按权利人的实际损失，由侵权人进行赔偿；如果实际损失难以计算，则按侵权人违法所得进行赔偿。同时，侵权人还应承担权利人为制止侵权行为所支付的合理开支。如果权利人的实际损失或侵权人的违法所得不能确定的，则由法院依据侵权行为的情节，判决给予50万元以下的赔偿。

如此规定过于宽泛，既没有明确规定何为权利人的实际损失，也没有规定如何计算权利人的实际损失，同时对于赔偿金额的限定也是只有上限，没有下限。这无疑不具备威慑力。

依据《信息网络传播权保护条例》，侵权人应停止侵害、消除影响、赔礼道歉、赔偿损失；损害公共利益的，可以没收违法所得，并处10万元以下的罚款；情节严重的，可以没收其主要用于提供网络服务的计算机等设备；构成犯罪的，依法追究刑事责任。罚金同样只有上限，没有下限。区区罚款对于利润以亿计的互联网巨头来说，没有丝毫的威慑力。

过于宽泛的规定，对于本身就缺乏著作权意识的普通公众也没有起到法律本应承担的引导作用，不利于公众自觉有效地遵守法律、有意识地避免侵权。

2. 权利人和网络服务提供商并不平等

（1）《信息网络传播权保护条例》第六条规定了一些网络服务提供商通过信息网络提供他人作品的免责条款，其中包括介绍、评论某一作品，报道时事新闻，课堂教学，执行公务、翻译等。时事新闻报道中如果无法避免，可不经权利人授权，使用权利人作品，且无须支付费用的免责条款有些匪夷所思。我国门户网站从未被赋予新闻采访权，这些网站只能转载其他拥有新闻采访权的媒体的稿件，而不能登载自行采写的新闻。没有新闻采访权，哪里来的报道时事新闻呢？给予网络服务提供商本不应该享有的免责条款，从一个侧面表现出网络服务提供商受到了更多的保护。

（2）《信息网络传播权保护条例》虽然规定，网络服务提供者以提供网页快照、缩略图等方式向公众提供作品，也属于提供行为，但却设立了免责条款，即如果提供行为不影响相关作品的正常使用，且未不合理损害权利人对该作品的合法权益，法院可以认为网络服务提供者的行为未侵害著作权人的信息网络传播权。这样宽泛的规定给网络服务提供者提供了空间。如何确定提供行为不影响相关作品的正常使用？什么是不合理损害？合理损害作品的合法权益就可以免责吗？这些问题均没有详细说明和规定。

如果说著作权是权利人依法应该享受的权利，那么当网络服务提供商的提供行为侵犯了权利人的著作权时，是否影响作品的正常使用，是否损害了权利人的合法权益都不再重要，都只是后果问题，只是量刑处罚的轻重问题，但人民法院应该认为，其侵犯行为成立。从现行法条的如此规定看，显然权利人与网络服务提供商之间的地位并不平等。

（3）依据《信息网络传播权保护条例》的规定，即便是著作权人有证据证明网络服务提供商提供了相关作品，但如果网络服务提供商可以证明其没有过错，仅提供了自动接入、自动传输、信息存储空间、搜索、链接、文件分享技术等网络服务，那么网络服务商就不构成侵权；甚至著作权人能证明网络服务提供者参与了侵权作品的提供，只要网络服务商能证明自己提供的仅仅是网络服务，就可以不承担侵权责任。

权利人有证据证明网络服务提供者有侵权的行为，但依然不管用，只要网络服务提供商能够证明其行为以及服务，就可能免责，这再次证明了权利人并未受到法律很好的保护。

(4) 依照《信息网络传播权保护条例》的规定，如果著作权人认为网络服务提供者提供的网络服务中涉及的作品侵犯了著作权人对作品享有的信息网络传播权，可以书面通知网络服务提供者，要求其删除相关作品，或者断开与该作品的链接。

权利人虽然有权要求网络服务提供商删除侵权文档，但享受权利并不容易，不仅需要书面通知，而且还要自行在海量信息中寻找到要求删除或者断开链接的侵权作品的名称和网络地址，同时还要提供材料，证明这些文档构成侵权行为，哪一样缺失，都将失去相关权利。而网络服务提供商则只需要等待通知、照章删除即可，权利人不通知，它的侵权行为就可以逍遥法外。这样的局面无疑再次证明了二者的不平等地位。

(5) 2010 年，北京市高级人民法院曾下发针对涉及网络环境下著作权纠纷案件的司法审理的指导性文件。文件认为，将正在流行的影视剧放置在首页，或是在其他页面放置在显要的位置，或者设立排行榜，或者进行推荐，或者将作品进行整理、分类，有这些行为的网络服务提供商均存在过错，因为在这些操作中，网络服务提供商显然应当知道，而且也能够知道作品的著作权权利人，未经其授权。明知这些作品侵权却依然使用，就应当承担侵权责任。

这些规定看似细化，但其实是将侵权行为认定限制在一个小范围内，反而为侵权者提供了机会。其实无论是否在首页，只要有证据显示作品是网站主动上传的，侵权作品在这个网站上，侵权行为发生在这个网站上，就应该被判定存在过错。

3. “避风港”原则被滥用

很多国家为平衡网络服务提供者和著作权人的利益，既让网络服务提供商承担相应的责任，且责任又不过重，又能保护著作权人的权利，同时还不妨碍新技术的发展及社会公众获取信息的自由，“避风港”原则应运而生。

所谓的“避风港”原则是指在发生著作权侵权案件时，当 ISP（网络服务提供商）只提供空间服务，并不制作网页内容，如果 ISP 被告知侵权，则有删除的义务，否则就被视为侵权。如果侵权内容既不在 ISP 的服务器上存储，又没有被告知哪些内容应该删除，则 ISP 不承担侵权责任。后来避风港原则也被应用在搜索引擎、网络存储、在线图书馆等方面。“避风港”原则包括两部分，“通知＋移除”（notice-take down procedure）。

1998 年，“避风港”原则诞生在美国。当年，美国制定《数字千年版权法案》（DMCA 法案），规定了“避风港”原则，包括“通知”和“删除”两部分。即在搜索引擎、网络存储、在线图书馆等网络服务中，当网络服务提供商只提供空间服务，并不制作网页，仅仅是网络空间中的内容涉及侵权，被著作权人告知，网络服务提供商有删除的义务，否则将被视为侵权。如果侵权内容既不在网络服务提供商的服务器上存储，又没有接到权利人对相关内容的删除通知，该网络服务提供商不承担侵权责任。

我国《著作权法》、《侵权责任法》及《信息网络传播权保护条例》在借鉴欧美国家立法经验的基础上，针对网络环境下的特殊利益格局，设定了如“通知＋删除”规则、限制网络服务提供者侵权责任的“避风港”规则等。但在实际操作中，这一原则不仅没有平衡权利人和网络服务提供者的利益，而且还被滥用。

权利人虽然有权要求网络服务提供商删除侵权文档，但需要书面通知，否则网络服务提供商就可以不承担责任，它的侵权行为就可以逍遥法外，这证明了二者的不平等地位。

同时，“避风港”原则几乎成为被诉侵权的网络服务提供商的救命稻草——只要删除，就可免责。

其实，公平的法律原则只有一条——权利人和传播人的权力要平衡，要平等。早期为了扶持互联网企业，国家出台了“避风港”原则，强调传播权，但互联网经过多年飞速发展，著作权权利人早已成了弱势群体，百度等互联网企业成为强势群体，立法理应向权利人倾斜，但目前权利人的利益还在被漠视。

为了避免“避风港”原则的滥用、打击网络盗版，网络服务提供商应该不仅有审查用户侵权行为、删除侵权作品的义务，也应该承担相应的赔偿责任。

发达国家在网络著作权保护中，为了避免“避风港”原则的滥用，还注重“红旗”原则。“红旗”原则是“避风港”原则的例外适用，红旗原则是指如果侵犯信息网络传播权的事实是显而易见的，就像是红旗一样飘扬，网络服务商就不能装作看不见，或以不知道侵权的理由来推脱责任，如果在这样的情况下，不移除链接的话，就算权利人没有发出过通知，我们也应该认定这个设链者知道第三方是侵权的。

4. 维权成本巨大

1998 年，张抗抗等作家提起中国网络著作权第一案，此后数年，各大互联网公司无一幸免，案件的审理结果大多对被告有利，原告即使赢得官司，赔偿额也少得可怜，还付出了时间、精力等高昂的维权成本。

（1）时间成本巨大。

从韩寒百度案的诉讼过程就可看出，当权利人发现自己的著作权被侵权之后，想要维权简直就是一场“马拉松”比赛。

2011 年 11 月 3 日，海淀区人民法院受理韩寒、慕容雪村、小桥老树和何马联名状告百度文库侵犯著作权。实际上早在当年 3 月之前，韩寒等人就已经注意到百度文库中有多份自己作品的文档，这才有了 3 月 15 日的作家维权。

此前，韩寒等作家曾与百度高层商谈解决，但未果。

2011 年 7 月起，韩寒方开始取证，并进行公证。2011 年 7 月 20 日，韩寒方律师向百度公司发出律师函，表示百度文库中上传并提供下载涉嫌侵犯著作权的作品，侵犯了作家的著作权，要求百度公司关闭百度文库、删除侵权作品、协商赔偿等。

2011 年 8 月 1 日、8 月 20 日，律师又先后两次向百度发邮件，其中包括《要求删除或断开链接侵权网络内容的通知》等。

但此案的开庭审理则一直等到了 2012 年的 7 月，此时距离韩寒等人注意百度文库侵犯其著作权已过去了近一年半的时间。

开庭审理，案件也没有很快宣判，又等了两个月，海淀区人民法院才做出一审判决。

这还是涉及了韩寒等知名作家、百度等知名大公司的案件，普通读者的侵权小案恐怕需要等待更长的时间、付出更大的时间成本。

（2）赔偿额不高。

在韩寒百度案中，韩寒为其被侵权的《1988：我想和这个世界谈谈》、《零下一度》、《像少年啦飞驰》三部作品索赔76万元，依据是按照每千字2 000元乘以版权页字数计算。但最终法庭认为索赔额度过高，未予支持，最终判决韩寒获得赔偿8万余元。

与韩寒一同诉讼的何马、慕容雪村各自也仅获得赔偿1万余元和4万余元。

但被侵权作家均认为百度文库赔偿金额过低。比如，《藏地密码》作家何马单本著作版税收入高达百万元，法院仅判决百度公司赔偿其1万余元。虽然赢了官司，但如此低的赔偿金额并不能有效遏制互联网侵权行为的再次发生。

此外，近年来新媒体环境下的著作权纠纷还以视频网站居多。以海淀区人民法院为例，由于该区聚集着优酷网、酷6网、风行网等国内主要视频网站，被诉至该法院的类似侵权案件也很多。据海淀区人民法院法官介绍，此类案件的审理难点之一就是赔偿数额难以确定。目前大部分影视作品的赔偿额固定在3万元至5万元，但并未遏制侵权行为的发生。这证明目前规定的赔偿额度远不是合理数额，仍需调整。

四、网络版权保护任重道远

在作家联盟声讨百度行动后，百度文库对非授权文学类作品进行了清理，文库文学分类下的文档数从270多万份减至不到150份。百度还对文库中一些涉嫌侵权或具有侵权可能性的文档进行了清理。目前用户向文库上传超过千字的文档，就须由百度进行人工审核，确定不侵权才能上传。

百度的做法值得肯定，但还远远不够，因为新媒体环境下的侵权已经有了升级版，而且这些升级版都瞄准了近年来增长最快的网络媒体形式和分享工具。

（一）百度文库肃清侵权作品，但侵权现象仍在百度出现

1. 百度贴吧：网络文学侵权泛滥

百度文库虽然大幅度削减了文库中有著作权纠纷的文学作品的数量，作家得到了赔偿，看似是作家赢了，但其实百度对这些作家作品的著作权的侵犯仍在继续，不过是变得更加隐蔽而已。

在百度的诸多应用中，有一款叫贴吧，号称是全球最大的中文社区，是一种基于关键词的主题交流社区，它与搜索紧密结合，同时可以在线交流，使对同一个话题感兴趣的人们聚集在一起互相帮助。百度贴吧已拥有6亿注册用户，450万个贴吧，日均话题总量近亿，月活跃用户数达两亿。

在百度贴吧中有一个分类叫文学，这个目录下已有贴吧4万多个，共分为23类。作品类的贴吧有严肃小说、传统武侠小说、儿童文学、历史小说、古典小说、外国小说等，作家类贴吧则有中国当代作家、中国古代作家、中国近现代作家、外国作家等。其中中国当代作家的贴

吧达到 4 753 个。韩寒等作家维权联盟的作家们大都有网友为其设立的贴吧，在韩寒贴吧的“精品吧贴”频道中，不仅可以找到韩寒作品的电子版，甚至可以找到韩寒博客所有博文的PDF 版。这些文档属于韩寒并未授权也并不知晓的分享，显然是侵权的。

百度贴吧除了是传统作家作品的集散地，也是网络文学侵权的重灾区。网络文学是在网络上进行的文学创作，写作门槛低，发表门槛更低，这使其更加贴近大众，促成海量作品呈现，借助网络传播速度快、受众广的特点，得以迅速发展。

在起点文学网等网站中，每一部热门的网络文学作品都有一群粉丝在百度贴吧中为该作品建立贴吧，而在贴吧中，均有新书连载的设置，而且更新速度很快，几乎与网络文学网站中的更新速度一致。也就是说，在网络文学网站中需要付费收看的章节，通过贴吧可以免费看到。

网络文学作家的稿费就是通过点击量、网友支付收看的费用计算获得的，而贴吧中的连载就直接影响了他们的收入，同时侵犯了他们本该拥有的复制权、传播权等著作权权利。

2. 百度影音：纵容侵权者的侵权行为

百度影音是一款网络视频搜索、播放应用，通过这个应用，可以轻松找到国内、国外热播的电影、电视剧集。有了它，看电影不用去电影院，看电视剧不用开电视，看比赛不用等直播。通过这个软件甚至可以找到绝不会在国内电视台播出的电视剧集、绝不会在国内上映的电影。

从理论上说，只要一部电影或是电视剧上映或播出就可以在网络上找到，这就使得当一些进口大片，或者是一些国产影片在国外先上映，未在国内上映时，很多网友通过百度影音就已收看到，甚至通过这些网络资源，有人下载、刻碟，制成盗版光碟牟利。此外，使用百度影音收看电影或电视剧，点击资源后，还会自动点击网站广告。可见这种服务不仅纵容侵权者的侵权行为，同时也是网络服务提供商的又一生财之道。

例如，美国电视剧集大部分均未在国内播出过，但中国有相当一部分美剧迷，他们大多是在视频网站刚刚兴起时，通过视频网站观看盗版美剧而成了“追剧者”的。近年来，由于版权的问题，风行、优酷、爱奇艺等视频网站中的美剧数量已大幅减少，于是这些美剧粉就转战百度影音以及一款叫“快播”的播放软件搜索片源，下载收看。可以说，HBO 等美国各大电视公司拍摄的电视剧在本土首播的时候，大洋彼岸的中国也有一大群观众通过网络免费地分享着它们的作品，这种举动其实也就是在侵犯这些电视剧的拍摄者、表演者的著作权。例如，当时正在美国热映的《斯巴达克斯》，由于场面血腥，是肯定无法在国内上映的，而最新的剧集刚刚在美国电视台中播出，中国的观众随后就可以看到。通过百度，搜索“百度影音　斯巴达克斯”，可以搜索到超过 69 万个网页。

3. 百度知道：用分享掩盖侵权

百度知道号称是全球最大的中文互动式知识问答分享平台。用户不仅可以通过其服务寻找任何问题的答案，同时，这些问题的答案又被作为搜索结果丰富着百度搜索的服务内容。截至 2013 年 2 月 24 日，这个应用已解决了两亿多个问题，这也意味着在百度搜索里增加了两亿多个搜索结果。

在百度知道的问题分类中，有电脑、医学、文学、体育运动、理工科学等多个分类；在文学分类中，有关小说的问题达到 811 万个，散文的问题有 6 万多个，诗歌的问题有 30 万余个，戏剧的问题达到9.4万个。依次打开，“我要找一本……”的问题很常见，而往往在这个问题下面留下个邮箱，就可以得到这本书的电子版，或是下载链接。

在百度知道中，搜索《1988：我想和这个世界谈谈》、《零下一度》、《像少年啦飞驰》，分别会得到2 466个、两万余个和2.6万余个问题以及答案，“求《1988：我想和这个世界谈谈》”、“求《零下一度》”、“求《像少年啦飞驰》”等问题比比皆是。

相同的网络平台还包括新浪爱问知识平台等，这些平台也成为搜索作品、视频等的便捷渠道，同样这些渠道也成为侵犯权利人著作权的“帮凶”。

4. 个人空间、网盘：侵权作品的藏匿地

个人空间、网盘、云端储存，这种利用网络空间扩容电脑硬盘的网络工具得到了网友的青睐，他们将自己喜欢的文学作品、电影、游戏、电视剧从电脑中移至网络提供的储存空间中。这种做法如果仅供个人使用无可厚非，但有一些用户将这一空间作为分享网络资源的平台，从某种程度上讲，每一个个人空间、网盘、个人博客等都是一个百度文库。韩寒们所指的百度文库的侵权行为，同样在这些网盘、空间中呈现。

5. 视频网站：侵权案例高发地带

根据海淀区人民法院的统计，2009年至2011年，视频网站著作权纠纷集中爆发，三年中该院分别审结该类案件696件、776件和949件，均约占当年结案总数的三分之一。2012年前8个月，就已审结444件，占结案总数的38.2%。随着信息技术的发展，视频网站侵犯著作权的方式呈现出隐蔽性、多样性和复杂性的特点，给司法审判带来了新的挑战，主要表现在：

（1）侵权人通过截取信号流、建立链接等方式，在其经营的视频网站在线对未获授权的晚会、体育赛事、访谈等节目进行同步直播，侵犯权利人权利。

（2）侵权人利用相关技术在客户端软件或页面上播放未经授权的其他网站上的视频内容，构成侵权。在相关纠纷中，侵权人往往辩称其仅提供单纯的链接服务，涉案视频仍存储在权利人网站或其他网站的服务器上。但实际上侵权人的行为已构成对用户的引导，存在过错。

（3）数个侵权人之间在频道、栏目等内容方面存在合作关系，其中一个侵权人通过与提供视频播放的侵权人网站建立深度链接或搜索，以规避侵权责任。

（4）侵权人超授权范围使用权利人影视类作品。在此类案件中，权利人通常与侵权人就涉案影片签订有授权协议，详细约定了授权许可的使用范围、方式，但侵权人以超出双方约定的方式或范围使用涉案影片。

（5）侵权人通过设立电视机终端、手机终端、平板电脑等电子设备播放软件，在多种电子设备上向用户提供未获授权的影视节目在线播放服务，不仅侵权，还扩大了侵权影响的范围。

6. App：更多用户参与侵权行为

App是英文Application的简称，由于iPhone等智能手机的流行，App又指智能手机的第三方应用程序。

伴随着智能手机的发展，App已经从最初的外包形式的合作方式变成了一种第三方应用与手机终端共生共富的盈利模式，被越来越多的网络服务提供者所看重。打开百度、腾讯、淘宝等网站，均已有从App脱胎而来的应用平台，不仅丰富了产品，也可以获取流量。

苹果公司的 App Store 诞生于 2008 年，最初只有不到 500 个 App 应用软件，但仅仅三年，伴随着苹果手机的热潮席卷全球，这个数字已经扩大了 1 000 倍，累计下载次数高达上百亿次，且仍在高速增长。

App 到了中国，再度成为“盗版利器”。誓将免费分享进行到底的网友们开始自制电子书，自制 App，然后上传到 App Store，免费或付费销售。App 使更多的普通网络用户参与到侵权行为中，并以此获利，甚至走上前台。

韩寒、南派三叔、麦家和当年明月等作家发现自己的作品在未经任何授权的情况下被摆上了 App Store“货架”。与此同时，他们发现上架的中国作家图书 App，绝大部分均未得到授权。南派三叔的《盗墓笔记》一书竟被盗版下载超过百万次。更为恶劣的是，这些盗版的电子书需要付费下载。根据苹果公司的相关协议，App 下载所产生的费用由开发者和苹果公司分成，也就是说苹果公司也得到了盗版者的非法所得，实际上成为盗版侵权的帮凶。“这比百度文库还恶劣。”中国作家联盟称。2012 年 10 月起，慕容雪村等八名作家将苹果公司告上法庭，索赔千万。

作家方认为，苹果 App Store 对图书类 App 不要求任何版权证明，这使得著作权权利人的作品被侵权、被盗版，严重侵犯了作家的著作权。

不仅仅是苹果 App Store，依据中国互联网协会《2012 年中国互联网产业发展综述报告》的统计，微软、中国移动、腾讯应用宝、91 手机助手、360 手机助手、安智市场等应用商店也蓬勃发展，在这些应用平台上，同样有侵权的 App。

（二）网络版权案件持续高发

据最高人民法院知识产权庭的统计，自 2002 年以来，在全国各地法院受理的知识产权类案件中，著作权案件最多。例如 2011 年，全国地方法院共新收知识产权案件超过 5.9 万件，其中著作权案件 3.5 万件，占将近六成。近年来，著作权案件中涉及网络环境下著作权纠纷的案件数量大幅增长，也已占六成左右。

据北京市高级人民法院统计，北京法院 2012 年知识产权案件仍保持较高的增长势头，全市法院知识产权庭全年共受理一审知识产权案件 11 300 余件，同比上一年增长了 17.7%，其中著作权案件 6 390 余件，约占 56.5%。在受理的各类案件中，与网络传媒、品牌保护有关的案件增长速度最快，且呈现出类型新颖、案情复杂、社会影响大等特点。

如何界定侵权人是否侵害著作权人的信息网络传播权，如何确定网络服务提供商的法律责任，成为法院知识产权审判工作的难点。同时，网络服务提供者提供网络服务时侵犯权利人著作权等相关权利的问题，也引起国际社会的关注，最高人民法院起草的关于侵害权利人信息网络传播权的相关司法解释，也被中美商贸谈判对话列为重要议题。

【本章小结】

本章主要阐释了网络著作权保护的难点及手段，对网络著作权保护进行案例分析，解释了“避风港”原则与“红旗”原则。

【思考题】

1. 网络传播中著作权的保护面临哪些新问题？
2. 如果你发现自己作品的著作权在互联网上被侵权，你打算怎么办？
3. 请你分析“避风港”原则与“红旗”原则的关系。
4. 你认为百度文库是否涉嫌侵权？请说出你的理由。

第八章
新媒体的宏观管理

【本章学习要点】

重点掌握新媒体的宏观管理的特殊性。

伴随着新媒体在全球的发展，几乎所有国家都认识到在促进新媒体发展的同时也应重视对其进行管理。新媒体是一把双刃剑。数字出版是新媒体的重要组成部分，对数字出版的宏观是新媒体宏观管理的重要内容。

第一节　新媒体带来的负效应

互联网的开放性和便捷性为大众参与新媒体传播提供了方便。任何人都可以在网络上发表任何言论，而不像在报刊等传统媒体上发表文章时需要经过编辑的筛选和加工。这种几乎毫无限制的“自由”被一些人滥用，从而导致新媒体中出现不少为法律所禁止或社会道德所不容的行为。鉴于新媒体主要指互联网，下面将主要论述互联网所产生的负效应。

互联网是一个自由且身份隐蔽的地方，网络犯罪的隐秘性非一般犯罪可比。互联网的自由性、开放性和隐蔽性使得网络中的犯罪行为层出不穷，而且难以被发现，网络成了高智能犯罪的温床。

一、信息安全形势严峻

在互联网建立之初，为了防止核打击的破坏，互联网被设计成不需要控制中心就可以工作的样式。因此，在网上不存在可以对传送的信息进行监控、审查和封锁的中心阻塞点，这一效果被称为“迄今为止可以最大限度让大众参与发表言论的形式”。但与整个网络系统的开放性、兼容性相伴而生的是单个网络点的安全问题。网络安全包括四个层次。

（一）国家安全

国家安全即如何保护国家机密不因受网络黑客的袭击而泄密，保证国家机构不受网络黑客的袭击正常运作。

（二）商业安全

商业安全即如何保护商业机密、企业资料不被窃取。对新闻事业而言，网络的商业安全在于如何保护新闻信息的内容、背景及消息来源不被他人非法利用。

（三）个人安全

个人安全即如何保护个人隐私（包括电子邮箱密码、个人背景资料、信用卡号码、健康状况等）不被非法利用。

（四）自身安全

自身安全即如何保证接入互联网的电脑不受网络病毒的侵袭而瘫痪。

目前，国际普遍认同的维护网络安全的途径有两种。其一，技术保护。通过网络主机或在服务器上加装安全软件，对来访信息检查过滤。其二，立法保护。制定和完善法律规范，对新媒体行为进行约束。这两种途径在一定程度上起到了监控的作用，但互联网给人类社会带来的前所未有的开放性、兼容性给网络安全保护造成了极大困难。网络安全意识尚未普及，许多用户，尤其是众多个人用户并未采取任何安全保护措施。

网络是一把双刃剑。它给全世界带来了巨大的利益，但同时也会成为黑客和恐怖分子的武器。

"黑客"一词最初是指那些痴迷于计算机的电脑天才，而现在则成了对网络系统非法入侵者的统称。黑客问题已经成了全球关注的世界性问题。以网络安全技术最先进的美国为例，白宫、美国国防部、中央情报局、联邦调查局、重要军事基地、科研部门、美国航空航天局、著名企业网站都有被"黑"的记录。从理论和技术上讲，没有哪个网站敢说自己不会被黑客攻破。黑客利用某种技术手段，侵入他人网站，堵塞他人网站信息通道，涂改、删除他人网页信息，犹如蒙面人穿门入室。据美国联邦调查局的调查，在计算机犯罪中，有80%的案例为黑客通过互联网非法侵入别人的计算机网络系统。每年美国政府的计算机系统遭非法侵入的次数达30万次之多，黑客犯罪引起的损失估计有15亿美元。

在针对新媒体的袭击中，黑客是攻击的执行者，计算机病毒则是黑客的首选武器。现在，一些国家已开始组建"黑客部队"，专门用来发动网上攻击。对新媒体危害最大的正是这种有国家和政府支持的"合法"黑客。

当今几乎每天都产生新的电脑病毒，而且是"青出于蓝而胜于蓝"。计算机病毒是一种计算机程序，具有寄生性、潜伏性、隐藏性和传染性的特点，一旦发作，会修改计算机系统信息，影响系统运行的稳定性或夺取对系统的控制权。一些恶性病毒会使系统崩溃，甚至毁坏硬件，使整个网站的设备全部报废。

在互联网上严重危害社会和他人的行为，其表现形式主要有两种：一种是在互联网上实施不法行为，袭击网站并在线传播计算机病毒。另一种是利用互联网实施金融诈骗、盗窃、贪污、挪用公款、窃取秘密和其他不法行为，如电子讹诈、网上走私、网上非法交易、电子色情服务、虚假广告、网上洗钱、网上诈骗、电子盗窃、网上毁损商誉、网上侵犯商业秘密、网上组织邪教组织、在线间谍、网上刺探等。其特点是行为的跨国性、公然与隐秘的交织性、无现场性、危险及结果的可修改性和成本的低投入性。虽然世界各国对网络文化垃圾的传播都有一定程度的限制，但要将这些东西从互联网上清除，还需要漫长而艰苦的努力。

中国的网络安全状况不容乐观。近几年来，在中国利用计算机网络进行的各类违法行为正以每年30%的速度递增。此外，国际黑客也频频“光顾”中国网络。更严重的是，许多网民对信息安全缺乏应有的警惕和认识。例如，超过一半的网民不更换自己的电子邮箱密码，1个月换一次密码的只是少数。网络安全专家、中国科学院高能物理研究所研究员许榕生指出，目前中国网络系统其实非常脆弱，提高网络的可靠性和安全性应该成为互联网发展的当务之急。他还说，在美国，网络安全费用占网络工程总费用的20%，而在中国这个数字小于1%。

目前，微软在中国势力庞大，约有九成五的用户都采用微软的Windows系统，但在中国政府近年来积极筹建的电子政务系统方面，有官员认为，如果再采用微软的软件，那将来中国的机密政务被外国窃取将易如反掌。因此，安全起见，中国电子政务平台开始转向Linux①。依据《中华人民共和国政府采购法》，除个别情况外，在同等条件下，只要中国有的软件，政府就不会购买国外进口的。中国拥有自主知识产权、商品化的通用高性能微处理晶片“龙芯一号”等产品不断问世，标志着中国晶片走上产业化道路，对中国国防、国家安全也将起重大作用。

二、侵犯知识产权

信息生产、加工和处理的计算机化、网络化大大方便了信息的复制和抄袭。正如有人戏称网络内容提供商（Internet Content Provider，ICP）是“网络复制和粘贴”（Internet Copy and Paste）一样，该戏言一针见血地反映出网络上知识产权保护的混乱状况。侵犯网络知识产权的形式包括抄袭他人的文字作品、网页设计，任意下载、删改、转发和刊登其他网站的信息内容。这导致当前网站告网站、网站告传统媒体、传统媒体告网站、著作权所有人告网站等诉讼案例频频发生。

在网络上，知识产权被侵犯的现象屡见不鲜。一位作者要在互联网上维护自己的合法权益往往要付出很高的时间、经济成本，并且承担着较高的败诉风险，因为在网络上对知识产权的侵犯存有零成本、隐蔽性、迅速性、全球性以及罪证难以收集等特点。简言之，在互联网上侵权非常容易，而维权却十分困难。

发表在网络上的作品与发表在报纸上的作品相比，只不过是传播的载体不同而已。后者是以报纸这种传统的纸质媒体为载体进行传播，而前者是以网络这种新型媒体为载体进行传播，二者在本质上是一致的。从网上“下载”网络作品，与摘登其他报纸的作品一样，应视为“转

① Linux是由理查德·马修·斯托曼（Richard Matthew Stallman）等人研发的，它是一种自由、开放源代码、免费使用和自由传播的多用户、多任务、支持多线程和多CPU的操作系统。因为它是开放源代码的，不存在Windows等“黑箱”，所以大家认为它的安全性更高。

载”，应依照《著作权法》第 33 条的规定，对著作权人的合法权利予以保护。

网上信息资源诸如论文、软件、专利、商标、未经授权的资料乃至商业秘密等十分丰富，都易为不法之徒所侵犯。撰写论文、开发软件要投入大量的时间、精力、资金，但复制却轻而易举。对于在网络上侵犯知识产权的行为，最有效的措施就是将侵权者绳之以法。

美国 1997 年通过了《1997 年网络著作权责任限制法案》、《1997 年世界知识产权组织著作权条约实施法案》、《1997 年数字著作权和科技教育法案》；1998 年 10 月美国又颁布了《数字千年版权法案》。

其中，《数字千年版权法案》规定了数字化信息的知识产权保护和使用，同时赋予信息所有者数字化作品如果在互联网上使用，就可以对其收取使用费的权利。《数字千年版权法案》的适用对象是所有的数字音乐作品。这一法案同样也适用于在互联网上放映和播放的音乐作品，也就是说唱片公司和歌星们获得了可以对在网络上播送的数字内容收取使用费的前所未有的新的法律权利。但是在该法案中没有具体地规定作品使用的费用和费率。

日本国会于 1997 年 6 月 10 日通过《著作权法修正案》，修正的主要内容是扩大传媒的公开传播权的范围。

1997 年 11 月 12 日欧盟执行委员会针对信息社会著作权制定了履行《世界知识产权组织版权条约》的新规则，其中规定了复制权、公开发行权、著作权管理信息等内容。

在我国，人们对于“公众传播权”有肯定意见和否定意见，但国际趋势和中国司法实践都趋于对该项权利进行保护。

2010 年 2 月 26 日第十一届全国人民代表大会常务委员会第十三次会议修正的《著作权法》第 10 条规定：“信息网络传播权，即以有线或者无线方式向公众提供作品，使公众可以在其个人选定的时间和地点获得作品的权利。”这为中国的互联网知识产权保护提供了基本依据。

我国保护互联网知识产权的有关法律

2000 年 11 月 22 日，我国最高人民法院出台了《最高人民法院关于审理涉及计算机网络著作权纠纷案件适用法律若干问题的解释》，为网络作品的著作权保护提供了一定的法律保障。2006 年 11 月 20 日，最高人民法院审判委员会修改了这一解释，其主要内容是：网络著作权侵权纠纷案件由侵权行为地或者被告住所地人民法院管辖。侵权行为地包括实施被诉侵权行为的网络服务器、计算机终端等设备所在地。网络服务提供者通过网络参与他人侵犯著作权行为，或者通过网络教唆、帮助他人实施侵犯著作权行为的，人民法院应当根据《民法通则》第 130 条的规定，追究其与其他行为人或者直接实施侵权行为人的共同侵权责任。提供内容服务的网络服务提供者，明知网络用户通过网络实施侵犯他人著作权的行为，或者经著作权人提出确有证据的警告，但仍不采取移除侵权内容等措施以消除侵权后果的，人民法院应当根据《民法通则》第 130 条的规定，追究其与该网络用户的共同侵权责任。网络服务提供者明知专门用于故意避开或者破坏他人著作权技术保护措施的方法、设备或者材料，而上载、传播、提供的，人民法院应当根据当事人的诉讼请求和具体案情，依照《著作权法》第 48 条第 6 项的规定，追究网络服务提供者的民事侵权责任。著作权人发现侵权信息向网络服务提供者提出警告或者索要侵权行为人网络注册资料时，不能出示身份证明、著作权权属证明及侵权情况证明的，视为未提出警告或者未提出索要请求。

2005年4月国家版权局和信息产业部联合颁布了《互联网著作权行政保护办法》，该法案自2005年5月30日起施行；于2006年5月10日国务院第135次常务会议通过的《信息网络传播权保护条例》，自2006年7月1日起施行。这些法规进一步完善了中国的互联网知识产权保护法律体系。

受法律保护的作品包括《著作权法》第3条规定的各类作品的数字化形式，《著作权法》第10条对著作权各项权利的规定均适用于数字化作品的著作权。将作品通过网络向公众传播属于法律规定的使用作品的方式，著作权人享有以该种方式使用或者许可他人使用作品，并由此获得报酬的权利。

然而互联网知识产权保护之难往往并不是无法可依，而是维权的经济成本、时间成本依然过高，即使赢得了官司也可能导致在经济上破产。而网上侵权的特点往往使违法者能轻易躲过法律的制裁。因此在中国要想有效保护互联网知识产权，还有漫长的道路要走。

三、信息泛滥

互联网使得信息的采集、传播的速度和规模达到空前的水平，实现了全球的信息共享与互动，它已经成为信息社会必不可少的基础设施，将世界更进一步地联结为一体。但与之俱来的问题是，汹涌而来的信息有时使人无所适从，从浩如烟海的信息海洋中迅速而准确地获取自己最需要的信息变得非常困难。在新媒体活动中，信息的发布、传播失去控制，产生了大量虚假信息、无用信息，造成信息环境的污染。因为在网络上任何人都可以自由发表意见，并且发布的成本几乎可以忽略。在某种意义上，每个人都可成为全球范围的信息制造者，从而增加了人们利用信息的难度。这种现象被称为“信息爆炸”（Information Explosion）。

此问题给人类社会带来了负面效应和潜在危机。信息是潜能巨大的战略资源和取之不尽的财富，如何使信息资源得到有效利用、提高信息的质量，已经成为一个世界性的亟待解决的问题。

网络给每个传统的受众都提供了成为传播者的可能。这提高了受众的地位，打破了传统媒体传播者的单向性，但也带来了传播权的滥用，任何人都可以以任何目的传播任何消息。这其中，有谣言，有色情淫秽信息，有泄密，有危害国家安全的信息，还有侵害社会伦理道德的信息，以及大量色情、暴力、虚假广告等有害信息。这些垃圾信息已泛滥成网络新公害，就像大城市中的工业垃圾和生活垃圾造成环境和生态污染一样，它们阻碍用户迅速查到有用信息，因而需要得到及时处理。如何排除不良信息的干扰，并从网上过滤出真正满足自己需要的信息，已成为网络受众面临的重要挑战。而在网络信息的海洋中查找所需的信息，绝非一件轻松自在的事。

信息传播的空前自由为人类带来太多的信息而导致信息选择困难，造成信息选择的不自由。因为过多的信息会使人无从入手。阿尔温·托夫勒（A. Tottler）在《未来的震荡》中曾对这种情况做过这样的表述：“有时选择不但不能使人摆脱束缚，反而使人感到事情更棘手、更昂贵，以致走向反面，成为无法选择的选择。一句话，有朝一日，选择将是超选择的选择，自由将成为太自由的不自由。”①

人们在享受着网络上丰富的信息带来的便利的同时，也在忍受着“信息爆炸”的困扰。“信息爆炸”已经对社会经济的发展产生了负面的影响。在一些情况下，每天要处理的信息超出人们的分析能力，降低了人们的决策效率，甚至导致决策失误或是难以做出最佳决策。在另一些情况下，搜集信息所花费的成本已超过了信息本身的价值。因为一方面，个人用于接收、处理信息的时间和能力有限；另一方面，大众传媒借助新科技传播信息的时间和能量的无限拓展性，导致信息汹涌而来。大大超过人的处理能力和有效应用的信息引发了一系列社会问题：信息太多导致人们紧张不安；滥用信息造成信息犯罪；信息堆积引起信息危机、信息雪崩，以及对信息的错误判断。

信息的真实性不能保证是阻止互联网正常发展的一大难题。互联网从整体上缺乏传统媒体的“把关人”。由于网络的开放性、自由性，任何人都可以在网上发布信息，这势必造成网上信息真假难辨，更有甚者，还有故意乃至恶意散布的虚假信息。这些信息在生产、传递过程中没有传统媒体的层层审查程序，没有人对这些信息的严谨性、真实性、权威性把关，而且多媒体技术的发展使得制造假新闻、假照片易如反掌。

人们试图从技术上寻求解决办法。从 20 世纪 90 年代中期开始，各国日益将研究重点放在数据库技术、信息挖掘技术、信息标准化技术上，形成了信息获取技术的研究热潮，产生了有许多学科互相交融的新的交叉学科——知识发现。

目前人们获取信息的方法主要有检索（Search，Information Retrieval）技术，如分类目录型搜索引擎、基于关键词的检索搜索引擎、基于内容的检索等技术。另外，一些网络内容提供商通过智能化的代理服务器，由用户定制感兴趣的信息，从网上将有关信息定期发给用户，帮助用户高效率地从网上提取有价值的信息，这就是邮件列表推送（Push）服务。

近两年数据挖掘（Data Mining）技术的研究成为新的热点。数据挖掘技术是从大量的数据中发现隐含的、前所未知的、对决策者具有潜在价值的知识和规则。这些规则包含了数据库中一组对象之间的特定关系，揭示出一些有用的信息，为经营决策、市场策划、金融决策等提供依据，以此来从数据库的相关集合中抽取出有价值的知识、规则或信息，从而使数据作为丰富可靠的资源为知识归纳服务。数据挖掘是一项正在发展中的技术，它的成果必将对信息获取起到积极的作用。

四、网络犯罪日益猖獗

有人说，在互联网上没有人知道你是一条狗。网络的隐蔽性、开放性、自由性为网络犯罪提供了得天独厚的条件，网络犯罪的例子可以说不胜枚举。

（一）网络色情犯罪猖獗且呈低龄化特征

许多网民对网络色情存有强烈的猎奇心理，甚至有不少网络色情犯罪者。

① ［美］阿尔温·托夫勒：《未来的震荡》，313 页，成都，四川人民出版社，1985。

1999 年 9 月初，河南省商丘市梁园区人民法院开庭审理并依法做出判决的何肃黄、杨科传播淫秽物品牟利案，法院以“传播淫秽物品牟利罪”判处何、杨有期徒刑各三年，并处罚金各 1 万元。它是中国第一例依法判决的“网络传黄”刑事案件。

虽然黄毒自古以来就已经存在，但可怕的是电脑网络使色情内容更容易传播。使用新媒体犯罪，使犯罪成本越来越低，传播手法更为隐蔽并且快速，犯罪者也越来越低龄化。

传统媒体的信息传播方式是单向的，即传者将信息主动推送给受众，受众处于被动的地位，因此政府易于控制网民与色情内容的接触。而新媒体则将这种单向传播方式改变为双向传播，受众的主体地位得到体现，他们可以主动地选取自己所需要的信息。自制力较弱的网民往往会出于好奇或冲动心理刻意地去寻找一些色情、暴力信息。互联网上有许多专门提供色情服务的网站，如世界上著名的色情刊物《花花公子》就以合法的形式在美国进入国际互联网。许多网民在日常生活中无法接触这类色情杂志，因此怀有一种“窥淫”心理。互联网缺乏传统媒体中的“把关人”，而且网民能够在隐蔽的情况下看到低级庸俗的东西。

有研究资料显示，网民对色情信息的搜索多于对其他网络信息的搜索。网络色情信息的进一步扩散对广大网民的身心健康产生了不良影响，许多人一旦陷入其中就不能自拔。

许多国家颁布了相关立法，以应付日益猖獗的网络色情犯罪。例如，由美国总统克林顿签署的《儿童在线保护法》，要求公共图书馆和学校在电脑上设定电子过滤设备，也就是设定过滤网络色情内容的软件，否则公共图书馆和学校将丧失联邦政府对电脑设备和网络划拨的补助。但是，因为网络犯罪的隐蔽性、跨国性、快速性，其至今未得到有效抑制。

尽管如此，世界各国都在制定限制措施和技术法规，以规范网络行为。如英国政府已使用“防火墙”技术，推广色情内容过滤卡；加拿大要求家长在多媒体上加挂 V 型色情过滤卡和暴力过滤卡。

我们必须加强对信息网络的监控与管理，建立先进的检测机制，“过滤”流入中国的网络信息，以防信息垃圾和犯罪活动的入侵。同时可建立一个以中央网络为枢纽，以各地的局域网、校园网等为支点的网络群，规范网络运作，以防不良信息污染网络。对那些利用新媒体色情信息和黑色信息进行网络犯罪者，必须动用法律武器予以严惩，净化网络空间。

（二）网络诈骗

网络诈骗大多发生在金融领域。在美国和俄罗斯都发生过计算机工作人员通过网络盗窃银行高额资金的案例。

据美联社 2002 年 8 月 7 日报道，美国有关当局说，有多达 4 000 人利用“9·11”恐怖袭击事件后发生的电脑线路故障，从纽约市的一家信用机构骗取了大约 1 500 万美元。这些人利用市政信用联合会在恐怖袭击后的一段时间中电脑系统不稳定的机会，不断从自动提款机中提取现金。

据《生活时报》2002 年 9 月 6 日报道，广西农民设的“网络致富”骗局有 2 000 多人上当。

据 CNET 网站报道，2007 年 1 月 18 日，美国加利福尼亚州一位名叫杰弗里·顾狄恩（Jeffrey Goodin）的男子由于利用电子邮件设陷阱骗取他人信用卡密码，被判处 101 年监禁。

他于2006年因涉嫌网络诈骗而被逮捕，并被洛杉矶地方法院陪审团裁定有罪。在进行诈骗的过程中，顾狄恩使用盗来的EarthLink账号向美国在线（AOL）用户发送电子邮件，督促收信人到指定网页更新他们美国在线的账户信息，否则将面临中断服务的危险。邮件中提供的网页链接其实就是他设下的一个专门收集信用卡信息的陷阱。顾狄恩是2003年《反垃圾邮件法》（Can-Spam Act of 2003）公布以来第一个依据该法被裁定有罪的美国公民。

（三）网络敲诈

据《联合早报》2002年9月10日报道，武汉一大学生用电子邮件敲诈李嘉诚3亿港元的案件被侦破。网络空间不同于现实生活中的物理空间，物理空间中更多的是面对面的实体行为。相比之下，网上敲诈操作简便，匿名登录，不留痕迹。近几年来，这种犯罪越来越多，情节越来越重。

（四）非法贩卖

有不少犯罪分子利用网络的隐蔽性、迅捷性、全球性的特点，在网络上非法贩卖武器、毒品等。

据《联合早报》2002年2月18日报道，一名被控在曼谷一所大学校园使用手榴弹进行攻击的泰国学生宣称，他的手榴弹是在互联网上买来的。该爆炸案造成两人受伤，三辆车被毁。起初，警方怀疑被控的学生把手榴弹来源推给互联网，主要是不想警方找到真正的帮凶。但警方追根究底，终于找出手榴弹的来源果真来自互联网。

（五）网络诽谤

在现实中如果有人捏造并散布某些事实，损害他人的人格、名誉，就有可能构成诽谤罪。那么在网络中捏造并散布某种事实，损害了他人的人格或名誉是否也有可能构成诽谤罪呢？答案是肯定的。

在网络的“发祥地”美国，早在20世纪90年代初，法庭就已经审理过网络诽谤的诉讼，英国和澳大利亚也审理过网络诽谤诉讼案件。随着互联网越来越普及，网络诽谤诉讼会越来越多。对此也有人认为，网上出现的诽谤言论，许多都是可以立即进行驳斥的。如在某BBS上一出现诽谤言论，被诽谤者可以立刻在BBS上进行回应。如此一来，一方起诉另一方诽谤实在没有必要。但也可能存在这样的情况：被诽谤的一方不能或不可能立即进行反驳回应，他们也许平时并不经常浏览网页，他们得到消息是经旁人传达的，或他们并不具备一般的电脑知识，根本不知道如何将自己的言论放入BBS。

网络诽谤在国外并不鲜见。美国弗吉尼亚州一名大学教授在一宗互联网匿名诽谤案中胜诉，获得67.5万美元的赔偿。这是美国首宗网上诽谤赔偿案。

美国重判网络诽谤

据《上海青年报》2006年10月13日报道，2006年10月，美国佛罗里达州一个法庭判决路易斯安那州的凯里·博克女士在网络上对佛罗里达州韦斯顿市的休·舍夫女士进行攻击，称其为“骗子”、“行骗大师”等，构成诽谤，应支付原告1 130万美元的赔偿金，其中500万美元为惩罚性赔偿。

（六）网络恐怖主义

“9・11”事件是美国人挥之不去的阴影，恐怖分子利用网络进行攻击的预言又成为人们新的梦魇。在网络化的社会，发生“数字珍珠港”事件不是没有可能。数千个生命在2001年9月11日的那场恐怖袭击中消逝了。爆炸、劫机和其他大规模破坏活动等恐怖分子常用的手段一度成为人们的话题，也成为一些国家的防范重点。在当今的网络世界，计算机也会成为被恐怖分子利用的重要武器。与一般的恐怖主义不同的是，网络恐怖主义以网络为战场，通过网络上的漏洞进行破坏，达到危害人类的目的。现在全球网络恐怖分子已经蠢蠢欲动，他们正在寻找可导致全球恐怖的漏洞。制止网络恐怖主义需要全球各国政府、企业甚至每个人合作，从预防入手，在每个环节采取防范措施，这样才能保证网络的世界安全。

（七）警惕网络暴力

网络暴力就是在网上发表具有攻击性、煽动性和侮辱性的言论，损害当事人名誉。网络暴力亟待运用教育、道德、法律等手段进行规范。

“网络追杀”事件引发的网络暴力

2006年，一个发生在中国多家网站上的“网络追杀”事件，引起了国内外舆论的关注。该事件的起因是，一个丈夫在网上发帖，谴责妻子与网名叫“铜须”的大学生有“一夜情”，并公布了两人的网络聊天记录和“铜须”的QQ号。他的帖子很快激起了强烈的反响，攻击偷情主角的“哄客”队伍迅速由数百人发展到数万人，相关网站的点击率迅速飙升。

中央电视台对这一事件做出了反应，批评网民的行为是“网络暴力”，但未就“第三者事件”本身做出道德评价。而网民则在天涯论坛组织起了新一轮的反击活动。“铜须事件”引发海外媒体的密切关注。《纽约时报》、《国际先驱论坛报》和《南德意志报》等欧美报纸相继刊发报道，质疑中国网民的做法是对个人权利（隐私权、情感和生活方式选择权等）的严重侵犯。《国际先驱论坛报》以《以键盘为武器的中国暴民》为题，激烈抨击中国网民的“暴民现象”。在西方人看来，这场虚拟事件正在演变成大规模群体性暴力事件，并已成为社会生活中的不和谐音符。

在该事件的整个进程中，在各相关网站，网民的反应几乎是一边倒地愤怒声讨偷情主角。相反的声音十分微弱，被淹没在众口一词的声讨之中。一些网民肆无忌惮地侵犯事主的隐私权，通过各种手段搜出“铜须”的真实姓名、所在学校、手机号、家庭和学校的电话号码、父母的住址、求职简历、他在国外的女友的姓名、他的照片、女事主的照片，并把这一切都公布在网上。凭借这些信息，人们对他及其家人进行无休止的骚扰和羞辱，使其身心受到严重伤害。网民的语言充满暴力色彩：有人叫嚷“以键盘为武器砍下奸夫的头，献给受害的丈夫做祭品”；有人诅咒让偷情者“死无葬身之地”；有人发布“江湖追杀令”，呼吁全社会封杀“铜须”，堵死他大学毕业后求职的路。一些网民组织虚拟审判，在虚拟世界中以“静坐”、“游行”、“谩骂”、“自杀”等形式集体声讨事主。

互联网是一把双刃剑，具有“善恶双重品格”。“互联网之善”表现出某种令人激动的特性，面对“孙志刚事件”及其一系列侵犯百姓权益的案件，正是互联网民意促成“收容遣送制度”的取消，改善了底层民众的生存状况，显示出互联网的强大能量。但是“陈易卖身救母事件”、“虐猫女子事件”、“铜须事件”提示人们，有必要建立起合理的网络规则，其核心是划清言论自由与侵权的界限，对侵犯个人权利尤其是隐私权的网上言论，应该有一套有效的监督机制，使侵权者不能逃脱应负的法律责任。

五、网瘾症

互联网充斥着形形色色、无穷无尽的信息，能满足不同个体对信息占有与索取的需求。另外，互联网有开放、平等、相对宽松自由的环境，能使人产生对其他任何事物都无法产生的亲密感、无时空感和无压抑感，因此容易导致使用者上瘾。

网络可以让人们足不出户就能获得自己所要的物品、想要的信息，可以让网民交到一些网友，可以聊天，可以听音乐、看电影，在虚拟的世界中网民的生活似乎比在真实世界更丰富多彩。然而，网络却使网民与生活现实的距离进一步拉大。长期沉溺于网络当中的网民容易产生人际交往障碍，其性格变得孤僻，与他人距离疏远，对人冷漠，容易变得孤独、苦闷、焦虑、压抑，甚至情绪低落、消沉、精神不振。长期沉迷网络易让人产生空虚的感觉，并引发心理常见疾病，如躁郁症、厌食症、强迫症等。痴迷网络者与现实世界接触机会减少，与家庭成员缺乏沟通，造成精神抑郁、情绪低落，生理、心理都受到影响。人们习惯于网上的指令，回到现实世界，有可能造成人与人之间的交流的不顺畅。

上网成瘾不仅危害网民自身的身心健康，还对网民个人家庭、社会造成危害。为了有效克服网瘾症，专家提出了以下建议：利用业余时间上网，上网时间每天控制在两个小时以内，千万别打破正常的饮食与生活习惯；上网要有明确的目的，要有选择地浏览自己所需要的内容，不要漫无目的；上网过程中应保持平稳的心态，消除猎奇心理，不宜过分投入；别迷信网络爱情，要知道爱情是在现实中的；不要为了打发时间而泡在网上。

但是我们也要反对夸大网瘾症的危害，甚至将其归入精神病的做法。网瘾症从根本上来说是一种媒体依赖现象。

六、数字鸿沟

信息技术的发展还造成贫富国家的差距进一步拉大，即强者越强、弱者越弱。这在新媒体方面表现得淋漓尽致。一方面，在家庭计算机拥有率较高的西方国家，新媒体发展迅速，个人获取网上信息非常便捷；另一方面，许多第三世界国家的温饱问题与教育问题尚未解决，更谈不上入网或从网上获取信息。这就造成富国容易获得信息，从而能获取更多财富；而穷国信息闭塞，经济更为落后。

目前，世界各国范围较大的基础网络都是由国家统一规划布局并兴建的基础性信息设施。各国综合国力、技术水平各异，网络的发展水平也存在很大差别。传播和技术已日益冷酷无情地把世界隔离成两座营垒。一座营垒由那些受到良好教育且极具经济实力的信息精英把持盘踞，他们是计算机系统的经营者，控制着传播工具。另一座营垒则属于传播圈的“下层阶级”，这里的成员文化水平有限，他们在巨大的传播机器的摆布下过着物质与精神双重贫困的生活。信息成为能迅速接触它，并能有效地处理它的人的力量源泉，互联网则加速了弱势更加弱势、强势更加强势的进程。

尽管中国的互联网在短时间内发展得突飞猛进，但如果以网络用户占国民总数的比例与世界发达国家和地区横向比较，就会发现我国网络用户占全国总人口的比例与发达国家和地区的差距还很大。网络的发展和普及取决于综合国力以及国民的科技文化素质。中国作为地域辽阔、人口众多、经济文化发展水平不平衡的发展中国家，将始终面对信息时代数字鸿沟这一严峻问题。

数字鸿沟首先表现在与发达国家和地区的差距上，中国不仅与北美、欧洲诸国差距巨大，而且与亚洲的日本、韩国、新加坡等国差距也甚大。中国内地与香港、澳门、台湾地区也存在很大差距。

数字鸿沟在我国东部地区和西部地区、中心城市与中小城市、城市与乡村在网络基础设施、网络知识与技能教育、网络用户数量等方面都存在着较大差距甚至巨大差距。

数字鸿沟造成互联网上各国舆论力量失衡。发达国家尤其是美国舆论主导新媒体，而发展中国家因技术、资金和人才问题在新媒体中的地位甚至低于在报纸、广播、电视中的地位。

各国计算机和网络技术水平的差异使发达国家在互联网上占据了优势地位。相对富足的西方国家拥有较强的网络信息生产能力，新媒体中来自发达国家的声音多，而来自发展中国家的声音少，这就是网络信息传播中语言和文化的不平衡。发达国家利用互联网技术控制发展中国家，并凭借新媒体优势对发展中国家实施信息侵略和文化侵略，宣传和鼓吹其文化，进行文化渗透。网络信息内容中所携带的西方价值观、意识形态冲击着非英语国家和民族的人们原有的思想观念和文化。例如美国在新媒体上的优势地位形成美国文化对小国文化的销蚀和征服，最终形成一种以西方文化为主的全球网络文化，这造成发展中国家本民族文化的衰落。如何保护和发扬本民族的优秀文化传统，保持全球文化的多样性，已经成为发展中国家亟待解决的问题。

七、网络谣言

谣言，指的是没有相应事实基础却被捏造出来并通过一定手段推动传播的言论。尽管谣言的历史与人类的历史一样漫长，但是互联网推动了谣言的快速传播。在现代环境下，利用灵活无序的网络传播，谣言传播变得速度更快、作用力更强。

1947 年，美国学者奥尔波特（Gordon Allport）给出了一个决定谣言的公式：谣言＝（事件的）重要性×（事件的）模糊性。他在这个公式中指出了谣言的产生和事件的重要性与模糊性成正比关系，事件越重要而且越模糊，谣言产生的效应也就越大；当重要性与模糊性任何一方趋向零时，谣言也就不会产生了。要想终止谣言的传播，就应及时披露事件的真相，所谓“谣言止于真相”。

2014 年 12 月，疑似猎杀野生动物豹猫的广西男子黄某，在互联网上发布谣言，称猫是在集市购买的，并强调“家养的猫，就是家猫”。经警方调查后，黄某供认，图片确系保护动物豹猫，自己捕猎后将其贩卖。最终黄某被没收非法所得，处罚金 2 000 元，并因散布谣言被拘留 10 天（见图 8—1）。

图 8—1　黄某谎称豹猫是家猫，因散布谣言被拘留 10 天

第二节　新媒体的管理对策

伴随着新媒体在全球的发展，几乎所有国家都认识到在促进新媒体发展的同时也应重视对其进行管理。因此世界上绝大多数国家先后颁布了相关的法规对新媒体传播进行管理和控制。

新媒体的优势是信息传递速度快、信息量多，并且可以与受众之间形成互动，这些都是报纸、广播、电视等无法比拟的。但是，新媒体的迅速发展也带来许多垃圾，包括信息垃圾和政治垃圾。如果任由它们泛滥，就会扰乱社会秩序，破坏社会稳定，甚至直接危害国家安全和人民的根本利益。因此，对新媒体必须进行必要的管理，不然将会形成信息漏洞，会对其他媒体的管理形成冲击。

上网的隐蔽性决定了对新媒体的控制比对其他媒体的控制要困难得多。最近十几年，新媒体的技术突飞猛进，而对其进行的规范管理发展缓慢，于是引发了一系列的管理问题，主要表现如下。

一、互联网监管的难点

互联网泥沙俱下、鱼龙混杂的信息流，必须通过技术、行政及法律手段正本清源。目前，网络已成为全球性的虚拟社会系统，它是整个社会的缩影，因而网络问题的存在具有全球化的色彩，这无疑加大了网络问题的监管难度。对互联网进行监管，存在不少难点。

(一) 传播者身份的隐蔽性

在互联网上传播色情信息、恶意言论、计算机病毒等有害信息的人大多匿名或用假名，他们可以通过一系列技术手段隐藏自己的 IP 地址，其身份在虚拟空间难以辨别和确认，这使网络服务提供商及管理部门寻找侵权主体非常之难。至今还没有更高明的刑侦手段来解决这个问题。

很多有害信息都是从看似合法的个人主页上传播出去的，这使得有害信息具有千千万万个传播源，导致网络上的有害信息层出不穷。新媒体的这种特性导致对网络不良信息的控制比控制传统媒介上的不良信息要困难得多。此外，网络用户可以自由地访问各类网站并上传自己的文章，利用论坛、Web 2.0 网站所发布、传播的反动、色情及含有诽谤、侮辱他人内容的信息日渐增多，这也给监管网络有害信息带来一定难度。

(二) 传播时间和地点的不确定性

由于网络上的不良信息都是通过计算机随时发布的，大范围的信息的横向整合与提供由系统自动进行，所有的终端、用户都有可能是信息发布主体，而不仅仅是单一的某一家网站；同时，传播者可以在瞬间完成传播信息的任务，而且不留痕迹，然后再换一台计算机或另外一个地方，这给有关部门的查证、侦破和审理都带来很大困难。

(三) 传播者自身具有较高的技术水平

互联网技术在突飞猛进的同时，从事非法行为和恶意传播活动的人所具备的计算机与网络技术水平也在不断提高。一般的黑客都是计算机专家，其计算机技能不低于管理部门和执法机构工作人员的水平。所以，对于破坏互联网安全的黑客们，法律取证成为制裁他们的最大障碍。到目前为止还没有研制出足够有效的工具或产品来对付那些无处不在而又行踪不定的害群之马。

(四) 跨国传播挑战司法管辖

新媒体是超越国界的。在网络信息的流动中国界观念是模糊的，用户可以轻而易举地登录世界上任何一个国家和地区的网站、BBS、聊天室，这使网络用户出现了地域上的极端分散性。在网络上从事违法犯罪活动经常会影响很多国家，然而在处理这些违法犯罪行为时，国界的观念是非常清晰的。一旦在一国的纠纷涉及国外事务，该国就可能丧失了管辖权，即使发现了违法信息发布者的真实身份或拥有了一定的证据要把网络犯罪嫌犯绳之以法，但首先要解决的是如何判定起诉地点，应该适用哪国法律，国与国间或国家与地区之间的法律体系发生冲突时如何协调等管辖权方面的棘手问题。

（五）文化传统不一

本国认定有害的信息在他国可能并不被认为是有害的。例如，在英国可以在网上流通的图片，在有些中东国家却被认为是色情的，是绝对禁止的。同样在英国被认为必须要禁止的信息在另一些国家（斯堪的纳维亚的一些国家）中却认为是可以流通的。可见，到底怎样来定义有害信息实际上是很难的。文化、道德、法律观念的差异导致对信息内容的不同认定标准，这给网络信息内容管制带来巨大的挑战。

（六）政策法规滞后

法律往往落后于科技的发展，新媒体的飞速发展与相关政策法规管理的落后形成鲜明对比。同时，管理机构对于互联网这个全新的媒介暂时还缺乏管理经验，管理手段和方法更新的速度总是慢于网络信息交流新问题产生的速度。一方面是还没有对网络上某些不良信息内容制定管制措施，这种暂时滞后给人一种假象，似乎互联网是一个自由主义的乐园、法律的真空地带、从事违法犯罪活动的天国；另一方面是新出台的法律法规中的某些制度又缺乏现实可操作性，执行起来存在各种冲突或难以实现。

二、互联网信息流通中的政府控制

互联网在把无数信息展现在世人面前的同时也可能使虚拟空间陷入混乱无序，依靠“冲浪者们”的自律和自我教育并不如想象中那样有效。网络出现后的一系列新的特点和许多暂未界定的新媒体权利使许多原有的法律无法有效约束网络行为。在互联网的发展中，政府的重要性是不容忽视的，它不仅是互联网的发起者和管理者，还应当是互联网发展的促进者。政府有责任净化网络内容，保障网络安全，增加民众上网机会，使这一新兴媒体得到蓬勃发展。

（一）政府作为互联网的发起者和管理者

在大众传播的发展历程中，政府始终扮演着重要的角色，互联网的出现和快速发展也不例外。最先出现的互联网是美国国防部在 20 世纪 60 年代末开发的一个电脑网络，目的在于加强其遍布全球的基地之间的联系。但网络思潮深入人心还是从 1992 年克林顿与戈尔的竞选活动开始，当时他们的关于“信息高速公路”的说辞逐渐进入公众的视野。从 1993 年入主白宫开始，克林顿政府开始了一系列建设“国家信息基础设施”（NII）的努力，力图使全美的每个公民最终都能进入这一新的网络。英、德等发达国家争相效仿，相继提出了发展本国“信息高速公路”的计划。生怕落后于日新月异的信息时代，世界各国的政府几乎都迅速行动起来，根据新的形势调整或制定发展策略。大量的人力物力投入到建设宽带光纤和其他基础设施、培训专门人才和鼓励市民上网的努力中。和其他许多国家一样，中国政府承担了建设主干计算机网的工作。这样，政府在提供启动资金、制定全国性的条例和通用标准方面发挥着巨大作用。

目前，技术上对网络的硬性控制暂时还没有跟上，并不意味着互联网是自由主义的乐园。权力组织缺乏管理经验并不意味着它们没有管理能力。互联网可能暂时削弱了控制力量，但硬性的控制将会以同样的科技手段实现。目前，通信运营商有权切断用户的线路，软件的设置可以在一定程度上过滤网络广告，BBS也处在不断的监管之下。事实上，对互联网信息流通的控制是无所不在的，所不同的只是隐藏和明显、软性和硬性的区别罢了。一个突出的例子是，1999年俄罗斯开始要求网络服务提供商安装监管设备，这使安全部门现在不需要法庭命令就可以监督互联网通信。

（二）监管互联网的实践和争论

在互联网出现之后，一系列新的传播特点和尚未界定边界的新媒体权利使许多原有的法律束手无策。规范互联网的论题在美国、德国、中国、新加坡、法国、澳大利亚等许多国家引起热烈的争论。这场争论事实上是在言论自由的支持者和相信应当采取信息审查的人们之间展开的，焦点逐渐集中在“引起反感的内容”，如淫秽内容上。各国都开始立法管理互联网内容及其使用。

尽管是否应该监管互联网的争论还在继续，但事实上，所有国家都对互联网进行了或明或暗的监管。

新浪2001年4月18日报道，美国国会发布报告称，美国政府一直以来违背它自己的网络政策，暗中对政府网站访问者的网上行为进行跟踪。这份报告审查了16个政府代理机构，发现政府网站不顾对收集访问者的个人信息的严格规定，使用Cookies跟踪记录访问者的浏览和购物习惯。该报告还列举了一些使用跟踪技术的政府服务网站，这些网站的管理人员被政府赋予了特殊的访问权限。美国参议院的政府事务委员会主席弗雷德·汤普森（Fred Thompson）声称，美国国会计划通过立法成立一个专门委员会来监督政府的这些行为。美国国会的调查表明有相当一部分政府网站使用了跟踪设施，其中包括能源部、交通部、教育部和内务部，国家航空航天部也在其中。而根据美国政府的政策，只有在有特殊需要和得到部门领导授权的情况下才能跟踪访问者的网上行为。该报告称，美国交通部有23个（其中包括3个授权网站）、联邦政府有15个、能源部有11个、财政部有6个、教育部有4个网站违反规定收集个人信息。美国国家航空航天部承认有3个网站收集个人信息，但实际的数目可能更大。

在崇尚自由与民主的美国，许多网民和新闻媒体反对对互联网进行监管，而且抨击其他国家管制互联网的行为。然而，“9·11”事件在很大程度上改变了这种观点。“9·11”事件使美国人认为互联网不安全。

CNN 2002年9月10日发表的文章称，在“9·11”事件之前，美国联邦政府所属机构大多认为互联网安全无虞，因此把它作为存储公共文件的图书馆以及彼此迅速联系的通信工具，但“9·11”事件之后行政当局意识到，恐怖分子也在利用互联网，并掌握了同样的技术。据2002年一项由皮尤互联网和美国生活项目所做的研究发现，69%的美国人认为，为了使资料不落入恐怖分子之手，政府可以为所欲为，即使公众将因此丧失自己所需的资料也没有关系。这项研究发现三分之二的美国人认为，政府应该被赋予广泛的权力，来决定应该把何种信息发布到网站上；如果是出于打击恐怖活动的需要，他们对美国政府审查互联网网站的做法并不担心。

在遭受“9·11”事件恐怖袭击一年之后，美国政府和一些私人网站已将一些涉及化学工厂和化学制品、军事基地和其他类似的敏感资料从互联网上删除。即使是那些在以前极力强调公众对政府信息有知情权的人士也认为，如果对打击恐怖主义活动有帮助的话，可以将某些信息从网上删除。

但公民自由团体和政府监督机构的人士争辩说，尽管他们理解一些资料应该从互联网上清除，但担忧这种“清除”无人监督，而且移除一些公共信息将使公众利益受损。争执双方其实并无根本分歧，问题的焦点是，如何在信息资料的公共使用和安全之间做出平衡。

美国人对允许官方限制某些网上信息的容忍度与允许当局窥探电子邮件活动的容忍度是不同的。不到半数的美国人认为，政府没有权力监视私人的电子邮件和互联网通信活动。如果当局打击恐怖主义的政策导致政府监视公民的网上活动的话，很多美国人就表现得非常担心。这个调查发现，在对待网民的网上活动和网民可获悉何种网上信息方面，“9·11”事件所留下的创伤对人们的看法有着深远的影响。

（三）制定符合实际的传播控制策略

控制和自由如一个硬币的正反面，是不可分割的。但是这里的控制策略的制定，必须结合新媒体的实际情况，不能沿用对传统媒体的控制办法。

互联网的开放性、自由性、互动性和低成本化为网上“噪音”传播提供了技术上的可能，新媒体的突破地域、时间、信息量界限等特点无疑为新媒体的控制增加了难度。对于传统的大众媒体，国家可以通过制定法律、法规和政策控制媒体的立场，保证其为国家的主流意识形态和广大人民的利益服务。但对于新媒体来说，这种有形的控制手段很难奏效。一方面，每天网络信息在大规模地更新流动；另一方面，每天又会有大量的新网站出现，国家根本无法实现全面监管，而对于网络自身的特点，国家欲实施审批登记或经济控制的方法也不具有现实性。

目前对于网络新闻传播，主要有以下几个层面的控制策略。

（1）技术监管。通过信息过滤、邮件监管、自动跟踪等各种技术措施对互联网进行管理，是一种无声的有效方法。

（2）加强新媒体的法律法规建设。这是一种硬性控制手段。目前，世界各国的计算机和网络立法才刚刚起步，总体上，网络法律法规还缺乏经实践检验后修正完善的过程，立法的类型还很不全面。而且立法毕竟只是形式上的问题，更大的难处在于执法的障碍重重。对互联网信息传播的监管，对违法事实的调查、取证，与国际法律的协调等都是执法部门的新课题。

（3）加强网络道德规范。虽然这只是一种软性的控制手段，但也是一种相当有效的手段，毕竟控制的最高境界是防患于未然。道德与法律一起成为现代社会调节人与人之间关系、规范人的行为、维护社会安定的两大支柱。道德通过舆论、习俗、信念发挥作用，法律通过威慑和惩罚发挥作用。网络作为现代人生存的第二空间理应有自己的一套伦理道德体系。

应该指出的是，网络道德规范的建设与网络本身的内涵有着天然的契合。网络倡导平等、蔑视霸权，要求互助合作、追求公开公正，这一切为网络道德伦理体系的建设奠定了良好的基础。

法律是最昂贵的社会组织工具，它的作用常常产生在事后，这就使得法律失去了人们的信赖，人们不能指望有法律的存在就能随时杜绝违法行为的产生，使得社会经济系统在运行过程中耗费了大量的成本用于实施法律之外的民间保障行为。而道德，如亚当·斯密所说，是出自一种对光荣而又崇高的东西的爱，一种对伟大和尊严的爱，一种对自己品质中优点的爱。道德的实质就是同情心，就是对同胞的爱和对自我利益的克制，这是受个人利益支配的命令，它是主动的，而不是被迫的。因此，从这种意义上说，我们认为道德自律对媒介或对传播者的作用要大于法律的作用。因为有了道德，人类社会才变得丰富多彩，才会运转有序，才会始终保持积极向上的时代主旋律。

(4) 经济制约。经济制约策略指采用税收的增减、产业政策引导等经济手段，培植积极健康的网站，制约不良低俗网站的发展。

(四) 互联网监管的效益/成本的思考

事物往往具有两面性，对互联网进行监管是要付出代价的，而且监管越是严格，成本就越高。这里的成本是指广义的社会成本。

中国政府采取监管的决心是坚定的，措施是严厉的。中国政府投入了大量的资源积极发展互联网硬件，积极成为“互联网大国”，并出台了一系列限制性法规，且建立了网络警察部队。在社会稳定与经济发展之间，中国政府选择了社会稳定，这种选择无疑是正确的。

不过，对互联网信息流通监管得过分严格要付出昂贵的代价。这里的代价则是指广义上的社会代价。

三、对互联网的法制管理

(一) 世界各国纷纷加强对互联网的立法

从 20 世纪末开始，互联网在全球范围内迅速发展，互联网具有传播速度快、传播范围广、信息量大、多媒体、互动性强、检索便捷等巨大的优势，成为引人注目的“第四媒体”。但是互联网中的信息在权威性、可信度、知识产权保护、信息安全性方面不如传统的传播方式，同时在互联网上还存有大量的黄色的、反动的、虚假的信息垃圾。因此世界上绝大多数国家先后颁布了相关的法律法规对网络新闻传播进行管理和控制。

由于网络信息传播具有隐蔽性、连续性、无国界性，其中的有害信息带来了极坏的社会影响和破坏作用，直接危害国家的政治、经济、文化等各方面的正常秩序，所以运用法律手段来管理网络信息是有必要的。网络信息立法的几个重要领域包括：对计算机病毒传播者的处罚，追究非法利用他人私人信息和数据的法律责任，打击在互联网上建立淫秽网站、网页的措施，对网络盗版与网络信息合理使用的界定等；可引以为鉴的法律法规有：美国的《网上儿童隐私保护法》、澳大利亚的《广播服务法案修正案（网络服务）》等。目前虽然已经有了相关方面的立法，但是总的来看，网络信息内容立法涵盖的范围仍很小，有的领域几乎是空白，对于现在已经发生的一些问题仍然没有可循的法律措施。所以还应该坚持不懈地努力加快网络信息管理的立法步伐，兴利除弊，建立更加完善的网络内容管理立法体系。

美国1996年2月8日颁发的《通信道德条例》规定，不仅通过新媒体发布有害青少年的内容要受到惩罚，甚至知情者也有罪。德国制定了《信息与通信服务法》，为互联网的管理提供了法律依据。

世界上第一部关于互联网的法律是1997年德国的《信息与通信服务法》，该法案提出了网络服务提供商的责任三原则：第一，对自己提供的网上信息内容负全部责任。第二，对网上提供的来自他人的内容只是在一定条件下才负有责任，这个条件就是若知道有关内容违法，并且有可能阻止其传播。第三，对于仅仅提供了进入通道的网上信息不负责任。

中国政府已于1996年2月发出通知，要求进入互联网的计算机用户进行登记，以便加强管理，成为率先采取措施规范互联网的国家之一。为了促进中国互联网新闻传播事业的发展，保护互联网站登载新闻业务的合法权益，维护互联网新闻的真实性、准确性、合法性，相关部门制定了《互联网信息服务管理办法》、《互联网站从事登载新闻业务管理暂行规定》、《互联网电子公告服务管理规定》。在中国，互联网的发展为人们提供了较为充分、及时的新闻信息，但由于缺乏必要的管理规范，一些互联网网站登载新闻信息时不与新闻单位签订协议，不注明来源，擅自转载新闻单位发布的新闻或冒充新闻单位发布新闻，侵犯了这些新闻单位的正当权益；一些互联网站将道听途说的消息编发上网，转发或引用虚假新闻和有害信息，误导公众，混淆视听，造成混乱，损害了受侵害者的合法权益和社会公众的利益。依法规范互联网网站登载新闻信息，使互联网网站能够对公众负责，对社会负责，这既是广大公众的要求，也有利于促进互联网在中国的发展。

（二）《互联网信息服务管理办法》

时任国务院总理朱镕基于2000年9月25日签发国务院令（第292号），宣布实施《互联网信息服务管理办法》。该办法对互联网的性质分类、申报登记、内容管理、经营管理等各方面均做出了详细的规定，并制定了有关处罚措施。该办法第15条规定："互联网信息服务提供者不得制作、复制、发布、传播含有下列内容的信息：(1) 反对宪法所确定的基本原则的；(2) 危害国家安全，泄露国家秘密，颠覆国家政权，破坏国家统一的；(3) 损害国家荣誉和利益的；(4) 煽动民族仇恨、民族歧视，破坏民族团结的；(5) 破坏国家宗教政策，宣扬邪教和封建迷信的；(6) 散布谣言，扰乱社会秩序，破坏社会稳定的；(7) 散布淫秽、色情、赌博、暴力、凶杀、恐怖或者教唆犯罪的；(8) 侮辱或者诽谤他人，侵害他人合法权益的；(9) 含有法律、行政法规禁止的其他内容的。"违者"应立即停止传输，保存有关记录，并向国家有关机关报告"。

（三）《互联网站从事登载新闻业务管理暂行规定》

国务院新闻办公室、信息产业部于2000年11月7日联合发布《互联网站从事登载新闻业务管理暂行规定》。该规定为促进中国互联网新闻传播事业的发展，规范互联网站登载新闻的业务，维护互联网新闻的真实性、准确性、合法性，奠定了一定的法规基础。

该规定第13条规定："互联网站登载的新闻不得含有下列内容：（1）违反宪法所确定的基本原则；（2）危害国家安全，泄露国家秘密，煽动颠覆国家政权，破坏国家统一；（3）损害国家的荣誉和利益；（4）煽动民族仇恨、民族歧视，破坏民族团结；（5）破坏国家宗教政策，宣扬邪教，宣扬封建迷信；（6）散布谣言，编造和传播假新闻，扰乱社会秩序，破坏社会稳定；（7）散布淫秽、色情、赌博、暴力、恐怖或者教唆犯罪；（8）侮辱或者诽谤他人，侵害他人合法权益；（9）法律、法规禁止的其他内容。"

（四）《互联网电子公告服务管理规定》

信息产业部于2000年11月7日发布了《互联网电子公告服务管理规定》。该规定为加强对互联网电子公告服务的管理，规范电子公告信息发布行为，维护国家安全和社会稳定，保障公民、法人和其他组织的合法权益，奠定了法规基础。

（五）维护新媒体安全的法律、法规、措施

中国国家保密局于2000年1月公布《计算机信息系统国际联网保密管理规定》，明确规定凡向国际联网的站点提供或发布信息，必须经过保密审查批准，同时也规定凡在网上开设电子公告系统、聊天室、网络新闻组的单位和用户，应由相应的保密工作机构审批，明确保密要求和责任。

由于互联网信息传播的跨国性，没有哪一个国家、政府能够独立地完成好互联网信息内容管理这项任务。由于各国法律体系的不一致及司法管辖范围的局限，国内法律往往不能越境发挥效力（如境外传来的儿童色情内容）。为了建立健康的网络信息环境，充分发挥互联网的积极作用，净化人类共同的网络空间，世界各国都应该高度重视国际合作。

目前中国针对网络违法犯罪的处罚条款，散见于《刑法》、《民法通则》和《中华人民共和国计算机信息系统安全保护条例》等法律、法规中，这些法律法规还不够系统、不够集中，操作起来比较困难。而国外从1997年起，已经出版了一批有关网络法的学术专著，多数发达国家及一部分发展中国家已开始制定和完善网络法。网络法应解决网络给知识产权保护带来的问题，规范电子商务活动，对网上信息进行法律控制。网络法同时必须保证网民的自由权。这一点，网络警察在执行公务时也必须遵守，因为互联网毕竟是一个自由的世界。

为严防黑客、堵控不良信息，我国公安部拟建立全国监控体系，将对国际互联网上的各种信息进行监控，及时发现需要过滤的国外信息站点，对于国内的不良信息内容，及时制止传播，并且进行安全检查，对犯罪的行为现场进行勘察、取证和鉴定。

中国政府还下令全国各地的网吧安装能防止网民进入非法外国网站的软件，此软件还能在网民企图浏览非法网页时通报警方。如"Filter King"（过滤王）软件除了具备记录网民企图进入遭查禁网站的次数的功能以外，还能每日向地方警署的互联网单位寄发报告。

四、网络中的道德伦理约束

网络负效应不是仅仅靠法律和技术就能够解决的。提倡网络文明，加强网络道德建设，是

有效管理网络信息的重要保障。强调道德建设的原因之一是法律调整的范围是有限的，法律只是禁止和制裁不法行为，对于网络上形形色色的问题不可能一一解决。为此，网络伦理成为减少网络不良信息的一个重要途径。网络道德包括网络信息经营者的伦理守则或行为规范、网络用户的网络礼仪。业界的信息伦理守则可以约束各个机构、组织、企业人员的信息行为。网络礼仪是对在网络上应该做什么和不应该做什么所做出的规范。网络道德在唤起网络用户的道德感，在养成尊重知识产权以及他人隐私信息的习惯、规范用户的网络信息行为、维护网络信息秩序等方面，能够发挥明显作用，甚至在消除有害信息方面可以充当“准法律”的角色。

越来越多的人认识到自律是管理网络信息的一个重要手段。由于网络特有的自由度和开放性，过于严厉的管制手段反而会影响网络信息资源的正常开发与利用。与政府的直接干预比较，自律有其优势，是一个较适合的政策取向。防止有害和非法信息在网上传播还有待于网络用户本身素质的提高，只有每一个网民的自觉性和责任心都得到提高，才能最终消灭滥用网络的行为。

人性中有阴暗、虚伪的一面，受法律、道德等规范的约束，一般不会轻易表现出来，但是在缺乏法律和道德规范约束的条件下，人性的阴暗面会不同程度地显现。虚拟化及相对宽松自由是网络的重要特征，它一方面给网民在网上呈现真实的自我提供了条件，另一方面也给非道德行为甚至是违法乱纪行为撑起了保护伞。

人们生存和从事一切活动都需要秩序，而道德是社会秩序的主要维护者之一。物理空间是人们长期生活在其中并熟悉的实在，是传统道德的基础；它的道德监督、规范大多是非强制性的，具有柔性特点，其评价主要是人们的是非观、传统习惯和社会舆论。网络中的交往是虚拟的、符号化的、封闭式的，从传播范围的速度看，具有“时空压缩化”的特点。因此，网络中道德行为的监督和管理方式不同于物理空间，这就使物理空间中的传统道德监督和评价受到了网络道德与评价的冲击。

应该看到，网络时代的传统教育方式的功能和道德传递效果相对减弱，随着现代通信技术及网络的发展，网民以极快的速度接受新的知识或信息，道德观念也随之变化。这就大大拓展了他们思维和行动的空间，同时也增强了道德行为的自由度和灵活性。因此，在现有的环境下如不加强道德责任感教育，由此产生的不良后果是非常严重的。网民是社会中最活跃、最有潜力、最有作为的群体，是社会发展最有生气的动力，他们的道德状况敏锐地反映着社会伦理的发展方向。在网络世界尤其应增强伦理意识和道德责任感，让网民养成良好的道德习惯。遵守网络规范是这一时代赋予网民的道德责任。因此，加强对网民的道德教育、心理调整和行为引导是十分必要的。

作为现代科学技术的成果，网络本身是中性的，无论是良性作用还是负面效应，都是参与其中的人“制造”的。网络可以改变人，人类也可以改变网络。我们不能因为网络存在种种弊端而因噎废食，视网络为洪水猛兽。相反，在人类历史跨入一个新的世纪后，我们应该认真总结和反思网络道德问题，充分利用网络的优势，在道德教育方式方面进行一场革命，借助现代科技手段，提高道德教育水平。目前网络教育已在发达国家普遍兴起，并日趋完善。要提高中国网民的道德水平，及时排除各种不利于网络发展的道德困惑，还必须借助现代技术手段。

五、技术管理

有效地克服互联网带来的负效应的对策，除了加强政府对互联网的监管、对互联网进行法制管理、倡导文明的网络道德外，还要有技术措施，即以技术对抗技术，进一步加强技术控制。只有采取比网络污染者们更先进、更高超的技术手段，进一步加强技术控污能力，才可能清除这些同样是高科技的产物，如不良信息、垃圾信息，尤其是信息“病毒”污染源。例如对于垃圾信息问题，可以通过开发技术控污产品，采用反垃圾过滤器解决；对于计算机病毒问题，可以培养专门的计算机安全专家，制订病毒防范措施，增强反病毒技术的研究与开发能力，在病毒检测、病毒消除、病毒免疫和病毒预防等方面努力研制新产品；对于色情信息的防范，可以通过过滤软件和分级系统来实现，高新技术的使用在一定程度上可以把网络不良信息屏蔽在用户视野范围之外。

互联网上的电子邮件、BBS系统及电子广告等的设立，原本是以高科技为依托，为用户提供快捷、灵活的信息服务的，而现在这些却成了信息垃圾的传播源。

世界各国正在积极研究开发信息控污技术、反病毒技术，积极防范信息污染，主要包括：(1) 研究确保网络信息真实性的控制技术，如使用口令、数字签名以及在工作站和网络服务器上使用用来鉴别用户的标号，对超界值的检验等，以预防信息的变形与失真。(2) 对于网络上的淫秽信息和意识形态领域的越境信息采用以防火墙为主体的多重信息保护措施予以过滤。(3) 进一步研究反病毒技术，在病毒检测、病毒清除、病毒免疫和病毒预防等方面增强反病毒技术的开发，防止计算机病毒对信息的污染和破坏。

互联网管理是一项极其复杂、艰巨而又长期的任务。任何一种管理手段都只能起到一定的作用，而不能够全部解决网络有害信息传播中的问题。不管是通过法律手段、技术产品还是道德教化和自我约束，不管是他律还是自律，每种方法都有一定的局限，都不是百分之百地奏效。所以，网络信息内容的监管应该是一种综合管理，在管理模式的选择上应该确立一个综合管理框架，综合法律、政策、技术、伦理等多种管理手段，使它们互相配合，互相协调。只有这样才能最终实现对互联网的有效管理，才能真正建立一个无污染、无噪音的赛博空间（Cyber-Space)，才能充分发挥网络信息资源的作用，才能给人类社会带来一个健康、有序的网络信息交流环境。

对互联网的管理，除了法律法规管理、道德伦理约束、技术管理之外，还可以通过税收、产业政策等经济手段进行管理。

六、关于网络实名制的讨论

在互联网日益普及的今天，世界各国在享受互联网带来的巨大益处的同时，也都面临网络带来的负效应，如网络欺诈、网络毁谤、网络暴力等不法活动。为了克服网络负效应、加强对互联网的管理，有人提出了网络实名制的方法，其出发点和动机是好的，但问题在于是否可行。

（一）韩国的网络实名制是非强制性的

10 多年前，韩国试图在全国范围内强制实施网络实名制。根据韩国信息通信部的解释，该举措的目的在于“打击网络犯罪”，采取的具体手段是用户必须在输入真实姓名和身份证号码并通过验证之后，才可以享有在互联网上发言的权利。不过，网络实名制的政策立即在韩国境内遭到广泛抵制。以“参与联合会”和“进步网络”为首的 15 个市民团体曾在首尔举行主题为“网络实名制能否解决根本问题”的记者会，批评政府推进网络实名制。他们认为，网络实名制将导致“言论自由的萎缩、个人信息的暴露”，对“有良心的互联网公众”是不公平的。更重要的是，网络实名制可能导致在韩国形成一个“恐怖的监视社会”。他们提出的对付网络暴力的有效措施是，网站负责对其网站内的网络犯罪行为采取措施，同时通过人权教育活动，提高韩国社会保护隐私的意识。

事实上，韩国的网络实名制也暴露出了不少问题，例如，近 90 万人的身份证号码在网上被公布了，不仅对公民的隐私权保护带来了严峻挑战，而且大大方便了黑客及心怀不轨者进行不法活动。实行网络实名制可能会使网民的隐私更容易受到侵犯，任何人或机构都无法保证不泄露用户资料。

在经历一段时间的争议后，目前韩国事实上实行的是建立在自愿基础之上的实名制，与我们所理解的强制性实名制不同。

退一步说，即使韩国网络实名制取得了成功，也不能说在中国网络实名制也能成功。中国在人口数量、国土面积、发展不平衡程度、社会管理难度等方面与韩国大相径庭。此外，中国还有不少特殊问题。例如，由于我国在户籍管理上存在着一些弊病，造成身份证号码雷同。在造假技术日益高明的现实中，一个坏人能很容易钻实名制的漏洞，实名制很容易变成“防君子而不防小人”的摆设。

（二）网络实名制是一把“双刃剑”

其实，实名制与互联网一样，是一把“双刃剑”，实施网络实名制需要付出不少社会成本。

首先，实名制的实施需要一系列配套措施，尤其是监督措施，否则它就是一个“稻草人”。然而，监督实名制实施的成本其实是很高的。中国目前还难以找到一种迅速、便捷、有效地核对网民真实身份信息的方法。博客实名的信息确认与安全保障，需要耗费大量人力、财力及技术力量，这对网络运营商来讲也是个考验。如果采用身份证注册的办法，那么后台的技术部门为核实博客身份的真实性，需要调用全国身份证数据库，每调查一次需支付费用。相对于数量庞大的博客群而言，这将是一笔巨资。这笔费用该由谁来支付，网站还是政府管理部门？中国网民数量太多，执行实名制难度太大。中国的国情决定了实行网络实名制的社会总成本很高。

其次，实行网络实名制违背网络经济的发展规律。互联网本身的特点之一就是虚拟与匿名，实行网络实名制会抑制网民数量的增长，制约网络的发展。网络实名制并不会增加网民的社会责任感，两者之间没有必然的逻辑联系。

再次，在中国特有的国情下，实行网络实名制会阻碍舆论监督。网络实名制也许可以在一定程度上防止因匿名而产生过激言论，但是与网络自由的本质有一定的冲突。

最后，互联网本身具有全球性，即使在国内得以成功地实行实名制，谁又能管得了国内网民去境外注册匿名博客呢？谁又能有效制止内地网民去境外网站发表“高见”呢？

实名制有不少失败的例子。实名制的实施还可能会增加盗用他人身份信息的不法行为。

QQ群实名制曾经昙花一现。2005年7月，作为首批网络实名制试点单位，腾讯公司决定根据深圳市公安局相关规定进行“QQ群”创建者和管理员的实名登记，但这一计划遭到网民的强烈反对，并最终淡出公众视线。

2002年，北京某网吧的一场大火直接引发了全国网吧整顿行动。网吧经营者被要求检查客户的身份证明，否则不得接待。这项一直持续到今天的规定被认为是中国网吧管理体制中相对比较成功的。但事实上，在一些中小城市，由于并没有行之有效的措施彻底打击黑网吧，未成年人光顾网吧或使用虚假身份证明的情况依然非常普遍。

显然，实施“一刀切”的网络实名制，至少在时机上还不成熟。

（三）互联网的管理应该以技术管理为主

事实上，笔者认为并没有实行网络实名制的必要，现有的网络跟踪技术已经能够解决大部分的网络犯罪问题。此外，从网民自己取的ID名、昵称中也能反映出网民诸多个性化信息。如果有人进行恶意诽谤、传播谣言、非法煽动等违法活动，完全可以对其进行惩治。美国即使是在“9·11”事件之后，也没有实行网络实名制。美国对互联网的监管以技术管理为主，收到了很好的效果。中美两国均是人口众多、幅员辽阔的大国，其互联网管理的做法对我国有借鉴意义。

互联网本身是高科技的产物，管理互联网也应该建立在技术发展的基础之上。此外，虚拟的互联网是现实社会的折射，只有让现实社会变得更和谐，我们的网络社会才有变得更和谐的可能。

第三节　正确看待新媒体的双刃性

以互联网为代表的新媒体虽然是一把双刃剑，但是其对整个社会的物质文明和精神文明的发展的正面意义远远超过其负面效应，不应该有意或无意地将其妖魔化。而且新媒体的负面性往往是现实社会的折射，很多问题产生的根源并不在网络本身，而是现实社会问题的延伸。

一、新媒体对社会进步的推动是主流

在人类历史上，科学技术的发展受到干扰和遏制的时候，也经常是人性、人类社会发展很不正常甚至很黑暗的时候。如“文艺复兴”前的欧洲中世纪就是这样。相反，科学技术正常和加速发展的时候，也经常是人性充分发展，人类社会进步成绩斐然的时候。这是因为科学技术的发展不仅是追求和体现着“真”（科学真理），而且同时是在追求和体现着“善”和“美”

（狭义和广义的道德）。人类总是通过科学技术的不断发展，追求和实现着“真”、“善”、“美”的统一。蒸汽机、电的发明和应用，无线电、飞机的发明和应用，原子弹、航天飞行器的发明和使用等，使人类进入了高度文明的阶段。虽然这些科技成果的出现都带来了新的问题，甚至提供了使人类自我毁灭的可能性，但从总体上看，它们显然推动着人类文明和社会的进步，现代社会的“成熟度”（如公民理念、法律意识、权益概念等等）显然也是不断提高的。今天新媒体的发展也势必如此，那种过分渲染新媒体发展的副作用、将新媒体妖魔化的做法是把科技发展与社会进步的正比关系这一大前提抹杀了，是本末倒置了。

作为现代高科技代表之一的新媒体，在“科学技术是第一生产力”的今天，对物质生产活动具有极大的推动作用，从而对社会精神文明的发展产生着积极影响。在物质生产活动领域，新媒体的作用首先表现在它对经济信息传播方式的变革上。电话、广播、电视等传统的信息传播手段尽管也能传播经济信息，但均有明显的不足，有的信息直观性差，有的传播范围有限，有的传播速度不够快，从而影响了信息的交流和传播。新媒体克服了上述信息传输手段的不足。作为一个高度开放的系统，它使地理国界等用来定义空间距离的要素越来越失去其意义；它可以满足人们对文本、图像（包括动态图像）、声音的不同需要；它传输的速度极快，能使任何信息在很短的时间内到达目的地。这种高效的信息传播手段的广泛运用，必将强有力地促进经济信息的全球性广泛传播，促进经济信息最大限度地得到收集和利用，造就全球范围的大市场，从而促进生产力要素的优化组合，推动生产力的发展。新媒体对生产力的促进作用还表现在其有力地促进了人类物质生产领域的扩大和产业结构的调整。近年来崛起的信息产业就与新媒体的发展需要密不可分。如今，新媒体这一新兴产业正有力地推动着世界范围内经济的发展。西方发达国家特别是美国，近几年经济持续增长，其重要原因之一就是信息技术产业得到了飞速发展。

新媒体对人类精神文化活动的影响更不能低估。新媒体促进了学术思想和科学研究成果的广泛传播。电子版图书和报刊的发行、网上数据库的开通、网上书店的开张、数字图书馆的建立、信息资源的共享，为学术思想、科技信息和文学艺术作品的传播提供了前所未有的便利条件。另外，新媒体还使教育模式发生了深刻的改变，也为人们展示艺术创造才能提供了新的场所，为人们充分表达各自的思想和意愿提供了技术基础。这些均有助于提高个人素质。

在现代社会，人们面对着越来越多的道德难题和精神危机，如人情冷漠、精神空虚、金钱至上、恐怖主义等。但在互联网中，我们却往往能更多地感受到“真”、“善”、“美”。在互联网中，不论谁有疑难，只要在网上发布求救求助信息，网民一般都会热情地给予无私的帮助。当网民提供这种帮助时，是不期待任何利益回报的。例如，Linux 的设计者不是为了赚钱，而是怀着交流技术、打破微软垄断的理想投入他们的开发，并将源代码公之于众，使之成为免费资源。另外，在互联网中，空间距离的意义弱化，人们交往的频率提高，从而有利于增进人们之间的相互了解和信任。同时，由于互联网中信息传递的可匿名性，活动主体突破身份、角色、地位的现实差别而实现平等交往。这些都有利于在网络中形成一种平等、互爱、和谐的人际关系。有些人甚至认为，在现在这个金钱至上的社会中，也许只有在网络上才能真正体会到人与人之间的那份赤诚和真情。

综上所述，互联网技术的发展为人类自下而上的发展创造了新的技术基础和实现手段，它是人类实现自由、实现理想的强有力的武器，它所内含的有利于生存和发展的道德价值是难以估量的。

二、不能简单地把互联网问题的出现归咎于互联网的发展

伴随着互联网的诞生和广泛使用而出现的问题是多种因素综合作用下形成的复杂的社会现象。人们之所以忽略其他因素对网络的影响是基于这样一种认识：大家熟悉并生活在其中的空间是"物理空间"，而互联网则是所谓的"虚拟空间"（又称为"电子空间"、"赛博空间"）。传统社会中形成的既有道德在网络社会中并不适用，"虚拟空间"中存在着相对独立于"物理空间"的网络道德。对此，我们可加以澄清：把互联网解释为"虚拟空间"，把现实世界解释为"物理空间"，然后把在社会学意义上作为"物理空间"组成部分的"虚拟空间"与"物理空间"割裂开来、对立起来，是完全错误的。其实，网络天地、"虚拟空间"、信息高速公路等，都是始终附着于现实的"物理空间"的，都是现实生活通过技术载体的某种实现、某种表现形式，否则它们就无以存在，毫无意义。"虚拟空间"自身的运行规律只是一种技术规律，只有和"物理空间"结合起来，也就是和处于现实生活中的人的活动结合起来，才具有社会属性和意义。只有以"物理空间"为基础，以"虚拟空间"为媒介，二者共同作用，作为新的表现形式的网络问题才能成立。脱离"物理空间"谈论网络问题，完全是夸大、曲解了互联网对社会的影响。

互联网中出现的问题深受互联网空间外的其他因素影响。这其中，网络空间中活动主体（一般指互联网技术的研究和开发者、互联网运营商以及互联网的一般用户）素质的影响尤显突出。科学是一种强力的工具，怎样用它，究竟是给人类带来幸福还是灾难，全取决于人类自己，而不取决于工具。

此外，网络中出现的许多问题是可以通过网络自身的发展和完善来解决的。

三、新媒体管理方式的创新

长期以来，我国形成了对于新闻出版业的严格管理制度，并且收获了大量的经验，可以说，我国目前对于新媒体的管理沿袭了对于传统媒体新闻管理的思路。

（一）新媒体管理制度的不足

由于新媒体是新生事物，因此在管理上存在困难。目前我国的新媒体管理制度存在着许多不足之处，主要表现在以下几点。

（1）规定不够明确、细化，存在的盲点较多。我国目前涉及新媒体的行政法规、规章，内容不明确、不细化，存在着许多争议和盲点。一些政策法规可行性不强。

（2）违反行政公平、公正原则，不利于打破垄断。一些规章的制定受部门利益的影响很大，不符合行政公平、公正原则。

（3）存在多头执法的不规范管理模式。目前新媒体行政管理的主体几乎遍及所有政府部

门，工业和信息产业部门、宣传部门、国务院新闻办公室、公安部门、工商行政管理部门、新闻出版广电总局、国家版权局、科技部门、教育行政部门、国务院信息化工作办公室、国家保密局等。我国诸多行政管理部门多头管理，分散执法，缺乏执法力度，难以应付新媒体迅速发展中可能出现的各种违法、危害社会安全等行为。

我国能够对新媒体进行管理的部委不下 10 个，其中主要是三个部门在管理新媒体：网络报纸、手机报、门户网站的新闻内容由国务院新闻办公室负责；网络电视、网络视频、手机电视的内容管理，以及网络出版、手机出版由新闻出版广电总局负责；内容涉及违法犯罪的由公安部门负责。

我国目前的新媒体管理制度存在的问题，其产生的根源在于没有脱离传统行政手段和行政意识的桎梏，没有从促进产业发展的角度出发，没有以侧重保护新媒体的最终用户为出发点。这在一定程度上限制了新媒体的活力及无限动力，束缚了新的媒体传播方式给新闻业带来的勃勃生机。

（二）新媒体管理实践中的困惑

新媒体作为高新技术的产物，是在行业的交叉地带发展起来的，横跨多个行业，产业链条复杂。其发展速度之快，带来的问题之复杂，超越了人们目前普遍的认知水平和管理水平，出现了管理责任不明、管理依据不足、管理力量薄弱等问题，也出现了行业发展受利益驱动明显、知识产权保护不力、产业生态环境恶化等问题。

1. 管理责任不明

新媒体管理涉及不同行业和产业部门，在管理上存在很多不明确的地方。比如，是按媒体属性由意识形态主管部门来实施管理，还是按产业属性由信息产业部门来实施管理？这些问题都还没有准确答案，不少业务没有明确的管理主体，没有被纳入管理视野。

2. 管理依据不足

以手机报纸、网络电视为例。具有什么样的资格可以开办手机报纸、网络电视？是否现有平面媒体都可以自动获得这种资格？能否允许新的主体运营？如何对新媒体的内容进行把握和引导？新媒体的知识产权问题如何保障？

3. 知识产权保护不力，侵权盗版严重

在新媒体的知识产权保护中，最大的问题是侵权存有零成本、隐蔽性、迅速性、全球性以及罪证难以搜集等特点。简言之，侵权非常容易，而维权却十分困难。

（三）新媒体管理的变革

新媒体信息数量庞大、内容繁杂、形式多样，信息的发布、传播、处理等具有隐蔽性、传播快、影响面广等特点；信息的发布者、传播者、接收者不容易掌握；参与新媒体新闻传播业务的既有各类企业，又有新闻媒体，主体复杂。所有这些，都使新媒体的内容管理更加复杂。

对新媒体，应当坚持发展与管理并重，通过科学规范的管理促进其健康有序地发展；应当坚持趋利避害，使新媒体为我所用，充分发挥这一新兴传播载体的独特优势。

1. 明确新媒体定位

目前新媒体缺乏作为一种真正意义上的媒体应该具备的丰富的原创内容、健全的采编体系、完善的运作机制、专业的从业队伍，也缺乏作为一种真正意义上的媒体应该具备的公信力和社会地位。新媒体开展跨界技术整合和内容整合是大势所趋，它将创造出一个巨大的媒体市场，因而应将其作为一种独立的媒体加以对待。对新媒体，要从政策上加以明确，从发展上加以引导，从管理上加以规范，打破不同行业和产业的壁垒，在通信业务与传播媒体的互动、互补中找到新的合作和发展模式。

2. 推动新闻媒体拓展新的发展空间

新媒体是一种全新的传媒形态。当前整个互联网正从门户时代向服务时代过渡，从桌面互联网向掌上互联网转型，移动互联网实现终端融合、业务融合和网络融合，预示着互联网产业的重新洗牌，主流媒体完全可以有新的更大的作为。主流媒体要努力适应形势的发展变化，熟悉和掌握科技发展的最新成果，积极运用先进的通信手段，充分发挥自己权威的传播地位、丰富的信息资源、良好的管理经验、过硬的人才队伍，以及稳定的受众群体等优势，转变观念、创新思路、实现传统媒体业务与新型传播手段的有效结合，拓展新的发展空间。

3. 学会运用新媒体，打造新兴舆论阵地

新闻和信息的合理运用是政治成功的关键。合理运用新闻和信息，就必须遵循新闻传播原理，加强对各种媒体的科学掌控和运用。特别是面对现今时代多元化、即时性、多样性的舆论生态环境，必须积极运用新媒体这一最新的传播载体，顺应新闻规律、提高传播技巧、主动设置议程、及时发布信息、努力占得舆论引导的先机、把握正确的舆论导向。

要创新新闻宣传理念。新媒体对传统新闻传播理念造成的冲击开始显现。新媒体受终端显示屏、用户使用习惯等的制约，体现出自身独有的传播特点和规律。变革传播观念、探索传播技巧关系到新媒体新闻宣传的成效，关系到新媒体竞争力的强弱。新媒体与传统媒体在新闻宣传中要“求同”，也要“求异”，即在新闻宣传内容的政治方向、价值取向上必须一致，在新闻选择、话语结构、信息形态、传播方式方面则要体现出差异性。

要创新新媒体内容。新媒体要发展壮大、走向成熟，一定要量体裁衣，有适合自身传播的信息内容。要研究用户需求，丰富服务功能，针对用户群体的差异、接受心态和阅读习惯的变化，运用体现新媒体特征的语言、内容和表达方式进行新闻传播，不能照搬、照抄传统媒体的内容。

新媒体相关业务发展很快，要密切关注其发展态势，适时制订发展规划，着手打造主流网站，建设无线互联网上权威的综合信息发布和服务平台，给予必要的政策支持，不失时机地占领新闻传播制高点。

4. 推动行业自律，强化自我约束

要坚决禁止违法和不良信息通过新媒体传播，尊重和保护知识产权，维护公平竞争的环境。

5. 在注重发挥各个部门独立作用的同时，完善协调机制

目前，诸多职能部门已经发挥了一定的作用。然而对于很多交叉问题，尤其是在联合管理时，沟通的渠道仍然不足。由于新媒体本身具有的开放性，其涉及的相关组织必然很多，迫切

要求各部门加强职能协调。

对新媒体这一新兴事物，从理论到实践、从内容到技术都还处于探索之中，迫切需要加强相关领域研究，为行业发展提供指导帮助。

（四）尊重新媒体发展的特殊规律，创新新媒体管理的原则

新媒体有其特殊的产业发展规律与技术特点。在制定有关新媒体的政策与法规时，要避免“鸵鸟政策”。

政策制定与立法原则应该顺应和促进新媒体产业发展，规范与发展并重。新媒体可以依据不同的标准分类，按照其与传统媒体的关系，分为不依托传统媒体的和依托传统媒体的。前者管理难度大，但是代表了产业主流与发展方向。后者可以比照传统媒体的管理模式，管理难度小；但是从新媒体发展走过的历程来看，后者受制于已有的管理模式、人员结构、思想观念、资金运作等因素，很难成为新兴产业的主体。我们的政策法规不应该制约后者的发展。

我们目前对新媒体内容的管理存在一个严重问题，就是重“规范”轻发展。政策法规本应该促进新媒体产业的发展，而事实却是许多政策法规制约了其发展。

经过多年的发展，以互联网为代表的新媒体已自发形成了相对现实社会独立的准则和行为规范，例如交流的自主权、网络语言的文明等。作为管理主体，应当认识到这种已经存在的规范，并去其糟粕，取其精华，倡导其中好的规范并加以引导，作为管理的辅助手段。

新媒体是零门槛的传播方式，任何人都可能成为传播主体，因此，很难采用传统的审批制进行管理。鉴于新媒体的特殊规律，建议采取“登记制＋追惩制”进行新媒体的管理。

新媒体是没有国界的、是世界的，可以借鉴目前成熟的、成功的国内外新媒体政策与法律法规。新媒体的管理者一样需要富有创新精神。新媒体需要管理，但不是传统意义上的政府管理。如果管理者用传统的管理方法管理新媒体，面临着的结果无非两条，要么是这产业一管就“死”，要么是管理规则因为操作性不强而形同虚设。

新媒体管理是一项极其复杂、艰巨而又长期的任务。任何一种管理手段都只能起到一定的作用，而不能够全部解决新媒体有害信息传播的问题。新媒体信息内容的管理应该是一种综合管理，在管理模式的选择上应该确立一个综合管理框架，综合法律、政策、技术、伦理等多种管理手段，使它们互相配合，互相协调。只有这样，才能最终实现对新媒体的有效管理，才能给人类社会带来一个健康、有序的新媒体信息交流环境。

第四节　发达国家对互联网的管理

互联网是一个现实社会的缩影，也是最主要的新媒体形式，如何对互联网进行管理是摆在世界各国面前的一个重要问题。从发达国家的经验教训来看，互联网管理需要统筹运用立法、行政、行业自律等多种手段。

首先，立法是互联网管理的基础，发达国家政府看似很少对互联网实施监管，而事实上已

利用法律对互联网上的行为做出了明确的规范。其次，行政是各国管理互联网的重要手段，比较常见的包括内容分级制、内容审查制、网站注册制、税收优惠制等。而行业自律则是互联网管理的必要补充，也是发达国家普遍采用的一种手段。

一、美国的互联网管理

美国政府对于互联网的管理，可以从立法管理、技术监管、自律引导、市场调节几个方面来分析。

（一）立法管理

立法管理互联网最早源于美国。虽然美国政府对于互联网的管理一向倡导的是“少干预，重自律”的最低干预的原则，但是自由的氛围也要依托在一定的管理控制的基础上。美国政府对于互联网所传播的内容的管理，主要体现在立法层面的控制上。

美国互联网立法的现状可以从联邦和州两个层次来分析。

（1）从联邦的层次上来看，美国对于互联网所在的电信产业的管理，立法、司法和行政三个体系相对独立，分别行使各自的权力。在立法方面，由参议院和众议院组成的国会作为最高立法机关，对包括互联网在内的电信立法法案进行听证、辩论、表决，从而影响国家电信政策的制定，国会也可通过一些非正式的方式，如控制预算、人事任命、立法、公共舆论等来施加压力，影响政策的制定。在司法方面，美国最高法院、联邦审判法院和申诉法院组成了美国的联邦司法体系，它们拥有对电信管理机构进行监督并解决纠纷的权力。在行政方面，行政机构主要是指由各部组成的美国联邦政府，对于电信产业来说，主要是司法部反托拉斯局和商业部国家电信与信息管理局两个部门。美国联邦政府通过这两个部门对包括互联网在内的电信业进行管理。在联邦层次上，还存在着一些专门负责某个领域的事务，拥有一部分执行权和一部分准立法权和准司法权，直接对国会负责的相对独立的委员会。美国联邦通信委员会就是这样的一个专门针对美国的通信政策与通信产业的独立机构。它根据1934年通信法成立，兼有立法、司法和行政执行职能，可以制定规章、仲裁争议、执行各项法规。美国联邦通信委员会在执行有关职责时，要受到联邦司法系统的制约，受法院监督。

在美国的各种机构中，联邦通信委员会是对美国的通信产业最具影响力的机构。在对于互联网络的建设和管理上，美国政府一直扮演的是一个推动者的角色，以联邦通信委员会为代表，美国政府对于互联网络的管理基本上采取一种自由的、非管制的态度。

美国的关于互联网络的信息法规，既有针对互联网的宏观的整体规范，也有微观的具体规定，囊括了行业进入规则、电话通信规则、数据保护规则、消费者保护规则、知识产权保护规则、诽谤和色情作品抑制规则、反欺诈与误传法规等许多方面。这些法规主要包括：《1977年联邦计算机系统保护法案》、《1984年伪装进入设施和计算机欺诈及滥用法》、《1986年计算机欺诈和滥用法》、《1987年计算机安全法》、《1990年电子通信秘密法》、《中小企业计算机安全、教育及培训法》、《1991年高性能计算机及网络法案》、《1994年计算机滥用法修正案》、《1996年电信法》、《1996年全球电子商务框架》、《1999年统一电子交易法》，等等。

（2）从州的层次上来看，美国的各州是相对独立的，它们的权力主要来自于法律的授权，各州都拥有自己的立法、司法和行政机构。美国宪法在规定了联邦和地方的权力与义务之后，各州又通过州议会来确定本州的法律。在美国，各州都制定有自己的宪法或基本法，以此来规定管理本州的主要原则。对于互联网所属的电信事业的管理来说，其在各州所处的管理体制和法律环境也是不同的。有的州是把电信事业作为一般公共设施来管理的，而有的州则专门制定了本州的电信法，如《1995 年密歇根电信法》。1995 年 5 月 1 日，美国的犹他州率先颁布的《数字签名法》不仅拉开了电子认证立法序幕，而且是美国乃至全世界范围的第一部全面确立电子商务运行规范的法律文件。

（二）技术监管

在网络内容管理方面，包括美国在内的很多国家都在其对传统媒介信息传播的内容管理模式的基础上，借助许多高科技的手段，针对不同的内容分别采取保护、规范、限制和禁止等不同的措施，对网络内容管理的模式进行进一步的发展和调整。在西方，根据许多国家的法律原则，由媒介所传播的信息（即言论）一般可以划分为政治性言论、商业用语（商业广告）、冒犯性言论、色情言论几个基本种类。由于这些不同种类的言论在法律上的地位各不相同，所以各个国家对其采取的手段和措施也不尽相同。一般来说，政治性言论一般都能受到保护（当然也不能一概而论，譬如纳粹主义的言论在许多欧洲国家就属于被禁止的言论）；而商业用语则可以加以规范；不适于未成年人接触的冒犯性言论可以限制；少数明显具有社会危害性的言论则被明令禁止，如以儿童为表现对象的色情内容等。

美国政府通过各种技术手段来进行针对互联网上传播的各种非法信息、不良信息、有害信息的管理。下面将介绍其中的两种主要科技手段：分级（Rating System）和过滤（Filtering System）。

（1）分级：对网络信息内容进行分级是一种很常用的网络管理手段。这主要是通过对网络上纷繁复杂的信息内容进行分级整理，使得网络用户在通过搜索引擎等方式查找所需内容时，可以直接取得所需内容，而其他的一些不符合法律规范、道德规范的不正当内容则会直接被屏蔽掉。

（2）过滤：2009 年 6 月，中国政府曾计划要求个人电脑制造商在全部新出厂的电脑上预装互联网过滤软件“绿坝-花季护航”，用于帮助家长避免孩子在互联网上接触色情内容。类似软件在美国非常普遍，通常为有孩子的家庭设计，以帮助其过滤色情信息。据皮尤互联网与美国生活项目 2009 年发布的研究报告，超过 50％的有青少年的美国家庭和 90％的美国公立学校利用了互联网色情内容过滤技术。美国唯一要求互联网审查的联邦法律是 2001 年制定的《儿童互联网保护法》，该法律的宗旨是过滤色情产品。

美国政府还提供人力、物力、财力方面的支持，帮助培养出一批计算机安全人才，通过对一系列反病毒、反黑客、反垃圾的技术的研发，来积极防治日益猖獗的网络犯罪。

（三）自律引导

美国政府一方面从互联网供应商、经营者、国内外提供者入手，呼吁其遵守互联网行为准则，保障互联网秩序；另一方面，从互联网使用者入手，呼吁他们培养自我保护意识和安全意识，同时也呼吁禁止不良使用行为。这样，既能保障公民的合法权益不受侵犯、个人权利得到维护，又能限制公民侵犯他人利益、危害国家社会。为了营造较好的道德氛围，美国政府不仅向互联网的社区成员进行宣传呼吁，还借助于社会团体、组织和国家的力量来保证道德规范的作用。

如美国政府一直倡导的有关互联网行为的道德标准类似于著名的"摩西十诫"，这些道德标准是由美国计算机伦理协会制定的关于计算机道德的十条戒律，这十条戒律通常被认为是每一个网民在进行网络活动时应该引以为戒的不成文的行为规范：（1）不能用计算机危害其他人；（2）不能妨碍别人的计算机工作；（3）不能偷看别人的文件；（4）不能利用计算机进行偷窃；（5）不能利用计算机作伪证；（6）不能非法拷贝软件；（7）不能在未经允许的情况下使用他人的计算机资料；（8）不能非法使用别人的智力成果；（9）想一下你写的程序对社会将产生的影响；（10）遵守计算机使用规则。

（四）市场调节

美国政府管理部门，以联邦通信委员会等管理机构为代表，在对互联网的管理上，以新自由主义、后凯恩斯主义为指导，强调利用私有资本进行发展，依靠市场驱动。美国对于互联网市场的基本管制政策倾向是以不管制为主。政府积极为网络发展营造宽松、安全的良好政策环境，并不断加以调整以适应市场的变革。如 1998 年 5 月 14 日，美国众议院商业委员会以绝对多数赞成的投票表决通过了三年内禁止州政府和地区政府对互联网征收税费的税收优惠政策。同时，美国政府积极向其他国家提出对互联网免除税收和关税的要求，即 1998 年的《互联网免税法》(Internet Tax Freedom Act)，该法案坚决要求制止对网络贸易采取"歧视政策"，杜绝所有不公平的新税种出现。

美国政府虽然倡导企业在信息市场的自由竞争的基本原则，但是也在尽力防止许多公司因商业目的而出现的对互联网行业的垄断，在竞争市场有利于大公司与大消费集团的情况下，注重保护消费者和中小电信经营者的利益。

二、英国的互联网管理

英国互联网发展迅速，主要是由于英国政府大力提倡发展信息通信技术，并采用多种互联网管理手段，推动英国信息通信业的发展，使英国的电子发展战略取得了明显的成效。英国国内的信息通信应用水平大幅提高，电子商务、电子政务建设等飞速发展，全面上网运动也已展开。

（一）英国互联网行业自律唱主角

英国在对互联网的管理过程中始终坚持这样的管制理念：最低限度的管制、基于事实的管制、与市场竞争状况相称的管制。这使英国的网络管理呈现出自由与多元的特色，即以行业自律为主，以行政管理导航，同时加强技术管理，并辅之以必要的法制管理。这是一种倡导提升业界与网络用户素质、以行业自律为主的管理模式，这种管理模式为英国的互联网管理带来了诸多福音。

自我管理在今天英国的网络管理中占据了主导的地位，这和英国历来奉行自由主义有密切关系。自律提倡的是伦理道德的自我约束，英国以自律作为提高业界和用户的媒介素养的手段，培养并规范人们的网上行为。由于互联网的开放性，培养互联网业界和用户的媒介素养，使其能自我约束行为，才能实现有效的互联网管理。在英国的互联网行业中，这种自我约束体现得非常明显，极具特色。

上网人数激增是英国在 20 世纪 80 年代初进行电信改革后的事，当时英国的电信政策执行的是“双寡头垄断政策”，对互联网的管理主要是依靠行政管理和法制管理的手段。20 世纪 90 年代后，随着互联网的飞速发展，上网人数激增，网络引发的社会问题增多。虽然有行政手段和法律法规做后盾，但英国政府意识到仅依靠现行法律远不足以对互联网实施有效控制。而且，国内法对大多数源自国外的黄色网站无可奈何，因为各国对色情网站的看法不一，英国认为非法的东西，在其他国家则可能是合法的。只有互联网行业实行自我监管，由互联网的各服务商按照行业协约进行自我管理，才能有效控制由网络引发的一系列问题。自 1996 年后，英国对网络的管理就多偏重于通过行业自律进行自我管理。

英国互联网实行行业自律有专门的监管机构，即互联网监视基金会（Internet Watch Foundation，IWF），由独立董事会管理，不受英国政府的管制。行业自律是为了培养业界和网络用户的媒介素养以及道德伦理的自我管理。由于英国要实现全民上网，网民群体的巨大使行业自律更为重要。

英国互联网行业自律是在现行法律框架下进行的，并且它自有一套以协议形式体现的行业规范，并不能自行其是。此外，英国互联网行业自律重点保护的对象是儿童以及言论自由。

（二）英国互联网行政管理

英国互联网行政管理的主要特点是：英国政府一直都在为互联网的发展和管理做政策导航，而政府部门管制下的网络管理机构相对独立。具体表现为：第一，英国政府为互联网管理提供法律依据和政策保障，而具体操作权由政府赋予专门机构执行；第二，具体进行网络管理的机构依法设立，且有较高的权威，是有较强专业技术的管制机构；第三，网络管理机构与政府相关部门的关系，既有其相对的独立性（如政府不干预其具体执法），又有一定的关联性（如许可证的颁发，一般由网络管理机构做初审等基础工作，再由相关部长签发）。

英国互联网的行政管理主要由内政部来负责，而政府负责电信政策的主管部门是英国贸易与工业部（Department of Trade and Industry）。它的主要职责是负责提出互联网管理的政策和建议框架，并设定互联网管理机构的管制目标和职责，同时还负责频谱的制定和电信经营许可证的发放及其数量的确定，以及电信业的国际法律事务。这是管理互联网的两个行政部门，具体的执行由信息通信管理局（Office of Communication）负责。

英国信息通信管理局是英国信息通信业的主管机构。它是 2003 年年底由五家独立的管制机构——互联网管理局、广播标准委员会、独立的电视委员会（ITC）、无线局和无线通信局——合并而成的。它是由英国贸易与工业部授权依法而设的，其最主要的职责是负责维护电子媒体的内容标准，以法律为基础来确保通过持续有效的机制，加强对互联网非法内容的管制。

(三) 英国互联网安全技术管理

在网络管理的框架中，安全技术手段是基本的和必不可少的手段之一。英国在这一方面主要是制定了信息安全标准 BS7799①，以这套完整的安全管理标准加上先进的安全技术控制，来实现对网络的技术管理。

网络安全技术管理遵循 BS7799 信息安全标准。BS7799 信息安全标准是由英国标准协会（BSI）制定的信息安全管理体系标准，主要针对较大的网络使用者，如企业和组织。这套基于网络安全技术的信息安全标准，在其安全框架内，能有效构建信息安全防护机制，是英国目前可防止黑客入侵网络、将病毒阻绝于外并将整体安全漏洞降至最低的较为有效的方法。

BS7799-2 是一个体系规范，可以使用该规范对组织的信息安全管理体系进行审核与认证。通过使用该规范能使组织建立信息安全管理体系，包括以下几个主要步骤：(1) 建立信息管理框架，设立方向、信息安全目标，定义信息安全方针，同时管理层应承诺该方针；(2) 评审组织的信息安全风险，控制措施需要在信息的价值、所面临的风险和这些风险对组织运营的影响间保持一个平衡；(3) 选择和实施控制措施，使确定的安全风险减少到可接受的程度；(4) 不同的组织将选择不同的控制措施。

三、各国普遍高度重视未成年人保护

各国普遍高度重视互联网上色情、暴力等不良内容对未成年人的侵害。为此，几乎所有的国家都制定了专门的在线法律或采用保护未成年人的普遍性法律进行管制。

(一) 美国

在美国，两个旨在保护儿童免受不良信息侵害的法律《传播净化法案》和《儿童在线保护法案》，都受到了《宪法第一修正案》的质询和挑战，表现了面对这一管理难题时传统法律手段的捉襟见肘。

1996 年的《传播净化法案》规定，信息传递者“故意”向 18 周岁以下的接收者传播“猥亵”或者“明显侵犯性”的在线内容将被处以罚金或监禁。然而，美国最高法院认为《传播净

① BS7799 标准于 1993 年由英国贸易工业部立项，1995 年英国首次出版 BS7799－1，即《信息安全管理实施细则》，它提供了一套综合的、由信息安全最佳惯例组成的实施规则。1998 年英国公布标准的第二部分《信息安全管理体系规范》(BS7799－2)，它规定信息安全管理体系要求与信息安全控制要求。BS7799－1 与BS7799－2 经过修订于 1999 年重新发布。1999 年版考虑了信息处理技术，尤其是在网络和通信领域应用的新发展，同时还非常强调商务涉及的信息安全及信息安全的责任。2000 年 12 月，《信息安全管理实施细则》(BS7799－1：1999) 得到了国际标准化组织 ISO 的认可，正式成为国际标准——《信息技术—信息安全管理实施细则》(ISO/IEC17799－1：2000)。2002 年 9 月 5 日，BS7799－2：2002 草案经过广泛的讨论之后，终于发布成为正式标准，同时 BS7799－2：1999 被废止。现在，BS7799 标准已得到了很多国家的认可，是国际上具有代表性的信息安全管理体系标准。

化法案》对于“猥亵”和“明显侵犯性”的定义过于含糊，“尽管政府为保护儿童而使他们避免具有潜在危害的信息……实际上禁止了成年人根据宪法被赋予的权利，即接收和向他人传播信息的言论的自由。”因保护儿童而过分压制成年人的言论自由可能引发“寒蝉效应”（Chilling Effect）。美国政府未能举证说服最高法院。在此问题上除了将沉重的负担置于成年人的言论自由之外，没有其他限制性更小的选择。因此，该法案最终被裁决为违宪。可以看出，美国最高法院谨慎权衡了保护未成年人利益和成年人的言论自由这两方面的因素后得出的结论是：不应该为了达到保护未成年人权益这一规范性目标而过分限制成年人的言论自由。

《儿童在线保护法案》遭遇了大体相同的命运。这一法案规定：出于商业目的传播对未成年人有害的内容要负刑事责任，事先要求用户身份核实（如输入信用卡号）来预防未成年人进入的除外。因为政府未能举证美国公民自由联盟提出的其他方案（如拦截和过滤软件）不能产生同《儿童在线保护法案》一样的效果，2004 年 6 月，美国最高法院裁决：“禁止《儿童在线保护法案》的实施，因为它违反《宪法第一修正案》。”虽然最高法院承认，过滤软件可能会“禁止某些对未成年人无害的内容，而放过一些对未成年人有害的内容”因而并非完美解决方案，但过滤软件“将对言论的限制加诸接收终端，而不是在源头上进行普遍限制”，从而可能比《儿童在线保护法案》更加有针对性，更加有效。

由此可以看到，在美国，运用法律工具来保护未成年人免受在线不良内容侵害往往不能经受宪法挑战。尽管美国对言论自由的解释，相对于中国，甚至欧洲，有或大或小的差别，我们仍可从中得到一些启发。在新媒体环境下，要在保障言论自由这一基本权利和保护脆弱的未成年网络用户间达成恰当平衡是件复杂的事，当面对法律的固有特征——刚性、由政府强制力保证实施、管理内容问题带有“审查”性质——时，这一问题变得更加复杂。

美国政府还通过税收优惠的经济驱动促使商业色情网站采取限制未成年人浏览的措施。美国在 1998 年年底通过《互联网免税法》，规定政府在两年内不对网络交易服务课征新税或歧视性捐税，但如果商业性色情网站向未成年人提供浏览裸体，实际或虚拟的性行为，缺乏严肃文学、艺术、政治、科学价值等成人导向的图像和文字，则不得享受网络免税的优惠。

美国政府敦促家长关注孩子的网上安全问题并给予指导。美国联邦调查局、教育部等有关部门发布指导手册，内容包括家长如何追寻孩子受到网上不法分子诱惑的蛛丝马迹，如何向有关执法部门报告等细则。政府还提供相关网址，开设网上专页和电话专线，发布有关网上儿童色情活动的最新信息，让家长提高警觉。

为了保障未成年人健康上网，通过安全的途径在网上学习和娱乐，美国联邦政府专门开办了一个网站，域名为 kids. us。用布什总统的话说，这个网站“功能有如图书馆的儿童部，是家长可以放心让孩子学习、徜徉和探索的地方”。其所有网页内容均受到有关部门核查，不含任何色情内容，不开设聊天室和即时电子邮件服务，不链接到任何儿童不宜访问的网页。

（二）英国

英国内政部 2001 年设立了儿童网络保护特别工作组，专门为在网上保护儿童安全出谋划策。英国内政部还开展了名为“如何在网上保护你的孩子”的宣传活动，向家长介绍网络的功能、潜在危险及其可能对儿童造成的危害，提供屏蔽危险信息和网站的途径，帮助家长教育孩子不要沉溺于网络。英国教育和技能培训部也设立了专门网站，向家长提供最新的网络安全信息。英国政府公布了24小时的儿童热线，家长和孩子可以随时就网络问题寻求帮助。

2004年多家英国移动运营商联合发起一系列行动，对新媒体内容进行自我规范。O2、Orange、T-Mobile、Virgin Mobile、Vodafone、Hutchison 3G等运营商联合制订行为准则，涵盖视频内容、在线赌博、移动游戏、聊天室等领域。2005年2月，移动运营商委任和资助的独立移动分级机构（the Independent Mobile Classification Body）颁布了商业化移动内容分级框架，确立标准以判断哪些内容不适合儿童（18周岁以下）。

（三）澳大利亚

澳大利亚的网络内容管理方案是在1995年《广播服务法案》的基础上制定的，于2000年1月1日生效。这一方案的基本组成部分是投诉热线、行业制定的执业规范以及社区教育，具有较明显的共同管理特征。在澳大利亚，媒介内容主管方是澳大利亚传播和媒体总局（Australian Communications and Media Authority），它是由之前的澳大利亚广播总局和澳大利亚传播总局合并而成的。

其初期共同管理策略主要针对广播：各个广播公司要依据执业准则，详细说明广播内容的级别；澳大利亚传播和媒体总局则负责核准和监督。随着新媒体的发展，这一针对传统媒体的体系也被应用于互联网。《广播服务法案》的第四部分指出共同管理实现了公共利益和行业利益的最佳协调：共同管理方案使公共利益得到满足，也不会将不必要的经济和管理负担加诸互联网内容和服务提供商。

澳大利亚网络内容管理方案主要由执业准则以及提供安全保障的法律框架组成。其中，执业准则包括三方面内容：（1）对公共管理者：必须由具有经验和资源的管理当局做出法律评价和决定；（2）对企业：要协助家长加强教育和提升责任；（3）对家长：鼓励使用技术手段，如内容过滤软件和附加内容标签。

澳大利亚传播和媒体总局所代表的政府一方有权通过以下方式进行监督：（1）命令网络服务提供商或内容提供商纠正违规行为；（2）当行业准则不恰当或不能提供必要安全保护时，有权制定强制标准。

如果说澳大利亚政府的加入为内容管理提供了有震慑力的"硬保障"，那么澳大利亚互联网行业协会发起的"家庭友好网络服务提供商"项目则是通过激励机制充分调动行业的积极性。按此计划，完全遵守准则的网络服务提供商可以在网页上放置互联网行业协会授权的"瓢虫"标识，表明服务提供商对儿童及其家长做出的质量承诺。

随着移动网络的发展，澳大利亚互联网行业协会还对方兴未艾的手机媒体及时做出反应。2005年5月，该协会修订了三项在网络和移动领域保护儿童的行业准则，其目的在于：提供关于移动内容的明确、有效、负责的内容评价自律体制，特别是保证移动公司和移动内容提供商采取合理措施预防未成年人观看不适宜的移动内容。

澳大利亚由行业推进、政府提供法律保证、授权于终端用户的共同管理模式最大的优点在于管理机制与新媒体行业技术系统和商业模式相协调，从而提高了管理效率。

四、发达国家互联网管理的总体特点

（一）互联网管理重视立法，但是主要依靠现有法规

互联网所带来的绝大多数法律问题涉及各个法律部门，这些问题的解决最终还是要靠各部门法律自身的完善来完成，而没有必要建立一个独立的法律部门。

英国非常强调依靠现有的法规，如《刑法》、《猥亵物出版法》及《公共秩序法》等。英国互联网管理的法律基础主要是1984年的《英国电信法》和1998年的《竞争法案》，这是两部基于市场准入和反垄断考量的法律。在此基础上，英国管理互联网的法律既有传统法规中的相关条文，如《刑法》中猥亵内容的相关立法以及种族主义内容的相关立法，又有专门的信息通信方面的法案，如《通信监控权法案》、《调查权法案》等。

法国管理互联网主要也是利用社会原有的法制基础。法国的民法和商法比较完备，有些只需移植或借用到互联网领域就可以了，而有些则要建立新法规。

（二）国家安全成为互联网管理的重中之重

美国的互联网内容管制模式是最宽松的，但是当互联网触及国家安全时，政府将依法拥有“特殊”的权利。

“9·11”事件后，在反恐高于一切的方针下，在美国被看做特殊时期互联网管理主要法律依据的：一是“9·11”事件六周后颁布的《爱国者法》，二是布什总统于2002年11月签署的《国土安全法》。这两部法律都大大加强了对美国国内机构与人士的情报侦察的内容，这在以前是不允许的。

政府和执法机构根据《爱国者法》获得了很大权限。政府或执法机构调查人员可大范围地截取嫌疑人的电话通话内容或互联网通信内容，还可秘密要求网络和电信服务商提供客户详细信息。美国《国土安全法》对互联网的监控更为严密，增加了有关监控互联网和惩治黑客等条款，在此情形下，服务商信誉和客户机密只能让位于国家安全。

（三）一些国家对互联网内容实行强制管理

德国是全球第一个制定互联网成文法的国家，于1997年颁布《信息与通信服务法》，此法为综合性的法案，用来解决经由互联网传输的违法内容，包括猥亵、色情、恶意言论、谣言、反犹太人等言论，更严格地规范了有关纳粹的言论思想与图片等相关信息。

新加坡是主张政府必须强制介入互联网内容管理的国家之一。新加坡根据广播法颁布了《互联网行为准则》与产业标准，由新加坡信息通信发展局管理，最初检查的重点是对青少年有害的色情信息。《互联网行为准则》明确规定禁止那些与公众利益、公共道德、公共秩序、公共安全和国家团结相违背的内容。同时，新加坡传统的《诽谤法》、《煽动法》、《维护宗教融合法》等相关内容也适用于互联网管理，任何危害国家安全或防卫的内容都禁止在互联网上交流。

许多国家和地区都实施了内容过滤政策，如欧盟采取技术措施处理有害内容，增强过滤软件和服务的实际效果，确保用户对信息的选择接收权利。

日本总务省与NEC共同开发过滤系统，此系统能够防堵有关犯罪、色情与暴力的网站，并研究如同美国的“反暴力芯片”，希望借此在电脑连接外部网络时，自动防堵青少年与儿童接触不适宜内容。

美国的中小学如今都对学校的电脑实行联网管理。这样可以集中对那些影响儿童身心发育的网站进行屏蔽。华盛顿市所有公立中学的电脑都实现了联网，网络管理员就是华盛顿市教育委员会。该委员会随时可以监控所在辖区的儿童是否在学校的网络上接触了不良内容。

法国也越来越重视对于网络内容的过滤。2006年6月，法国法律增加了“互联网服务供应商必须向用户介绍并推荐使用内容过滤软件”的条款。

各国有专门的机构对内容（主要是色情内容）进行评估，按等级划分，以判定哪些内容可以在网络上传播，并帮助父母过滤不适合儿童的内容。例如，美国的娱乐软件业实行分级制度，韩国等国亦设立了法律对互联网上的内容进行限制。

此外，反垃圾邮件受到越来越多国家的重视。面对垃圾邮件给全球经济带来的越来越大的损失，各国和地区也纷纷对反垃圾邮件进行立法。比如美国和日本都颁布了《反垃圾邮件法》；欧盟颁布了《隐私和电信指令》，重点打击垃圾信息；澳大利亚于2003年颁布了《垃圾邮件法案》。这些法律均取得了较大的成效。

五、行业自律与实行社会监督是发展趋势

“少干预、重自律”是当前国际互联网管理的一个共同思路。各国越来越强调政府作为服务者的角色，承认政府管理的“有限性”，着重发挥政府的服务和协调职能。在对互联网的监管方式问题上，这一管理原则也得到了较为充分的贯彻，当前各国的监管的一个重要特点就是以行业监管为主，政府强制为辅，实行政府与行业的协同监管。政府的职责主要集中在制定相关法规和政策导向上，具体的操作规范则由行业协会等组织来制定实施。比较而言，政府监管具有补充性。以行业为主的协同监管具有较强的可操作性，同时还可以减少政府对行业的干预，减少管理成本。

美国的网络行业组织在日益发挥更重要的作用，如美国计算机伦理协会制定了“摩西十诫”、美国互联网保健基金会的网站规定了八条准则、各大论坛和聊天室有服务规则与管理条例等。美国在1998年出台《互联网免税法》，对自律较好的网络商给予两年免征新税的待遇。

美国政府对数字内容市场实行有限监管，联邦通信委员会的权限主要集中在内容的传播方面，更多的监管空间则由行业协会和民间组织来承担。其中重要的有软件和信息产业协会、美国唱片协会、美国电影协会等。行业协会对数字内容市场的发展保护和监管并重。一方面，行业协会代表行业的利益向政府争取尽可能多的权益，同其他行业及国外市场达成贸易协议，采取措施保证本行业的权益不受侵害。软件和信息产业协会以及美国唱片协会、美国电影协会近年来都不遗余力地同盗版行为做斗争，要求政府通过法律禁止盗版行为，对侵权者发起诉讼。另一方面，行业协会作为政府和行业的沟通平台，也不断推动行业实施自律，以确保行业的行

为符合国家法律规定和道德要求。对于“违规”者，行业协会代表整个行业向其施加压力，迫使其改正其行为，甚至采取严厉措施使其失去发展机会。再者，行业协会也为行业内成员提供了交流与合作的机会。

欧盟于 2004 年建立“安全互联网论坛”，广泛吸引了包括企业代表、法律强制机构、决策者以及用户群体代表在内的各界的关注和参加，为各方提供了一个经验交流、借鉴以及共谋对策的平台，对希望建立自律机构的国家给予建议和支持等。

英国对互联网内容进行管理时贯彻“监督而非监控”的理念，主要通过英国网络服务提供商于 1996 年 9 月成立的行业自律组织互联网监视基金会来实行。半官方性质的互联网监视基金会在英国贸易与工业部、内政部和英国城市警察署的支持下开展日常工作，主要解决互联网上日益增多的违法犯罪活动问题，如色情、性虐待、种族歧视等，尤其致力于解决儿童色情问题。为鼓励运营商自律，英国互联网监视基金会于 1996 年 9 月与由 50 家网络服务提供商组成的联盟组织、英国城市警察署和内政部等共同发表了一份《安全网络：分级、检举、责任》文件，以此作为运营商自律的基础。之后由 50 家网络服务提供商组成的协会联合草拟了一项运营商行为守则，作为运营商自律的规范，其主要精神有鼓励新科技使用、帮助家长与教师认识新科技、网络服务提供商有责任确保内容的合法性等。

日本总务省主管媒体的机关主动邀请网络服务提供商、软件开发企业及消费者代表组成自律性组织，并引进分级管理制度，待组织成立并正常运作后，政府则退出该组织，完全由民间组织的力量，对互联网内容进行监督并促进行业自律。

重视发挥社会监督的力量，促进互联网市场的健康发展，是各国综合推进互联网产业发展、规范市场秩序的一个较为明显的趋势。与相关机构依职权进行的管理相比较，发挥社会监督的力量，以申请和投诉的方式开展查处比纠正的方式具有更强的针对性，效果要明显得多。目前各国基本都有相关的投诉举报机制，并通过多渠道方便各领域用户使用。

欧盟在打击非法内容方面的主要措施是建立市民热线。公众通过热线举报非法内容，然后由热线网络将相关信息报告各主管部门。市民热线还通过构建专家中心，就何为非法内容等问题向网络服务提供商提供指导。现有的热线网络得到了欧盟的大力支持，并取得了显著成效。

第五节 网络舆论的管理

网络舆论，是指在互联网上传播的公众对某一焦点问题所发表的有一定影响力的意见或言论，是网上民意的表达。网络舆论，实际上是网民言论的反映。

近年来，我国相继发生的几件大事被网络媒体聚焦并在网络上掀起了巨大波澜，引起社会的广泛关注，使人们开始关注网络舆论的影响力。网络已成为中国公众表达民意、讨论公共事务、参与经济社会及政治生活以及进行舆论监督的重要公共平台。当前，网络舆论已经成为我国社会舆论的重要组成部分，对政府行为产生越来越重要的影响。网络舆论是随着网络科技的发展而兴盛的，它的影响力不受时空限制。

一、网络舆论的特性

（一）丰富性

网络舆论的丰富性是指网络舆论内容无所不包、无所不及。网络社会所具有的虚拟性、匿名性、无边界和即时互动等特性，使网络舆论在价值传递、利益诉求等方面呈现多元化、非主流的特点。网络上传统“把关人”作用的削弱，各种文化类型、思想意识、价值观念、生活准则、道德规范都可以在网络上找到立足之地。网络上有积极健康的舆论，也有庸俗和灰色的舆论，以致网络舆论内容五花八门、异常丰富。

（二）互动性

网络的快捷反应使得信息的传播者与受传者之间能即时互动。正因为这种即时互动，舆论传播过程得以延续。网络实现了信息传播的双向互动，舆论的受众不再是毫无主动性可言的“靶子”，传播者也不再占有绝对的话语主导权和控制权。而且，相对于传统媒体的强势，个人逐渐成为网上信息发布的主体，网民的力量在增强。网民互动的主要方式有 BBS 发帖、新闻跟帖、博客日志等。

（三）即时性

网络打破了时间和空间的界限，重大新闻事件在网络上成为关注焦点的同时，也迅速成为舆论热点。当前，舆论炒作方式主要先由 BBS、微博发布，在网络上迅速转载，形成网络舆论，最后影响传统媒体。网络可以实时更新的特点，使得网络舆论可以以最快的速度传播。

（四）民意表达的真实性

传统媒体表达民意时通常要考虑舆论引导、社会协调等各方面因素，因而相对比较谨慎、严肃，话语表达也更讲究策略。网络的虚拟环境和匿名特征则使民意表达能够使用更直接的方式，公众也会变得更加轻松自在，更少感觉到限制，并更加开放地表达自己。

近年来，“网络水军”兴风作浪，某些公司为盈利而雇用许多人，为客户在网上密集发帖和回帖，造势宣传；有些公司甚至按客户指令或主动策划，在网上造谣中伤，兴风作浪，制造新闻热点，诽谤竞争对手，搞“多数帖暴力”。但是，大量的事实和案例证明，这些“杂音”没能掩盖真实的网络民意。

（五）冲突性

网络舆论的冲突性是指网络舆论的伦理相对主义强化和伦理基础准则的冲突。网络是个虚拟的公共空间，网民上网具有私密性，网民在网上说什么、做什么都可以随心所欲，在网上似乎没有警察、没有监督、没有制约，这就造成了“网络社会”伦理相对主义强化（“你想什么就是什么”或“怎么样都行”)。伦理基础准则有一定的地域性，但互联网却是全球范围内共享的，这就造成了在互联网上不同地域间的伦理基础准则相互冲突。譬如在某些国家和地区，道德上允许色情服务，在网上提供色情服务和信息无可非议；而在另外的国家和地区，道德上不允许色情服务，在网上提供色情服务和信息是要受到强烈的谴责和反对的。另外，互联网跨地域、跨国界的性质同政府权力的管辖范围（地理上）疆界的矛盾，使得一些在实体世界属于违反法规而会受到制裁的行为，一旦移到网络空间，由谁充当制裁主体以及如何制裁则搞不清楚了。以上这些原因造成了网络舆论的伦理相对主义强化和伦理基础准则的冲突。

（六）情绪性

由于网络的匿名性、开放性等特征，有些人会把网络作为发泄情绪的场所，由此形成一种情绪型舆论。这种舆论既有政治情绪型，也有社会情绪型；既有文化情绪型，也有生活情绪型。网络情绪型舆论作为社会心理现象在网上出现，有助于党和政府了解社情民意，但由于情绪型舆论的偏执性、消极性、感染性、扩散性和破坏性，如果任其蔓延、升级，就会使正面舆论面临越来越严峻的挑战。

（七）群体性

网民以“群内同质化、群际异质化”的特点聚集，具有明显的群体化倾向。一方面，群体中非理性特点在网民中十分严重。另一方面，网络下聚集的群体极易导致群体认同的现象。通过说服的机制，网民会向讨论时的倾向性结果靠拢。这一特点很容易导致言说者态度偏激，并以十分激烈的言词表现出来，话语权的争夺在一定程度上走向“语不惊人死不休”的极端，从而把一些网民的主张推向不受理智束缚的边缘，使社会失去对他们的控制。

（八）难控性

网络舆论的难控性是指在网络媒体上要对舆论进行控制是比较困难的。对于传统大众传播媒体的舆论控制并不难实施，各国政府通过规定大众传播体制，制定有关法律、法规和政策，分配传播资源，对创办新媒体进行审核登记，限制或禁止某些信息内容的传播等来规范大众传播。所以说对传统新闻媒介来说，由于“把关人”的存在，舆论的控制是不难做到的。然而互联网是高度开放的空间，出于资源共享的需要，传播的多个信息出口都无须新闻出版部门审批。在网络上匿名地发送邮件、参加 BBS 讨论都相当容易，电子邮件也极易被人截取、更改和伪造。网络媒体的开放性，理论上使每一个人都成为“新闻发布者”。对于数量庞大的互联网用户，对舆论生成阶段以及传播的控制是很难把握的，不可能在“信息高速公路”上检查每一言论，更不可能对其做出全面的评价，这就使得网络舆论控制变得复杂和难以操作。网络舆论的难控性是网络舆论个性中最重要的一个特征。网络舆论的其他特征，如丰富性、复杂性、多元性、冲突性等，都是由难控性派生出来的。

网络舆论的调控难度表现在：

一是网络舆论主导权不完全由网站掌握，而是由参与议论的网民数量的密集度和强度所决定的。

二是网络媒体的开放性使信息传播者往往可以想方设法绕开各种障碍来发布消息，网站管理者也不可能对网上的言论逐一进行检查评价。我国网民中有85%以上是青年知识分子，他们大都各有主张，不轻易认同别人的观点，这在某种意义上也体现了网络舆论的难控性。

三是网络舆论具有复杂性。网络舆论混乱、无序，自觉舆论与自发舆论并存。虽然网络上也有政党、社会组织的自觉舆论，但相对于大海般浩瀚的自发舆论来说，自觉舆论只能算大海中的一朵小浪花。

四是网络舆论的多元性。网络舆论的意识形态呈多元化，世界上存在着对立的社会政治制度和意识形态，随着网络传播的发展，天然地域屏障已不复存在，希望在网上完全控制言论不太现实，网络信息可以从地球任何一个地方无限量地向另一个地方传输，使网络舆论的意识形态变得十分多元化。

二、网络舆论的功能和影响

（一）网络舆论的功能

1. 舆论监督

政府决策、法律法规的制定现在都可以通过网络舆论来施加影响。如关于物权法的制定，全国人大常委会就通过网络公开征求意见。一些学者、专家呼吁停征养路费，以及国务院法制办公室等部门对此的回应也都是通过网络的快速传播而为人们知晓。

2. 信息传播

由于网络的存在，信息的传播速度越来越快，网络的即时传播特性使之超过了传统媒体。由于网络舆论具有集散、传播甚至放大效应，使网络成为人们获取信息的重要渠道，过去存在的一些信息不透明、不对称现象得到很大改变。

3. 交流思想

网络舆论通常是多种声音并存，使得网络成为各种思想碰撞的场所。例如，邱兴华杀人案是否要对邱兴华进行精神病的司法鉴定，成为法学专家与网民争辩的热点。许多网站开通的辩论台、网上投票等，为不同舆论的争辩提供了场所。

（二）网络舆论对政府行为的影响

网络舆论对政府行为也产生了一定的影响。主要表现在以下方面。

1. 以敏捷反应形成即时性影响

网络舆论传播更敏捷、更快速，对政府的行政效率提出了更高的要求。广大社会民众有权质询政府，政府也有责任回复民众。面对质询，政府要有更快捷的反应能力并予以足够的重视，及时公布有关信息，对民众所关心的社会问题予以反馈，以消除民众的疑惑。很多时候，公众的质疑、猜测大多源于信息的不畅通，或是少数部门的乱作为和不作为。

2001年广西南丹矿区特大渗水事故，正是由于网络媒体的披露，黑幕才得以揭开。同样，2003年的“孙志刚事件”也正是由于网络舆论的力量，涉案人员才受到法律的严惩。

2. 以多元反应形成印证性影响

互联网的出现使任何组织或个人都可以在网上找到发布自己的信息的空间。传播的开放性和传播者的多元化打破了传统媒体舆论传播的垄断。政府的传统舆论控制手段无法有效引导网络舆论。

3. 以海量反应形成复杂性影响

与传统媒体相比，网络媒体逃脱了版面、时间等诸多限制。传播主体的多元化使得网络信息源源不断；同时，数据库使历史信息得以保存。信息集纳的广度与深度积累形成了网络舆论的海量信息，海量信息使政府难以把握和掌控舆论方向，舆论引导难度加大。

4. 以互动反应形成挖掘性影响

网络的快速回应使互动成为一种必然的经常性交流方式。传统媒体时代的互动，其范围和影响有限，而且内容也必须受到严格审查，是一种“分时”的互动。而网络将互动变成一种“即时”互动。网络在线调查、即时点评和多渠道的参与使网络舆论的形成速度远远快于传统新闻舆论。网络舆论的迅速互动使政府难以及时做出反应，难以迅速把握舆论方向。

三、网络舆论的规律

（一）网络舆论既可能“兴”“衰”迅速，也可能长期持续

网络舆论分为两大类：信息类型的舆论和观点类型的舆论。由于网络的传播效率超过一切传统媒体，当重大或突发事件发生时，网络媒体都会在第一时间予以报道，迅速吸引网民眼球，引发网民表明立场、交流思想、引起共鸣、形成主导性意见，在网上迅速形成舆论。这是典型的信息类型舆论。对于因信息不透明、媒体报道不准确，以及在网上道听途说而形成的信息类型舆论，只要事实真相得到及时澄清，舆论就会迅速消除。而观点类型、话题类型的舆论一旦形成，网民在舆论目的没有实现之前，即使事物发生了变化，但网民不改变原来的观点，舆论往往在短期内也难以消除。如网上出现的社会不公、腐败等舆论，就长期滞留，即使删除了引起某种舆论的信息和言论，但相关话题难以消除，它总会在新闻跟帖、BBS或者博客上出现。

（二）网络舆论既容易“一边倒”，又难以主导

尽管每个网民对社会热点都有自己的认识和看法，但事实上，多数网民的认识和看法普遍比较简单直接，不深刻、不全面，带有很强的群体盲从性，出现“一边倒”态势。对于网民普遍关注的问题，如涉外问题、社会阴暗面、腐败案件和负面的突发事件等，种种偏激的言论甚至比正面的主流的言论传播的速度更快、波及面更广，出现舆论“一边倒”或“关键时刻的雪崩现象”，从而导致网民意见的“高度集中”，即使这些舆论是非理性的、情绪性的。

对于网络舆论的形成非常迅速这一特点，舆论引导者应了然于心；而对现实中出现的各种网络舆论，舆论引导者应能做出及时反馈。

互联网是个开放的、参与性十分强的世界。任何人，不论其社会地位、贫穷富贵、文化高

低、性别种族，在互联网上一律平等。最突出的是在BBS中，所有访问者都能发布自己的消息和发表对事物的看法。

四、网络舆论存在的问题

网络舆论的巨大影响力导致了网络舆论的巨大“杀伤力”，网络舆论甚至还能演变为网络暴力。网络传播中的“把关人缺失”也会导致舆论失控。从近年来的情况看，网络舆论存在的不良现象主要表现在以下几点上。

（一）谩骂与攻击

网络的匿名性及隐藏性使网民对于他人的攻击和谩骂成为一种多见现象，特别是在门户网站的新闻跟帖、贴吧、论坛里，对新闻报道的主角或者特定的当事人、单位进行辱骂、指责的现象司空见惯，很多是情绪性的发泄。这种行为还包括利用博客骂人。南京大学副教授陈堂发就因此状告博客网站且胜诉。

（二）发布虚假信息

由于网络信息发布的便利性，以及网络信息审查与传统媒体的信息审查存在巨大的差异，在网络上发布虚假信息非常容易。2006年12月18日，温州鹿城警方在论坛上发现攻击某国家机关的工作人员的造谣、污蔑的帖子。后发帖者陈某被治安拘留10天。

（三）民事侵权

网络舆论侵权既有侵犯人身权的，也有侵犯财产权的，如侵犯名誉权、隐私权、肖像权、著作权、信息网络传播权等。在网上未经同意公布当事人的姓名、电话、地址等个人信息，如一些明星的电话、地址，干扰了当事人的生活和其隐私权。在网络上随便公布当事人的照片，甚至进行恶搞，侵犯了当事人的肖像权。而未经同意，大量转载文章，侵犯著作权的现象更是随处可见。

在网络舆论中实施侵权行为者要承担相应的法律责任。在民事责任方面，姓名权、肖像权、名誉权、荣誉权受到侵害的当事人，有权要求侵害人停止侵害、恢复名誉、消除影响、赔礼道歉，并可以要求赔偿经济损失。在行政责任方面，根据《中华人民共和国治安管理处罚法》的规定，“公然侮辱他人或者捏造事实诽谤他人的”，“多次发送淫秽、侮辱、恐吓或者其他信息，干扰他人正常生活的”，“偷窥、偷拍、窃听、散布他人隐私的”，要“处五日以下拘留或者五百元以下罚款；情节较重的，处五日以上十日以下拘留，可以并处五百元以下罚款”。根据《刑法》的规定：“以暴力或者其他方法公然侮辱他人或者捏造事实诽谤他人，情节严重的，处三年以下有期徒刑、拘役、管制或者剥夺政治权利。”

五、网络舆论的引导与规范

网络舆论是对普通民众话语权限的松绑，满足甚至激发了普通民众想说敢说的欲望。网络是一个巨大的舆论集市，混杂着理性和非理性的思想表现。目前我国网络舆论的热点话题主要是关于民生的，医疗、住房、教育、工资等话题成为舆论的热点，涉官、涉贪的政治话题也成为热点。网络舆论虚虚实实，情绪化表现突出，既有有根有据的报道，也有无中生有的炒作。

网络舆论中有的是谏言，有的则是怨言；谏言固然可嘉，怨言也未必就可畏。有效的社会参与是危机治理的重要环节，让民怨及时发泄出来往往可以缓解冲突，消除某些潜在的隐患；无视甚至压制民怨乃是不明智之举，日积月累的民怨得不到解决反而会酝酿出更严重的危机。网络舆论调控已成为社会管理的一个极其重要的方面，引导网络舆论，平衡网民心态，理顺网民情绪，关系到发展稳定的大局。

目前在中国，网络舆论主要由网络中的媒体言论与BBS及新闻跟帖共同反映而形成。BBS是用户进行信息交换的场所，其最显著的功能就是为用户提供针对各类主题发表言论的论坛，是网络舆论的主要生成与集散地。网络的特性使得网络舆论与传统的舆论相比，生成更为迅速，各种意见的纷争也更为激烈，因此在当今社会的舆论传播中扮演了不容忽视的角色。

网民们就当下的热点或重大问题展开激烈的讨论，进而形成强大的舆论影响。这些来自各网站的媒体言论与BBS及新闻跟帖中的具有建设性的看法和观点，甚至对有关部门的决策和施政产生了影响。

同时，我们也应该看到，BBS的舆论功能是有其局限性的。作为一种社会力量，BBS只能是监督而不可能代替独立的司法程序和依法行政的程序来做出定论和决策。舆论本质上是一种社会态度，它不是固有的，因此我们可以这样认为，舆论的声浪再大也不能取代独立的司法调查直接参与决策过程。舆论最本位的功能应该是反映民情民意，对决策过程予以监督，施加或大或小的影响。

此外，网络言论是网友自由随意的发言，目的性不强、主题分散、导向不明，而且难免泥沙俱下、鱼龙混杂，也带来了一系列负面影响。比如社会舆论分散、网络色情问题、隐私披露、谣言增多导致偏激和非理性、谩骂与攻击、群体的盲从与冲动、国外文化入侵等问题相继出现。

所以，对于网络舆论，我们既要看到它对社会舆论监督的积极影响，但是也不能忽视它对社会不利的一面。

网络传播的特性使任何人只要进入网络，都可借助虚拟身份畅所欲言。受众的地位空前提升，传播方的主导性减弱。传统意义上的受众摆脱了被动的地位，开始成为主动的信息传播参与者，这样就使得各种议题纷呈，消解了舆论的整合性，出现了极度的舆论多元化和分散性。

另外，网络的容量决定了网络信息的海量特征，但是网络新闻的真实性和可信度较低。在网络争夺眼球的竞争中，一些网络媒体为了吸引用户，置正确的舆论导向于不顾，将道听途说的消息编发上网，转发或引用虚假新闻和有害信息误导公众、混淆视听，产生了极大的负面影响。网络的海量信息表面上看是为用户提供了更多选择的可能性，但实质上却是对用户选择力的考验，因为用户不知以何标准做出正确选择；信息的充盈还架空了“把关人”通过筛选信息、控制信息从而控制和引导舆论的能力。

网络舆论是时代发展和社会进步的产物，这就注定了必须积极应对而不能消极回避。对待网络舆论，要像大禹治水，重在疏而非堵，既要发挥网络舆论的积极作用，同时又要把它的负面影响降到最低。

（1）管理舆论。

言论自由是有界限的，这个界限就是不能超越法律的限度，《全国人民代表大会常务委员会关于维护互联网安全的决定》、《信息网络传播权保护条例》等法律法规是不能逾越的。目前，规范网络的法律法规并不少，但也存在多头管理、交叉管理、职责不明的现象。规范网络舆论需要进一步完善、清理立法，形成系统、有序的调整网络关系的法律体系。

（2）掌握舆论。

网络舆论之争说到底就是网络话语权之争。在网络时代，要形成健康向上、法治文明的网络舆论，就必须要让网民喜闻乐见、弘扬正气的舆论占据主导地位，及时清除有害信息与消极舆论，同时要积极引导舆论。在这方面，政府网站与门户网站应当发挥重要的作用。

（3）舆论自律。

作为网站，应当文明办网；作为网民，应当文明上网、理性上网，倡导网络文明道德，使网络成为先进文化传播的阵地。对网上的不良信息不点击、不登录、不转发，并积极向有关部门举报，创造洁净的网络空间，促进网络健康和谐发展。

在我国，一个以中央重点新闻网站为龙头、地方重点新闻网站为骨干、商业门户网站发挥积极作用的中国互联网新闻报道体系的格局已经形成。2003 年以来，国家级网络媒体显示出不可估量的影响力：美国袭击我驻南联盟大使馆，人民网的强国论坛作出有力回应；美国入侵伊拉克，新华网迅速推出第一篇报道；当“非典”开始肆虐时，南方网迅速组织网络直播，公布疫情。目前国家与地方重点新闻网站已经成为网络新闻的第一新闻源，权威的言论可以及时地帮助网友把对舆论客体的感性认识向理性认识转化。国家与地方重点新闻网站均是第一时间主动出击，贴近网民、贴近生活、贴近实际，时刻关心网民的需求，取得了非常好的效果。

在互联网上，我们同样强调用正确的舆论引导人。网络媒体在对社会产生影响的同时，也必须承担相应的社会责任，充分运用其强大的影响力，发挥媒体的舆论引导作用。

网络舆论多元分散的特点给舆论引导提出了整合和针对性的新要求。整合是一个含义宽泛的用语，这里主要是指包容、宽容、寻找共同点、组织为一体。在网上开展舆论引导工作，不能采取打压的做法，必须尊重群众、关心群众、帮助群众，讲究斗争策略、引导艺术、引导效果。要善于从多元化的舆论中寻找共同点，发现积极因素，在这个过程中往往需要从更高层次提出新的理念，在新的基础上统一认识或者取得谅解，达成共识，至少不出现尖锐的对立。

针对性是网络舆论引导的重要要求。只有有针对性才能有活力，只有有针对性才能吸引人，才有影响力。由于网络事实上是一个多元世界，各种“思潮”都在网上积极寻找自己的空间。我们说的整合，绝不是以消极的包容来对待各方面对自己的冲击，一定要有针对性地显露自己的活力。这里的针对性，包括内容的针对性和手段的针对性。

内容的针对性，一是针对公众对事实了解的需求，二是针对事实被歪曲，三是针对事实被曲解，四是针对主流意识形态被攻击，五是针对各种偏激的非理性言论。手段的针对性主要是指分众。分众是个性化的扩展，若干共同个性要求的集合形成一个共性群体，将一个整体划分成若干个这种共性群体就是分众。网络媒体的个性化或分众化服务是网络媒体相互竞争的重要手段，应当引起网络舆论引导者的高度重视。

我们要特别强调，不能将网络舆论的混乱完全归罪于网络。网络仅仅是交流的工具，是信息流通的渠道。不可否认，网络上流通的信息一部分是有害的，但更多的是无害的。这就好比社会上有人利用手机短信发布不良信息，而我们却不能为了防止犯罪行为而去惩罚中国移动公司一样。与处于强势地位的官方权力话语相比，民间舆论尚处于弱势地位。网络舆论表达了来自公民社会的以民间立场出现的声音和话语，并能形成较大的辐射面和影响力。这对于形成舆论的多元化格局有着不可替代的作用。而舆论多元的良性状态正是言论自由这一宪政理念的主旨，更是构建和谐社会的题中应有之义。所以，如果以网络实名制等形式管制、扼杀了网络舆论，那么也许就意味着堵塞了现今中国公民社会唯一能够与强大的公权力对话的途径，公民对公权力的监督和对权力腐败的遏制权利也将不复存在，甚至连公民个人权利不受非法侵蚀和侵犯的保障也荡然无存。

【本章小结】

本章主要阐释了新媒体带来的负效应（主要是信息安全、侵犯知识产权、信息泛滥、网络犯罪、网瘾症、数字鸿沟），讲授了互联网监管的难点及管理对策，讨论了网络实名制，重点分析了新媒体的双刃性，介绍了发达国家互联网管理的经验和教训，分析了网络舆论的特性、引导与规范问题。

【思考题】

1. 试分析新媒体的负效应及其对策。
2. 试分析中国政府对互联网监管的现状。
3. 请你分析全球的数字鸿沟现状。
4. 请你分析新媒体的双刃性。
5. 请你分析网络舆论的特性。

第四单元

数字出版的编辑

第九章

数字出版编辑中的网络信息获取与鉴别

【本章学习要点】

重点掌握搜索引擎的使用技巧及网络虚假信息及谣言的辨别方法。

新媒体时代，要树立“大编辑”的概念。数字出版是一种多媒体的出版，编辑的对象不再局限于数字文本，也包括数字图像、数字音频和数字视频，即多媒体编辑。

第一节　搜索引擎

一、搜索引擎的定义

搜索引擎（Search Engine）是指在互联网环境中的信息检索系统。

随着网络技术的飞速发展，互联网上的信息资源量越来越庞大，用户越来越难以准确快捷地获取所需信息，从而产生了所谓的信息焦虑。互联网搜索引擎以其基于关键词匹配的信息检索机制为用户在瞬间搜寻出所需的相关信息，成为缓解人们信息焦虑最为有效的工具。

但是，现有的搜索引擎存在覆盖率低和查准率低的缺陷，无法充分满足用户对信息的快速性与有效性的要求。元搜索引擎通过调用多个搜索引擎来实现搜索，能较好解决现有搜索引擎的缺陷，但仍然存在智能化程度低、搜索结果的易用性差、无法满足个性化需求等问题。

未来的智能搜索引擎，将采用机器学习的方法研究文本信息的自动搜集、抽取与分类等处理过程，由此可以减少大量的人力资源需求，并提高信息处理的效率和精度。

二、搜索引擎的原理

搜索引擎并不真正搜索互联网，它搜索的实际上是预先整理好的网页索引数据库。

搜索引擎的目的是帮助人们寻找信息资源。在互联网环境下，其典型实现是基于关键词匹配的信息检索机制。搜索引擎主要由四部分组成：搜索器、索引器、检索器和用户接口。搜索器的功能是在互联网中发现和搜索信息，它要尽可能快、尽可能多地搜集各种类型的信息，同时还要定期更新已有信息，避免死链接和无效链接。索引器的功能是理解搜索器所搜索的信息，从中抽取出索引项，用于表示文档以及生成文档库的索引表，建立起自己的索引数据库。一个搜索引擎的有效性在很大程度上取决于索引的质量。检索器的功能是根据用户的查询在索引库中快速检出文档，进行文档与查询的相关度评价，对将要输出的结果进行排序，并实现某种用户相关性反馈机制。用户接口的作用是输入用户查询、显示查询结果、提供相关性反馈给用户。

搜索引擎起源于传统的信息全文检索理论，即计算机程序通过扫描每一篇文章中的每一个词，建立以词为单位的倒排文档，检索程序根据检索词在每一篇文章中出现的频率和每一个检索词在一篇文章中出现的概率，对包含这些检索词的文章进行排序，最后输出排序的结果。

搜索引擎的原理，可以看作三步：从互联网上抓取网页→建立索引数据库→在索引数据库中搜索排序。

www 搜索引擎实际上是一个专用的 www 服务器，它存有庞大的索引数据库，搜集了全世界上百万甚至上千万个 www 主页的信息。搜索引擎通常采用一种称作 Robot（或 Spider、Crawler 等）的自动跟踪索引程序，自动跟踪浏览网页信息，然后将浏览结果进行加工处理（主要是为 www 主页上的文字信息建立索引，索引信息包括文档的 www 地址，每个文档中单词出现的频率、位置等），形成一个庞大的数据库。

www 搜索引擎一般根据用户输入的关键词，在数据库中查询相关信息，然后将结果提供给用户。一个完整的搜索引擎系统还需要一个检索结果的页面生成系统，也就是要把检索结果高效地组装成互联网页面（见图 9—1）。

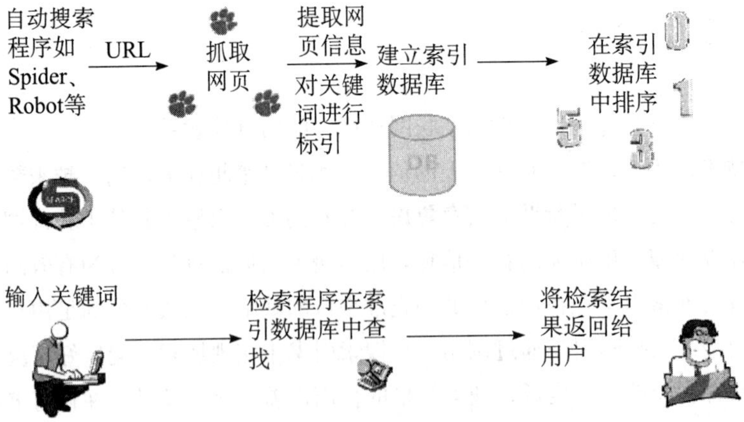

图 9—1 搜索引擎的工作原理

三、搜索引擎的类型

搜索引擎可按不同的标准分类，包括按查询类型、覆盖范围和引擎功能划分。

（一）按查询类型划分

如同传统检索系统可划分为分类检索和主题检索一样，搜索引擎也可按查询类型分为分类型搜索引擎（即范畴层次搜索引擎，List-based Search Engine）和词语型搜索引擎（Words-based Search Engine）两大类。但是，分类型搜索引擎通常带有关键词索引，词语型搜索引擎通常带有范畴层次索引，以弥补分类法和主题法各自的不足。

（二）按覆盖范围划分

搜索引擎按覆盖范围可分为通用搜索引擎和专业搜索引擎两大类。

（三）按引擎功能划分

搜索引擎按引擎功能可分为常规搜索引擎和多元搜索引擎（Meta Search Engine）两大类。常规搜索引擎是单一引擎；多元搜索引擎是多个单一引擎的组合，对同一个查询可同时在多个搜索引擎上进行，或组合指定的搜索引擎查询，或在单一搜索引擎上查询，可综合输出查询结果，也可分别输出每个搜索引擎的查询结果。

四、搜索引擎尚待解决的问题

（一）缺乏检索词汇控制

网络检索工具大都采用自然语言标引和检索，其必然结果是同义词得不到控制，词语间相互关系得不到揭示，最终影响检索效果。而网络信息的数量大、变化大、涉及面广，现有的受控语言难以适应网络信息标引和检索的需要。

（二）自动标引有局限性

自动标引不可能像人工标引那样进行甄别和选择，而主要依赖关键词词频等标准判断网络文件的价值。为了弥补自动标引所带来的不足，大多数网络检索工具都先后增加了"评论"栏目，由专门的雇员选评各行业和各学科的最佳网络信息。如雅虎的"Cool Sites"，Excite 的"Site Reviews"和 Lycos 的"Top 5% Sites"等都属于这类评论。

（三）缺乏检索专业信息的能力

网络检索工具不根据专业划分检索范围，这与传统的检索工具截然不同。每个学科都有自己独特的词汇和用语，因此特定的专业检索工具应该使用与之相应的标引和检索语言，而这一点是包罗万象的网络检索工具难以做到的，所以，需要研制专业网络检索工具。

（四）"把关人"缺失

由于网络信息的发布存在"把关人"缺失问题，网络上的信息良莠不齐，因此，通过搜索引擎获得的信息，从整体上看缺乏准确性、权威性、科学性，需要用户对信息内容进行甄别。

五、互联网信息检索策略

（一）基本检索策略：布尔逻辑检索

几乎所有的检索系统都具有布尔检索功能，布尔运算符包括 AND、NOT、OR。比如，检索式：engine AND（car OR truck）。

用“A AND B”进行查询的结果是既包含查询词 A 又包含查询词 B 的文章。

用“A OR B”进行查询的结果是至少包含 A 和 B 中一个查询词的文章。

用“A NOT B”进行查询的结果是包含查询词 A 而不包含查询词 B 的文章。

（二）范围限定

二次检索：对于再次检索，可以重新开始，在整个索引中检索，也可限定在前次检索结果内，优化检索。

时间范围（时间限制）：雅虎系统设定检索时间范围为最近三年，用户也可在一天到三年的时间范围内进行选择。

语言限制：AltaVista 可以查询基于 25 种语言的信息，其中包括英语、日语、汉语、德语等。但是查询时不能用含有双字节的字符（如汉语、日语等）进行查找。如果查找汉语信息，可用英语查找，并将结果限定在汉语中。

（三）智能检索/概念检索

Excite 使用“智能概念检索”（Intelligent Concept Extraction）技术，通过发现词与概念间存在的关系，会自动加入一些检索词。如我们输入“elderly people financial concerns”，Excite 除找出精确匹配这些词的文献外，还会找出有关“economic status of retired people”、“the financial concerns of senior citizens”等节点。这些概念关系是从文献本身中获得的，并且不断从它所索引的新文献中进行更新。雅虎、AltaVista 也提供类似的检索方法。概念检索实现了受控语言的一部分功能，即同义词、广义词或狭义词。

（四）字段限定

字段限定指限定词语在文献中出现的部位。大部分系统都可进行字段限定，但是字段的数目和表示方法稍有不同。

（五）词语检索

在一串词的前后加双引号（“”）或用连字符连接，可限定检索结果中的词语必须以同样的顺序出现且相邻，如“China economic development”。

（六）其他

字母大小写：有些系统区分字母大小写，如 AltaVista、Infoseek；有些系统不区分大小写，如雅虎。

名词检索：有些系统对名词检索有特殊规定，Infoseek 要求人名或地名的首字母大写，如查找电影明星 Rock Hudson，假如不大写首字母，则检索系统还会找出 rock climbing、rock music、Hudson River 等资料。

六、检索结果输出

相关度：找到所有匹配结果以后，大部分系统都按相关性程度降序输出，首先显示相关度高的结果。有些系统还显示相关度大小（百分比）。

大多数检索遵循以下结果显示原则：（1）匹配的词语数目。匹配的词语越多，相关性越高。（2）文献部位。标题中的词比文本和 URL 中的词权值高。（3）类目综合度。在雅虎类目等级结构中，综合类比专门类权值高。（4）检索词权值。在数据库中检索词出现的频率越低权值越高。

显示格式：大多数系统都可改变显示格式。简短的可只包含标题，详细的可包括标题、摘要、地址、相关度、文件大小等信息。相应地，每页显示的结果数目也会发生改变。

Google

Google 的目录收录了数以 10 亿计的网址，这在同类搜索引擎中是首屈一指的。这些网站的内容涉猎广泛，无所不包。Google 的基本搜索简洁方便，在输入查询内容后敲一下回车键，或单击“Google 搜索”按钮即可得到相关资料。Google 只会返回那些符合用户全部查询条件的网页，不需要在关键词之间加上“and”或“＋”。如果用户想缩小搜索范围，只需输入更多的关键词，在关键词中间留空格即可。

Google 只返回包含所有关键词的网页，这些网页的正文或指向它的链接包含用户所输入的所有关键词。

Google 不仅能搜索出包含所有关键词的结果，并且还对网页关键词的接近度进行分析，按照关键词的接近度确定搜索结果的先后次序，优先考虑关键词较为接近的结果，这样可以为用户节省时间，而无须在无关的结果中徘徊。

Google 储存网页的快照，当存有网页的服务器暂时出现故障时，用户仍可浏览该网页的内容。如果找不到服务器，Google 储存的网页快照也可救急。虽然网页快照中的信息可能不是最新的，但在网页快照中查找资料要比在实际网页中快得多。

Google 会忽略最常用的词和字符，这些词和字符被称为忽略词。Google 自动忽略“http”、“. com”和“的”等字符以及数字和单字，这类字词不仅无助于缩小查询范围，而且会大大降低搜索速度。

使用英文双引号可将这些忽略词强加于搜索项。例如：输入“柳堡的故事”时，加上英文双引号会使“的”强加于搜索项中。每个 Google 搜索结果都包含从网页中抽出的一段摘要，这些摘要提供了搜索关键词在网页中的上下文。

由于 Google 只搜索包含全部查询内容的网页，所以缩小搜索范围的简单方法就是添加搜索词。添加词语后，查询结果的范围就会比原来的“过于宽泛”的查询小得多。如果要避免搜索某个词语，可以在这个词前面加上一个减号（“-”，英文字符），但在减号之前必须留一空格。

可利用 Google 目录根据主题来缩小搜索范围。例如，在 Google 目录的 Science>Astronomy 类别中搜索“Saturn”，可以找到只与 Saturn（土星）有关的信息。而不会找到“Saturn”牌汽车、“Saturn”游戏系统，或“Saturn”的其他含义。

通常，只要在范围较广的查询中添加词语就可以缩小搜索范围。不过，Google 高级搜索还提供了很多不同的搜索功能。利用这些功能可以做到：将搜索范围限制在某个特定的网站中、排除某个特定网站的网页、将搜索限制于某种指定的语言、查找链接到某个指定网页的所有网页、查找与指定网页相关的网页。在 Google 中还可以设置搜索偏好，包括每个网页上默认的搜索结果数量、界面语言以及查询语言。

除一般网页外，Google 现在还可以查找 PDF、Word、PowerPoint 等各种类型的文件。如果某个搜索结果是 PDF 文件而不是网页，它的标题前面会出现以蓝色字体标明的［PDF］。这样，用户就知道需要启动相应程序才能浏览该文件，单击［PDF］右侧的标题链接就可以访问这个 PDF 文档。如果用户的计算机上没有相应程序，Google 将带用户进入一个可以免费下载该程序的网页。对于 PDF 文件，常见的“网页快照”将被“文本文件”所替代。文本文件是 PDF 文档中的纯文本内容，不带任何格式。如果用户只想查找一般网页，而不要 PDF 文件，只需在搜索关键词后加上“-filetype：pdf”就可以了。

单击“类似网页”时，Google 便开始寻找与某一网页相关的网页。在一些词后面加上冒号对 Google 具有特殊的含义，其中的一个词是“link”，查询“link”即可显示所有指向该网址的网页。例如，“link：www. google. com”将找出所有指向 Google 主页的网页。但是，不能将“link:”搜索与普通关键词搜索结合使用。

另一个在后面加上冒号对 Google 有特殊的含义的词是“site”。要在某个特定的域或站点中进行搜索，可以在 Google 搜索框中输入“site：×××××. com”。

在 Google 中按下“手气不错”按钮将自动进入 Google 查询到的第一个网页，用户将完全看不到其他搜索结果。使用“手气不错”进行搜索表示用于搜索网页的时间较少而用于检查网页的时间较多。例如，要查找斯坦福（Stanford）大学的主页，只要在搜索字段中输入“Stanford”，然后单击“手气不错”按钮。Google 将直接进入 Stanford 大学的官方主页 www. stanford. edu。

Google 具有智能型汉字简繁体自动转换系统。这个系统不是简单的字符变换，而是简体和繁体文本之间的“翻译”转换。例如简体的“计算机”会对应繁体的“电脑”。当搜索所有中文网页时，Google 会对搜索项进行简繁体转换，同时检索简体和繁体网页，并将搜索结果的标题和摘要转换成搜索项的同一文本，便于阅读。

Google 的错别字改正软件系统会对输入的关键词进行自动扫描，检查有没有错别字。

如果发现用其他字词搜索可能会有更好的结果，它能提供相应提示来帮助纠正可能有的错别字。例如，搜索“互连网”，Google会自动提示“您是不是要找：互联网”。如果点击“互联网”，Google将以“互联网”作为关键词进行搜索。

因为Google的错别字改正软件系统是建立在互联网上所能找到的所有词条之上，它能够提示常用人名及地名的最常见的书写方式，这是一般的错别字改正软件所不及的。

Google给中英文单词互译带来了极大的方便。只需输入一个关键词（“翻译”、“fy”和“FY”任选其一）和要查的中（英）文单词，Google就会直接显示所查单词的英文（或中文）翻译。

在Google中，可以通过添加英文双引号来搜索短语。双引号中的短语（比如“like this”）在查询到的文档中将作为一个整体出现。这一方法在查找名言警句或专有名词时显得格外有用。

一些字符可以作为短语连接符。Google将“-”、“\”、“.”、“=”和“...”等标点符号识别为短语连接符。

使用Google查寻城市地图或具体地址时，只需要在搜索框直接键入城市名或在地址后加上“地图”，或直接输入具体地址。

Google为用户提供了一个内置计算器。只需要在搜索字段中输入算式，按一下回车键或者“搜索”就可以了。这个计算器可以用来做所有简单的计算、一些复杂的科学计算、单位换算，并提供各种物理常数。

Google能够提供与原搜索相关的搜索词。这些相关的搜索词是根据过去Google所有用户的搜索习惯和Google提供的计算两个搜索词之间相关度的独家技术而产生的。这些相关的搜索词一般比原搜索词更常用，并且更可能产生相关的结果。只需点击Google提供的相关搜索词，Google就会自动转到这个词的结果页。

用Google查询天气和天气预报时，只需输入一个关键词（“天气”、“tq”和“TQ”任选其一）和要查询的城市/地区名称即可。Google返回的网站链接会提供给用户最新的当地天气状况和天气预报。

用Google查询股票价格和股市行情非常方便。只需输入一个关键词（“股票”、“gp”和“GP”任选其一）和想查询的股票证券名称或是其六位数代码，Google就会返回其链接，让用户只要一次点击便能得到有关股票证券的详尽资料。

用Google查询邮政编码或电话区号，只需输入关键词（“邮编”、“yb”和“YB”任选其一；“区号”、“qh”和“QH”任选其一）和要查的城市地名或邮政编码或电话区号即可。Google会提供相关的所有信息，包括所在地的省/市名称、邮政编码及电话区号。

用Google查询手机电话号码归属地，只需直接输入要查的号码即可（不需要任何关键词）。Google能自动识别以13开头的11位数字为手机号码而返回相关的网站链接。

用Google直接查询农历日期、节气和农历节日，只需键入关键词（“阳历”、“公历”、“阴历”、“农历”或它们的拼音缩写“gl”、“nl”等）加上日期即可；也可以直接输入节气名称、农历节日名称，加上年份或“去年”、“今年”、“明年”。

要在Google中查看字词或词组的定义，只需键入“define”，接着键入一个空格，然后键入需要定义的词。如果 Google 在网络上找到了该字词或词组的定义，则会检索该信息并在搜索结果的顶部显示它们。

通过包含特殊操作符“define:”，并使该操作符与需要其定义的字词之间不留空格，还可获得定义的列表。例如，搜索“define: HTML”将显示从各种在线来源收集到的“HTML”定义的列表。

第二节　门户网站

一、门户网站的概念

门户（Portal），原意是指正门、入口，现多用于互联网的门户网站和企业应用系统的门户系统。门户网站是指通向某类综合性互联网信息资源并提供有关信息服务的应用系统。门户网站最初提供搜索服务、目录服务，后来由于市场竞争日益激烈，门户网站不得不快速地拓展各种新的业务类型，希望通过门类众多的业务来吸引和留住互联网用户，以至于目前门户网站的业务包罗万象，成为网络世界的“百货商场”或“网络超市”。

从现在的情况来看，门户网站主要提供新闻、搜索引擎、网络接入、聊天室、BBS、免费邮箱、影音资讯、电子商务、网络社区、网络游戏、免费网页空间等。在我国，典型的门户网站有新浪、网易和搜狐等。

目前人们所理解的门户网站主要是指一些综合性质的网站，也就是与那些专业性较强、涉及内容较为单一的垂直类网站相对的网站。二者的区别似乎可以形象地理解为超级市场与专卖店之间的区别，前者的品牌及商品类型众多，后者却较为单一。但是如果严格地从互联网门户概念的诞生以及门户字面意义来讲，各种类型的网站都可称为门户网站，因为从字面上来理解，门户本身应该就是一种手段、媒介，人们通过这个媒介领略大千网络世界。

网络媒体的早期发展史几乎就是一部门户网站的发展史，从美国的雅虎到中国的新浪、搜狐和网易，它们的每一个动作或多或少都会影响这个行业。不仅如此，门户网站的模式还深入地触及了整个网络媒体模式，为网络媒体的模式创新打开了思路。

二、门户网站与新闻网站

我们今天所谈论的门户与当初雅虎初创时所说的门户已经有了很大的不同。那个时候，大多数网民面对茫茫网海无从下手，正是雅虎这种以提供搜索服务为主的网站扮演了引网民“入门”的角色，成为网民进入互联网的“门户”。将提供新闻服务作为门户网站的主业乃至核心竞争力，这其实只是后来的事情，原本就与门户网站的“本质”或者“正根”没有什么关系。因此，今天在门户问题上，有些网站极力强调新闻业务的重要性，似乎不做新闻甚至少做新闻就是对门户的“背叛”，有些不知所云。相反，简单回顾门户网站的起源和历史，可以让我们清楚地看到，无论是搜索还是新闻，都只是门户网站发展的一个阶段，门户网站可以从搜索服务演进到新闻服务，未必就不能从新闻服务演进到别的什么服务。随着网络媒体的发展，原先的门户网站不一定再将搜索作为主业（如雅虎和搜狐），而提供搜索引擎服务的又不一定非门户网站不可（如百度和 Google）。

新闻网站指以经营新闻业务为主要生存手段的网站，包括国家大型新闻门户网站（如新华网、人民网等）、商业门户网站（如网易、新浪等）、地方新闻门户网站（如长江网、大江网、大洋网等），还有各种行业门户网站（如湖北美食网、中国化工网）。

从互联网的发展史我们可以看出，目前门户网站通常做新闻业务，而新闻网站的主业则只是新闻业务。

三、雅虎

雅虎是美国著名的互联网门户网站，20 世纪末互联网奇迹的创造者之一。其服务包括搜索引擎、电子邮箱、新闻等，业务遍及 24 个国家和地区，为全球超过 5 亿的独立用户提供多元化的网络服务。它同时也是一家全球性的互联网通信、商贸及媒体公司。

Yahoo 一词是《格列佛游记》的作者乔纳森·斯威夫特（Jonathan Swift）发明的。在小说里，它代表一个外表和行为举止都非常令人讨厌的家伙。雅虎的创始人杨致远和雅虎联合创始人大卫·费罗（David Filo）选择这个名字的原因就是他们觉得自己就是 Yahoo。还有一种说法是，杨致远和大卫·费罗坚持他们选择这个名称的原因是他们喜欢词典里对 Yahoo 的定义——“粗鲁、不通世故、粗俗”。

雅虎每月为全球超过 1.8 亿用户提供多元化的网上服务，它是全球第一家提供互联网导航服务的网站，不论在浏览量、网络广告、家庭或商业用户接触面上，都居于领导地位，也是最为人熟悉及最有价值的互联网品牌之一。雅虎还提供各种商务及企业服务，以帮助客户提高生产力及网络使用率，其中包括广受欢迎的为企业提供定制化网站解决方案的雅虎企业内部网、商店网站存储和管理，以及其他网站工具及服务等。雅虎在全球共有 24 个网站，其总部设在美国加利福尼亚州圣克拉克市，在欧洲、亚太地区、拉丁美洲、加拿大及美国其他地区均设有办事处。

1995 年 4 月 12 日，雅虎正式在华尔街上市。雅虎没有微软庞大的财力，也没有 SUN 那样成熟的经验和技术资本，但其股票上市首日便上涨 154%，而 1995 年其营业额不过 130 万美元，实际亏损 63 万美元，直到 1996 年年底，雅虎才赚了区区 9 万美元。1997 年元月，《今日美国》为全美信息网的网络族筛选“内容最丰富、最具娱乐价值、画面最吸引人且最容易使用的网站”，结果发现雅虎连续数周在内容最优良、实用性最高、最容易使用等项目上夺魁。

1996 年第一季度，雅虎与竞争对手 Infoseek、Excite、Lycos 相比，每天的访问量就超过任何对手的两倍。1997 年年底，其日均访问量达到 9 000 多万人次，比所有对手访问量的总和还要多。一位分析家说：“雅虎在很多方面都已经领先同行，把它与其他的搜索引擎相提并论是不恰当的。”

1997 年，雅虎收入 6 700 万美元，亏损 2 300 万美元。从账面上看，这完全是一个失败的公司。但是在互联网上，它却是最大的明星，市场价值超过网景（Netscape），升至28亿美元。

雅虎起步于搜索引擎，但是搜索引擎只是新媒体的冰山一角。雅虎的股票报价、地图、聊天室、新闻、天气预报、体育新闻、黄页等，让用户目不暇接。雅虎最受欢迎的频道有：财经频道、体育频道、娱乐频道、汽车频道、搜索资讯等。

但是，近年来，雅虎发展面临激烈的市场竞争，尤其是 Web 2.0 网站Facebook、Twitter、YouTube 的冲击让雅虎的发展举步维艰。

四、新浪

新浪由王志东创立，和搜狐、网易、腾讯并称为“中国四大门户”。Sina 一词源于拉丁文的 Sino，在拉丁语系中，Sino 是“中国”之意，而在古印度语中，Cina 也是中国的意思，与英语 China（中国）合拼，取名 Sina，意为“中国”。新浪是下辖北京新浪、香港新浪、台北新浪、北美新浪等覆盖全球华人社区中文网站的全球最大中文门户网站。

新浪网旗下五大业务主线即提供网络新闻及内容服务的新浪网、提供移动增值服务的新浪无线（Sina Mobile）、提供 Web2.0 服务及游戏的新浪互动社区（Sina Community）、提供搜索及企业服务的新浪企业服务，以及提供网上购物服务的新浪电子商务（Sina E-Commerce），向广大用户提供包括地区性门户网站、移动增值服务、搜索引擎及目录索引、兴趣分类与社区建设型频道、免费及收费邮箱、博客、影音流媒体、分类信息、收费服务、电子商务和企业电子解决方案等在内的一系列服务。

新浪由四通利方和华渊资讯网合并而成。

新浪的主要频道

1. 新闻中心

新浪新闻中心与全国上千家媒体有着良好的合作，其对国内外大事全面快速的报道在业界赢得了良好的口碑和网友的喜爱。

2. 体育频道

新浪体育频道是全球最大的中文体育资讯频道，全面覆盖全球体育赛事，多媒体、全方位再现国内外体坛风云，以图文、视频等生动多彩的方式展现体育资讯。

3. 娱乐频道

新浪娱乐频道下设明星、电影、电视、音乐综艺、视听等栏目，以文字、图片、音频、视频等多种形式报道娱乐资讯。

4. 科技频道

新浪科技频道第一时间跟踪全球各大 IT 公司资讯和前沿技术动态，滚动报道科技业最新政策及重大新闻事件的台前幕后，为用户提供丰富的资讯服务。

5. 财经频道

新浪财经频道依托与数十家国内外领先的财经媒体内容合作上的优势，即时捕捉与传达资本市场的最新资讯。

6. 汽车频道

新浪汽车频道每日更新千条汽车新闻和服务资讯，数据库涵盖国内外在产车型，为购车、用车提供实用指南。

7. 房产频道

新浪房产频道为中国地产业界提供权威、快速的新闻资讯，为网友提供购房、租房、家居装修等实用服务资讯。

8. 游戏频道

作为最大的中文游戏资讯网站，新浪游戏频道为全国乃至世界的玩家网友提供新鲜、详尽的游戏资讯及玩家之间的互动服务。

9. 女性频道

新浪女性频道以“实用、互动、原创”为宗旨，提供丰富的服饰、美容、美体、顶极摄影等时尚资讯，打造极具互动性的情感交流平台，探讨极具影响力的女性话题，以“快速、权威”为特点，第一时间报道时尚圈重大活动，实现网友与潮流的零距离接触。

10. 新浪宽频

新浪宽频是互动网络视频平台，秉承“立足精品战略，打造宽频门户”的发展战略，依托先进的视频点播和 P2P 流媒体技术，以“新闻资讯 ＋ 互动娱乐 ＋ 应用服务”为特色。

11. 新浪 WAP

新浪 WAP 作为手机媒体的第一门户，打造完全免费的移动资讯娱乐世界，用户登录即可尽览全球各类即时资讯。

12. 博客频道

新浪博客每天的访问量逾百万人次，而且还在不断增加。

13. 新浪论坛

新浪论坛是中文社区和网络主流舆论中心，以便捷、稳定、友好的互动平台为网民提供生活化、多元化的资讯交互服务。

14. 新浪读书

新浪读书频道为读者提供及时全面的图书资讯，为文学爱好者搭建网络原创平台和交流社区。

15. 新浪微博

新浪微博是由新浪网推出的微博服务，于 2009 年 8 月 14 日开始内测，目前是中国用户数最多的微博产品。公众名人用户众多是新浪微博的一大特色。目前新浪微博基本已经覆盖大部分知名文体明星、企业高管、媒体人士。

16. 新浪旅游

新浪旅游频道是华语界颇具影响力的旅游在线媒体，为网友提供权威实用的旅游资讯和景点信息，拥有易操作的游记攻略分享平台、可信赖的旅游线路和酒店预订服务。

17. 其他信息

新浪网的教育、文化、星座、军事等各类频道，为网民提供全方位、多角度的信息服务。

五、腾讯

腾讯公司成立于1998年11月，是目前中国最大的互联网综合服务提供商之一，也是中国服务用户最多的互联网企业之一。目前其主要产品有IM软件、网络游戏、门户网站以及相关增值产品。

1998年11月12日，马化腾和他大学时的同班同学张志东正式注册成立“深圳市腾讯计算机系统有限公司”，当时该公司的主要业务是拓展无线网络寻呼系统。早在1997年，马化腾就接触到ICQ并成为它的用户，他亲身感受到ICQ的魅力，也看到了它的局限性：一是其使用英文界面，二是其在操作上有相当的难度，这使得ICQ在国内的使用虽然也比较广，但始终不是特别普及。马化腾和他的伙伴们一开始想的是开发一个中文ICQ的软件，然后把它卖给有实力的企业，他们当时并没有想过自己经营需要投入巨额资金而又挣不了钱的中文ICQ。当时一家大企业有意投入较多资金到中文ICQ领域，腾讯写了项目建设书并且当时已经开始着手开发设计OICQ。到投标的时候，腾讯没有中标，于是决定自己做OICQ。当时腾讯给OICQ标的价格仅仅30多万元。

但是，现在腾讯QQ已经成为中国目前使用人数最多的即时通信软件，其服务提供商腾讯成为中国最大的互联网通信应用软件服务商，目前其注册用户超过10亿，活跃用户超过6亿。2010年3月5日19时52分58秒，腾讯公司宣布QQ同时在线用户数首次突破1亿。

六、网易

网易是中国的主要门户网站之一。网易在开发互联网应用、服务及其他技术方面始终保持中国内业界的领先地位。自1997年6月创立以来，网易曾两次被中国互联网络信息中心评选为中国十佳网站之首。目前网易提供网络游戏、电子邮箱、新闻、博客、搜索引擎、论坛、虚拟社区等服务。2010年，网易营业额达到了57亿元。

网易的主要服务

电子邮件业务是网易公司的重要基础服务。1997年11月，网易率先自主研发了国内全中文的免费电子邮件系统。2007年9月，网易旗下三大免费邮箱全面开放无限容量升级服务。2009年3月，网易宣布进军企业电子邮箱市场，标志着网易邮箱不但成为了中国第一大电子邮件运营商，更是国内提供最全面电子邮件服务的运营商。2009年10月，网易邮箱在旗下全系列邮箱部署了加速功能，使邮箱用户体验到了邮箱加速带来的便捷。

2001年12月网易推出了首款自主研发的大型网络角色扮演游戏《大话西游Online》，2002年8月，在原作的基础上开发了《大话西游OnlineⅡ》，使其成为国内第一个成功运营的国产网络游戏。其后，网易又推出大型Q版网络游戏《梦幻西游Online》。截至2010年8月，《大话西游Online》在线人数有近90万。

2002年11月网易推出免费即时通信工具网易泡泡（POPO）。它集即时聊天、手机短信、在线娱乐等功能于一体，还拥有更加贴近用户需要的邮件管理、超大文件传输、网络文件共享、语音及视频聊天等实用功能。

2009年11月，网易推出邮件客户端闪电邮，协助广大用户高效管理多个邮箱账户，实现本地快速收发邮件。

网易手机邮作为网易自主研发的免费手机通信服务，提供网页端和手机客户端两种使用方式，帮助用户随时随地收发邮件。

网易博客自2006年9月1日正式上线，截至2011年9月，已拥有超过1.4亿注册用户。

网易相册自2003年推出，2010年3月全面改版，截至2011年9月，网易相册总用户数超过1.2亿，上传相片总数超过54.6亿张。网易相片管家作为中国大型互联网公司中首款以微软.net framework 3.0作为技术框架开发的软件，协助用户对个人电脑和网易相册图片进行一站式管理。网易印像派是网易推出的个性照片礼物定制平台，致力于为用户打造更为完美的个性生活。2010年网易推出在线相片冲印工具“闪印”，旨在为用户提供便捷的冲印定制服务。

七、搜狐

1996年8月，张朝阳创办了搜狐的前身“爱特信信息技术有限公司”。1998年2月，爱特信推出搜狐，中国首家大型分类查询搜索引擎横空出世，搜狐品牌由此诞生。

2000年，搜狐公司正式在美国纳斯达克挂牌上市，成为国际互联网品牌。搜狐所提供的互联网服务从媒体资讯、无线增值、互动沟通扩展到产业服务、搜索引擎、网络游戏和生活服务等多个领域。

搜狐的主要服务

1. 搜狗

（1）搜狗输入法：永久免费的输入法软件，拥有超过3亿用户，在中国上网的计算机中，安装率超过80%，凭借云计算输入、人名智能输入等众多创新技术的突破，大大推动了中文输入技术的发展。

（2）搜狗高速浏览器：国内第一家基于WebKit和IE双内核的浏览器。

（3）搜狗搜索：全球首个第三代互动式中文搜索引擎，早在2007年就成为全球首个中文网页收录量达到100亿的搜索引擎，目前已成为新近崛起的拥有核心技术的搜索引擎，其在音乐搜索、地图搜索等诸多方面一直引领着搜索引擎产品和服务的发展潮流。

2. 搜狐焦点

搜狐焦点是房地产门户，是搜狐门户矩阵的重要成员，其前身为诞生于中国互联网第一代浪潮中的焦点房地产网。2003年11月焦点房地产网加入搜狐公司。2009年8月11日焦点房地产网更名为“搜狐焦点”。搜狐焦点致力于打造中国房地产行业中沟通各方的专业平台。搜狐焦点以北京为总部，在天津、上海、杭州、深圳、广州、成都、重庆、西安等近70个城市布点。搜狐焦点有完善的资讯平台、购房中心、业主论坛以及装修家居板块等核心业务。

3. 17173——中国网游门户

17173是一家服务于游戏玩家和游戏企业的增值资讯服务提供商，是玩家获得游戏资讯、交流沟通的首选网站，也是游戏供应商最信任的宣传平台之一。

作为连接企业、玩家和渠道的重要纽带，17173不仅在内容上尽可能地提供最新最全的游戏资讯，而且一直致力于营造有利于游戏产业健康发展的舆论氛围。

4. ChinaRen——年轻生态群的生活交流平台

从创立之初，ChinaRen就以“建造全球最大的华人虚拟社区”为口号和首要目标。2000年ChinaRen加入搜狐公司，借助搜狐的品牌优势一举成为当时国内最大的年轻人社区。ChinaRen不仅仅拥有规模大、数据全、服务稳定的校友录，同时还拥有具有超高人气、准确定位80后人群的ChinaRen社区。其校友录已经拥有1亿注册用户，并逐步面向更多专属用户人群。

5. 手机搜狐——无线互联网门户

手机搜狐WAP是知名的无线互联网门户，拥有搜狐强大的品牌背景，整合搜狐门户矩阵优质丰富的内容资源，同时不断创新开发众多移动互动产品，快速确立了其在无线互联网门户中的地位。目前手机搜狐拥有新闻、体育、娱乐、财经等十多个核心频道资源，每日为千万手机网民提供及时、丰富的资讯及互动内容。

6. 新闻频道

搜狐新闻频道始建于2001年，囊括国内、国际、社会、军事等新闻版块。

7. 公益频道

搜狐公益频道致力于成为贴近公众、给人温暖、值得信任、受人尊敬的媒体，让公益可持续发展。搜狐公益频道2006年以专题形式建立。搜狐公益频道关注社会公益热点，报道并支持慈善公益活动，促进公众参与慈善公益活动，成为业界权威的公益信息发布平台、公益慈善救助平台。

8. 财经频道

搜狐财经频道致力于成为中国最有公信力与影响力的互联网财经新媒体。搜狐财经频道定位中产阶级，关注宏观政策背后的影响和意义；把脉产业动向，解读新机会、新价值；追踪商业变迁、公司变革，传播创新理念和商业价值。

9. 娱乐频道

搜狐娱乐频道是搜狐AA级内容频道，其与中央电视台、全国各大卫视等上百家电视台、传媒公司和影视制作机构深度合作。

10. 视频频道

搜狐视频频道是一个全面领先的影音娱乐视频媒体平台。

搜狐视频频道历经多年的不懈努力，与业界人士共同奋斗，成功抑制了网络视频的侵权盗版行为。

第三节 网络虚假信息及谣言辨别

一、谣言的概念研究

有人类历史以来，就有了谣言。古希腊和古罗马时期人们视谣言为“神谕”，他们通过有形的建筑与无形的文学对谣言女神（法玛，拉丁语 Fama）顶礼膜拜。

“谣”在我国开始是指徒歌，所谓“曲合乐曰歌，徒歌曰谣”（《毛诗故训传》），即配上乐曲的韵语是“歌”，而不配乐曲的韵语是“谣”。随后由名词“谣”衍生出动词“造谣”、“传谣”等说法。总体来说此时的“谣”是中性的。

《荀子・致士篇》中曾警戒君子：“凡流言、流说、流谋、流誉、流愬，不官而衡至者，君子慎之。”

忠而见疑的屈原在《离骚》中感慨：“众女嫉余之娥眉兮，谣诼谓余以善淫。”谣言积毁销骨的威力由此可见一斑。

《战国策・秦策二》所记载的“曾参杀人”的故事以及《韩非子・内储说上》所讲述的“三人成虎”的譬喻都强调了谣言经反复传播后对人心所产生的强大影响。

《吕氏春秋・慎行》对谣言传播过程中的内容歪曲进行了言简意赅的描述：“故狗似玃，玃似母猴，母猴似人，人之与狗则远矣。”

经过两千年的演变，在现代汉语中，谣言几乎等同于“恶意”制造与传播的“谎言”。换言之，在现代中文语境下，谣言并没有继承徒歌的意思，只是保留了“造谣、诽谤”之意。①

虽然“谣言”一词古已有之，但它被当做学术问题进行讨论和研究，从研究文献的角度看，西方学者早于我国。德国学者诺伊鲍尔（Hans-Joachim Neubauer）、美国社会学家纳普（Robert Knapp）、法国学者卡普费雷（Jean-Noel Kapferer）、美国学者奥尔波特（Gordon Allport）和波斯特曼（Leo Postman）等人从不同角度对谣言进行了大量的研究和探讨。下面就对中外学者的研究情况进行介绍，以此厘清谣言研究的发展脉络。

（一）从史学角度

德国学者诺伊鲍尔认为，谣言是历史发展的产物。它绝不是凭空臆造出来的，也不完全是邪恶的化身，而是历史的一部分，并对人类文明的进程施加了不容忽视的影响。谣言“首先是人们所描述的那种随历史发展而变化的习俗，可以是截然不同的各种现象。另外，‘谣言’还是在某一群体中以听传或类似的交际方式传播的信息。大家都说的还不是谣言，而是据说大家都在说的才是谣言。谣言是不完整的引言，谁引的不得而知，也没有人知道是谁说的”②。这

① 参见金屏：《谣言：概念反思及其对现代社会的启示》，吉林大学硕士学位论文，2005。

② ［德］诺伊鲍尔：《谣言女神》，10 页，北京，中信出版社，2004。

说明无法确定谁是谣言传播者，但可以确定谣言是通过人际传播扩散的。

（二）从社会心理学角度

《社会心理学词典》中把“谣言”解释为“没有事实根据的传闻，故意捏造的、口耳相传的消息。有一部分谣言属于诽谤性质的消息，有一部分属于夸大其词的传闻”①。周晓红在《传播的畸变——对“非典”传言的一种心理学分析》中根据对“非典”事件始末的分析，认为：“无论是在传统社会还是现代社会，谣言都是一种常见的社会心理现象，或是说一种以信息传播为特征的集群行为。”法国的勒莫认为：“一则谣言的历史，首先应该是某一群体有能力互相交流的历史，而集体记忆、实验的社会空间和机遇则是用不同方法促成谣言形成的工具。”② 也就是说，当社会稳定受到挑战、人民生命受到威胁时，谣言容易产生和传播，这是人没有安全感的一种心理投射。

奥尔波特更是认为，谣言的产生源于人的需求，他说：“任何人类需求都可能给谣言提供推动力。性兴趣是产生许多流言蜚语与大多数丑闻的原因。焦虑是我们常听到的恐怖威胁性谣言的动力，希望与渴望产生白日梦式的谣言，仇恨产生指责性的谣言与诽谤。”③ 所以，每一种谣言的产生都有着深刻的社会心理原因。

（三）从社会舆论的角度

国内学者刘建明认为，谣言作为社会舆论出现，是没有任何事实根据的描述，并带有诽谤的意见指向，因此谣言不是中性的传闻，而是攻击性的负向舆论。④ 而法国学者勒莫却认为，谣言与公众舆论之间的关系是复杂的，“从其有结构的整个方面看，舆论是极易用概念来表达的，而谣言却更加变化不定，它更容易流入形象或隐喻的模子中，这种模子可以被说成是一种变动中的概念或是一种预感的概念，那里正在加工出各种新概念和或新表象”⑤，“谣言是对失衡或社会不安状况的一种反应”⑥。与此同时国内学者陈力丹也提出类似的观点：“流言是公众应付社会生活的一种应激状态，是公众解决疑难问题的不得已形式。”⑦ 勒莫和陈力丹都倾向于认为，谣言是特殊社会状态下的产物，强调它的社会性。

胡泳则进一步强化了谣言的舆论性质，认为谣言是一种社会抗议。随着新媒体的不断涌现，任何一个群体都可以通过这个平台发表言论，并不断挑战着社会的神经。“在沉寂不动和激烈反抗之间还存在着一个广大的中间区域。谣言正是中间地带的抵抗中一种有力的手段，谣言武器在现代反抗者手中不像过往的革命者使用得那样强悍，但它又比斯科特曾经观察到的作为‘弱者的武器’而发挥的功能更强大。”⑧ 这一看法的依据是卡普费雷提出的“谣言既是社

---

① 时蓉华：《社会心理学词典》，243页，成都，四川人民出版社，1988。

② ［法］勒莫：《黑寡妇——谣言的示意及传播》，125～126页，北京，商务印书馆，1999。

③ ［美］奥尔波特等：《谣言心理学》，18页，沈阳，辽宁教育出版社，2003。

④ 参见刘建明：《社会舆论原理》，211页，北京，华夏出版社，2002。

⑤ ［法］勒莫：《黑寡妇——谣言的示意及传播》，182页。

⑥ 同上书，125页。

⑦ 陈力丹：《舆论学——舆论导向研究》，102页，北京，中国广播电视出版社，1999。

⑧ 胡泳：《谣言作为一种社会抗议》，载《传播与社会学刊》，2009（9）。

会现象，也是政治现象”。谣言与当局的一种关系：“它揭露秘密，提出假设，迫使当局开口说话，同时，又对当局作为唯一权威性来源的地位提出异议。”所以，谣言构成了一种反权力，即对权力的某种制衡。①

二、谣言传播形式流变

随着信息技术的不断发展，科技改变了整个社会的运行方式，人们之间的交流也出现了新的形式。原来建立在人际传播基础上的谣言，其传播形式也随之多变。与之前的网络谣言相比，微博谣言成为时代的“新宠”。总之，搭乘互联网的先进技术和便携式终端的不断更新的快车，谣言与人类进行着“赛跑”。但是传统谣言、网络谣言与微博谣言有什么联系和区别，需要我们进一步梳理，以此提高人们对新媒体条件下谣言传播的认识。

（一）传统谣言与网络谣言的关系

传统谣言与网络谣言是一对相对概念，传统谣言建立在人际传播的基础上，以口耳相传为其基本路径，在人与人之间尤其是在熟人社会中进行传播。由于传统谣言传播受到人所处的时空限制，所以对于不同地域的人来讲，在一方为谣言，而在另一方可能成为旧闻或者“新闻”。这时传统谣言呈现出信息的滞后性，这种滞后性又反过来制约着传统谣言产生影响的广度和深度，同时人在传统谣言面前变得无所适从，无法依靠个人力量判断谣言的真伪。

网络谣言是在计算机技术的基础上构建的网络传播，从一个ID用户向另一个或者多个ID用户传递，它摆脱了熟人社会的范围，可以在虚拟社会中跨时空地自由传播。它几乎不受地域时间的限制，在一定时间发生的谣言，全世界都会很快知晓。所以网络谣言又呈现出传播的及时性特征。为了使网民相信并掀起社会波澜，网络谣言往往呈现出细节的完整性：时间、地点、情节一般都一一列出。同时在某些情况下，网民可以集群体之智慧，主动破解谣言，通过各自所知道的相关知识来从不同角度验证谣言。“周老虎事件”便是有力的证明。

（二）微博谣言与网络谣言的异同

微博兼具人际传播和大众传播的双重属性。微博是Web2.0的产物，Web2.0时代秉持“去中心化”的理念，强调用户建设、用户参与和用户主导，它从Web1.0时代的被动接受信息转为主动创造互联网信息的模式。它的标志性应用是博客、维基和论坛。微博是在博客的基础上衍生出来的。微博上的谣言也和网络社区上的谣言一样，同属于网络谣言。

微博得以迅速发展并成为目前最为流行的新媒体，关键在于它依托移动互联网的发展和手机功能的变革。在社会向信息化转型的过程当中，人们越来越希望摆脱固定网络的限制，移动互联网正好可以满足人们对随时随地上网的需求。手机操作系统的更新、手机界面的增宽变薄、智能手机向移动平台的不断转变，无不在吹响移动互联网未来无限发展的号角。微博也正是借助移动互联网和智能手机互相推动式的发展而出现的。

---

① 参见［法］卡普费雷：《谣言》，1版，14页，上海，上海人民出版社，1991。

（三）手机微博谣言与网络微博谣言

手机微博谣言与网络微博谣言的相同之处：140 字的字数限制不能完整提供可验证的情节。

尽管微博可以在手机上也可以在电脑中应用，但应用于手机上的微博谣言与网络中的微博谣言仍有不同之处：

（1）基于手机的可移动性，手机上的微博谣言传播更加迅速，扩散速度更快。

（2）手机微博可以被关注（订阅）和转发，通过手机实现了信息的实时传播。

总之，微博在赢得大众普遍欢迎的同时，也因其自身的传播特征使得谣言频频光顾，基于手机媒体的微博谣言以更快的速度实时向世界传递已经成为目前我们急需研究和解决的问题。

三、谣言的消解与辨别

尽管微博是目前最受欢迎的新兴媒体，但它与谣言并不存在本质上的联系，并非因微博而产生谣言。另一方面，如何应对利用微博大肆传播的谣言，如何有效地消解谣言，需要我们对谣言本身做进一步的思考与研究。

我们在分析前人对谣言的研究的基础上，提出事件的重要性、事件的模糊性和信息的不对称性是构成谣言传播法则的观点，并据此建立网络谣言传播、扩散及消解模型，以期为人类正确处理谣言提供思想支持和实践指导。

（一）奥尔波特模型

1947 年，美国心理学家奥尔波特提出谣言的产生有两个基本条件：第一，故事的主题必须对传谣者和听谣言有某种重要性；第二，真实的事实必须被某种模糊性掩盖起来。[①]

依据这两个基本条件，他提出了谣言的基本法则（这里“法则”指的是规律）：事实的重要性和模糊性与谣言传播有关，其公式为：

$$R=i\times a$$

在此公式中，R=谣言（rumor），i=重要性（importance），a=模糊性（ambiguity）。R 表示谣言流行的强度和广度；i 表示事件对于某一群体人员的重要性；a 表示该事件或证据的模糊性。当 i 与 a 这两个条件同时具备时，谣言方可产生。这说明：事件对于某群体越重要，事件的模糊程度越高，则谣言产生的可能性就越大，其传播的强度就越高，传播的范围就越广。

在此公式原有的基础上，1953 年克罗斯试图通过在公式中加入传播者即人的因素来进一步完善：$R=i\times a\times 1/c$，这里的 c（critical ability）表示的是“人的判断能力”。[②] 这个公式表明：谣言的传播同“人的判断能力”成反比，人的成熟能够成功抵挡谣言对个人的影响，甚至

① 参见［美］奥尔波特等：《谣言心理学》，17 页。

② 王灿发、何雯：《突发公共事件的谣言传播系统及过程分析》，载《青年记者》，2009（33）。

阻挡谣言的进一步扩散。谣言是漫天飞舞还是尘埃落定，除了取决于事件的重要性和模糊性外，还取决于公众是否对该事件具有理性的认识和评价。虽然克罗斯注意到了人对谣言传播的重要影响，但也无形中为这一公式的成立增加了难度：如何评价人的判断能力？依靠哪些标准进行确定？众所周知，人是认识世界和改造世界的主体，影响人判断能力的因素很多，比如人的认识水平、社会背景、社会地位以及受他人影响的程度等，所以人的判断能力的衡量是非常复杂的过程。相应地，克罗斯的这一谣言公式也就缺乏实际操作性，为如何从本质上消解谣言增加了困难。

在前人研究的基础上，我们认为谣言法则可以通过增加信息的不对称性一项加以完善，谣言公式可以补充为：

$$R=i\times a\times ia$$

其中，ia 指信息的不对称性（information asymmetry），即谣言＝事件的重要性×事件的模糊性×信息的不对称性。信息不对称性越大，谣言传播越快；反过来，信息不对称性越小，谣言传播越慢，甚至不再传播。事件的重要性、模糊性与信息的不对称性与谣言传播成正比例关系，三者缺一不可。

下面以 2011 年“7·23”甬温线特别重大铁路交通事故引发的谣言为例进行说明。

2011 年 7 月 23 日晚 8 时 30 分 05 秒，由北京南站开往福州站的 D301 次列车由后方与杭州站开往福州南站的 D3115 次列车发生同向动车组列车追尾事故，造成 40 人死亡、172 人受伤。事故发生后，搜救行动是否过早结束、恢复通车是否过急、坠地的后车车头被迅速掩埋、政府控制媒体和司法系统以及越早签订赔偿协议得到越多赔偿等问题使原中国铁道部遭到了中国社会各界的质疑。

首先，从事件的重要性来讲，尽管我国高铁事业对经济建设、未来国家发展格局具有重大战略意义，但当高铁出现重大事故时，这种对高铁安全性的质疑以及对车上人员性命安危的担忧自然得到了全国乃至全世界的关注。因为它不仅仅关乎着个体生命的存在与安全，更为重要的是它还关乎着一个国家对全体公民生命的尊重和保障。

其次，从事件的模糊性来讲，7 月 23 日所发生的甬温线特大交通事故是完全真实的事实，不是人为虚构的、编造出来的事情。但是事件发生之后，铁道部没有及时对如何救援、采取何种措施以及为什么采取这种措施等相关的信息进行公布，致使事件的模糊性增强，公众猜测不断，于是微博上的谣言开始出现并乘势肆虐。在事故发生 26 小时之内，官方更多相关事故信息的公布一直处于空白区，而微博上发布的“神秘手”图片引发了网上“掩埋活人”的谣言，这一谣言瞬间引起了网友们乃至全国极大的反响，怀疑声、质疑声、谴责声一浪高过一浪。而随后铁道部召开的记者招待会，又因时任铁道部发言人王勇平的回答“至于你信不信（由你），我反正信了”，再次丧失了平息谣言传播的机会。这种傲慢、这种缺乏生命关怀式的解释不仅没有减少网民对救援工作的质疑，相反激起了大众的愤怒，使得事件的模糊性一再加强，从而造成了谣言不但不减少反而增多的混乱局面。

最后，为什么这次事故会连续不断引发八大谣言？我们认为是信息的不对称性造成谣言的此起彼伏。信息不对称的主体是政府机构与公众。政府机构作为社会管理者，与被管理者的公众相比，所掌握的信息要多得多，而且往往掌握着第一手资料。在通常情况下，如果政府机构所掌握的信息不公之于众，那么作为被管理者的公众是没有途径知晓的，但是我国宪法规定公民有知情权，这种权利要求政府机构公开信息（当然这种信息的公开不能危及国家安全），所以从这个角度来讲，政府机构与公众之间的信息不对称是可以消除的。就这次事故而言，官方所掌握的事故情况、相关救援及处理信息与大众所获知的信息是不对称的，它所公开的信息无法满足公众对了解事件真相的渴求。此外，这次交通事故所引发的一连串谣言，更深层的原因是公众对铁道部长久以来的不满甚至反感情绪的集中爆发，是对铁道部不信任的强烈表现。

（二）网络谣言传播、扩散及消解模型

基于补充后的谣言法则以及上述对微博中“7·23”甬温线特别重大铁路交通事故引发的谣言传播的个案分析，笔者认为：(1) 决定谣言的事件的重要性（i）是无法减弱的，因为事件特别是重大事件的发生，往往关乎人类的生存问题，关乎社会的稳定问题，所以重要性在事件发生后是不会人为降低的，在一定时间里它几乎是恒定的。(2) 关于事件的模糊性（a）。事件发生后，由于人们对事发原因及相关背景一时之间无法做出准确判断，所以事件存在模糊性。从理论上讲，只有当人们对事件进行调查并深入其本质获得真实信息时，事件的模糊性才能降低。简单来讲，就是要依靠信息的不断注入来降低模糊性。但值得注意的是，当人们所获得的信息引起更多的怀疑时，事件的模糊性会不降反升，所以事件由模糊走向清晰是个比较复杂的过程。(3) 信息的不对称性，是指政府机构和公众双方所掌握的信息不均衡，而这种信息掌握上的不对称，容易造成公众对事件的曲解和对政府机构的不信任感，也容易滋生出更多的谣言。相反，如果政府机构和公众双方能够在信息掌握上实现对称，那么谣言将失去存在的可能。

通过对谣言构成的三个因素的考察，我们可以得出结论：在事件重要性无法改变和事件模糊性难以确定的条件下，信息的不对称性（ia）是消解谣言的关键因素。因微博所出现的谣言仍归属于网络谣言，据此，我们建立了以消除信息不对称性为主要因素的网络谣言传播、扩散及消解模型（见图 9—2）。

从图 9—2 可以看到，首先，网络谣言传播、扩散及消解模型说明了网络谣言的生成条件和传播、扩散路径。谣言的产生是和人类追求自身安全紧密相关的。任何有关人类生命、生活等安全的事情都有可能导致人类产生疑问和困惑，例如地震、核辐射、交通事故等，好事者则将这种心理上的不安全感、猜测诉诸天下，共鸣者则奉为“良言”四处传播，于是谣言始成。人类对于生命转瞬即逝本能性的恐惧，以及对人身安全的高度警惕心理，造成人们一旦遇到谣言影响，便会相信谣言中透露出的信息，无形中又促进了谣言传播。网络的出现恰好加速了谣言的扩散。这里的网络不仅仅指互联网、手机，而且有可能指向社会网络这一更大的范围，包括微博等。

其次，该模型提出了依托网络消解谣言传播的三方力量，即政府机构、媒体和公众。如前所述，尽管信息不对称的主体是政府机构和公众，但由于新闻媒体是政府机构和公众之间实现信息对称的桥梁，故而这三方力量能否在谣言传播过程中消除信息不对称是消解谣言的关键。如果三方合力能够消除信息的不对称性，那么公众就不会相信谣言，不会迷失自我盲目行动，相反他们会自觉地传播真实的信息，从而在真实信息的不断传播过程中消除谣言。

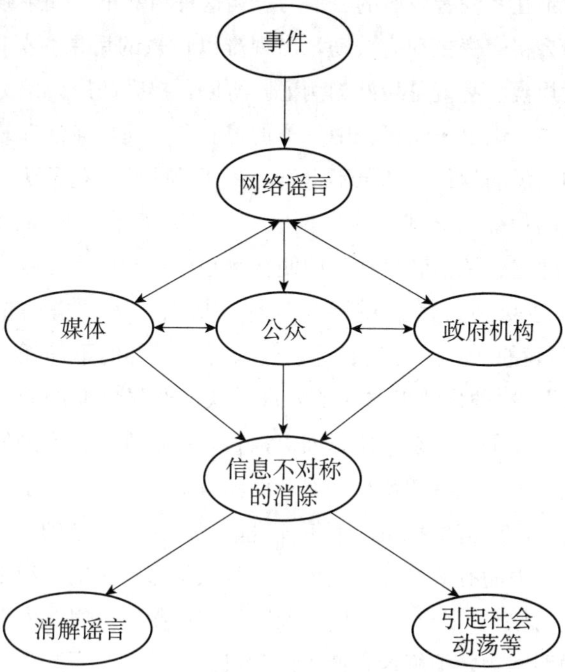

图 9—2　网络谣言传播、扩散及消解模型

2011 年 3 月的“谣盐”恐慌就是一起典型的由于信息不对称加快谣言传播的案例。2011 年 3 月，日本核电站爆炸引发的“核泄漏”恐慌在全国蔓延，绍兴、宁波、福州等沿海城市开始出现抢盐风潮，不少居民纷纷奔走于各大超市抢购食盐以“备战”日本核辐射污染。出现抢盐潮的原因有二：一是传言吃碘盐可防辐射，二是谣传核泄漏污染了海盐。

其实，从科学与专业的角度看，食盐里碘的含量是很低的，市民就算吃很多盐，也起不到多大的防辐射作用。而且日本核电站泄漏的放射性物质极少，再加上稀释作用，对中国沿海的影响几乎可以忽略不计，也就不存在污染海盐的问题。但是，由于绝大多数民众缺乏核辐射方面的专业知识，因而这种专业信息的不对称在恐慌心理的催化下加快了谣言传播的速度。

最后，该模型依托网络，以传播学中对信息系统及其规律的研究为根本，构建网络谣言的传播、扩散及消解模型。与传统模型不同之处在于，该模型在充分尊重网络世界自由、平等精神的基础上，强调和注重消解谣言的疏导，并没有设立如何预防虚假信息传播的渠道或者变量。我们认为，在网络中信息的自由流动是其他力量难以阻碍的，阻碍只能带来更多问题，产生更可怕的效应。网民在横行的谣言面前都有自己的判断能力，即便一时受其误导，但在信息几乎实时传播的情况下，真相也会通过各种渠道瞬时被揭开，因此对网络谣言如何合理地进行消解成为本节讨论的重点。

（三）基于“网络谣言传播、扩散及消解模型”的网络谣言消解之策

1. 政府机构应增强公信力，实事求是地公开信息，奠定消解谣言的基础

目前，我国发展处于重要的转型阶段，尽管经济取得了高速的发展，但是在这一片繁荣之下，社会矛盾也呈增长之势。贫富差距的加大、农民的土地问题、官员的腐败问题、资源享有

的不平等问题等，无一不在考验着政府的公信力。在这种情势下，如果政府机构持续采取选择性公开信息的方式，那么将会变主动为被动，出现难以估量的后果。英国借助 Twitter 和黑莓手机等新媒体掀起的大规模骚乱就是最好的例证。所以，提升政府公信力、实事求是地公开信息是消解谣言的基础。在《论语·颜渊》中，子贡曾向孔子问如何治理政事，孔子认为有三个要素，即粮食、士兵和人民的信任。如果不得已去掉两项的话，孔子认为首先是士兵，其次是粮食。由此看来，人民的信任自然成为一个国家、一个政府治理政事的根本，没有人民的信任，国家、政府将无法建立、统治和存在。即便在和平稳定时期，当政府得不到人民信任的时候，政府无论怎样做都会受到人民的质疑和批评，从而陷入"塔西佗陷阱"而难以自拔。"7·23"动车追尾事故引发的八大谣言就表达了公众对铁道部的不信任。长期以来，铁道部一直被外界称为"铁老大"，这种称呼也体现了公众对铁道部强势地位的不满情绪，加之公众对其服务质量长期低于合理水平的无奈，所以面对谣言，铁道部发言人的发言激化了人们的不信任感，谣言的传播并没有因为记者招待会的召开而消解，反而产生了更多的谣言。因此，提升公众对政府机构的信任是政府应对危机、消解谣言、稳定民心的基础。

而政府机构提高公信力的有效途径是应该在不危及国家安全的情况下，发挥自身的掌控信息优势，秉承实事求是的原则，公开、透明、及时地利用微博等媒体发布信息，争取在第一时间向百姓解释问题、说明问题，消解谣言产生的危机。

实事求是地公开信息，不只是要求政府机构简单地发布某地发生了某重大事情，而是需要披露更多触及事情真相的信息，即不单单告知公众结果，而且还应该告知公众事件处理过程中的真实信息。也就是说，事件调查过程的真实与结果的真实同样重要，政府机构有义务将这两方面的信息公布于众。面对重大事件的发生，政府机构只满足于控制信息、实行愚民政策，希望借此息事宁人的做法，只能成为过去式，在微博等新媒体不断涌现的情况下，政府机构尽可能多地公开信息，才是成功辟谣、维护稳定和提升公信力的正道。只有做到这一点，信息的不对称才能有效消解，否则它将再一次为谣言的生长提供土壤。因此，从某种程度上讲，信息对称性的实现消除了事件的模糊性，增强了事件透明度，提高了政府机构的公信力，从而也降低了公众由于掌握信息不足而被谣言左右的可能性。

2. 注意"塔西佗陷阱"带来的影响

普布里乌斯·克奈里乌斯·塔西佗（Publius Cornelius Tacitus，约 55—120）是古代罗马最伟大的历史学家，他继承并发展了李维的史学传统和成就，在罗马史学上的地位犹如修昔底德在希腊史学上的地位。塔西佗曾出任过古罗马最高领导人——执政官，此外还先后做过保民官、营造官、财务官、行政长官和外省总督等。他曾经这样谈论执政感受："当政府不受欢迎的时候，好的政策与坏的政策都会同样地得罪人民。"这个卓越的见解后来成为西方政治学里的定律之一："塔西佗陷阱"。通俗地讲，"塔西佗陷阱"可以解读为：当一个部门失去公信力时，无论说真话还是假话、做好事还是坏事，都会被认为是说假话、做坏事。

本来所有的技术都是相对的，没有绝对的成熟或不成熟，我国高铁技术亦然，事故的发生原本就是一个概率事件。但是，中国铁路线路因其具有的"自然垄断"性质，从而使得铁路的管理体制具有高度的行政垄断特点，不仅政企、政资不分，而且整个行业就是一家超级的垄断企业。长期以来，铁道部不注重与民众、与媒体打交道。在一些民众之中，铁道部是"不受欢迎的部门"，所以难免陷入"塔西佗陷阱"。

此外，时任铁道部新闻发言人的王勇平的低级错误也使得铁道部更深地陷入该"陷阱"。王勇平的记者会不仅没有减少舆论对铁道部的不满，反而引发了更多的质疑和愤怒。一时间，"埋车头是为了掩埋证据"、"为了通车不救人"等传言不胫而走，王勇平说的"反正我信了"也被众多网民冠以"高铁体"进行调侃。

3. 新媒体是成功消解谣言的重要平台

从信息的不对称性来讲，不对称的双方是政府机构与公众，但媒体作为政府机构与公众的沟通渠道，在实现双方信息对称的过程中肩负着重要作用，它既是谣言产生、扩散的土壤，也可以成为辟谣的重要平台。微博作为当下时效性最强的媒体，自然成为谣言传播的聚居地。还是以"7·23"甬温线特别重大铁路交通事故为例，当事故发生后，在微博上，一方面首先出现了对"7·23"特大交通事故救援工作的质疑，在公众没有得到准确解释的情况下，才使一开始的质疑变成漫天飞舞的谣言，从这一角度讲，微博客观上促进了谣言的扩散；但另一方面，微博也可以及时发布真实信息，消除信息不对称性，进而成为成功辟谣的重要平台。例如，微博上流传"35 人死亡上限论"，称"超过 36 人市委书记将被撤职，所以一开始发生，就注定了死亡人数不会超过 35 人"。微博上还发图列举了从 1993 年到 2011 年国内重大事故中死亡的人数恰好都是 35 人，之所以如此，是因为死亡 35 人以上市委书记就要被撤职，所以为降低事故级别，官方瞒报了死亡人数。就此，新浪微博虚假消息辟谣官方账号"微博辟谣"25 日发表声明，经过网友查证，相关微博所列举的近年我国发生的事故或灾害死亡数字中，18 个数字与事实不符。对此，发布此消息的 12 名用户被新浪微博官方暂停发布和被关注功能一周。① 由此可见，尽管谣言可以借助微博在瞬间聚集网民抨击政府机构瞒报信息，但是媒体也可以在充分提供调查信息的基础上通过微博将谣言粉碎。

4. 公众对真相不懈追求的特点决定了公众是成功消解谣言的最终推动者

公众由于对生命的珍视，以及所掌握知识的有限，使得自己易受谣言的影响，在这种信息不对称性的前提下，他们可能是谣言的传播者。但从谣言传播、扩散到消解的整个过程来看，由于公众对科学的崇尚和对真理的追求产生了质疑谣言的诉求，当政府机构及媒体不断提供公众所缺失的信息后，公众会由谣言的传播者转变为拥护正确信息、消解谣言的最终的推动者。

当政府机构通过媒体发布正确的信息以揭穿谣言的荒谬时，谣言并不会自行消亡，甚至造谣者会变本加厉地采取各种手段与政府机构对抗，但公众在政府机构持续不断地公开信息后，往往会进行自我说服，相信政府机构的判断，并在这种情况下，传播权威信息。比如，2011 年 3 月我国政府机构及时有效地处理日本地震引发的网络"谣盐"问题，赢得了公众赞赏。广大网民不仅纷纷谴责造谣者，并且主动通过网络传递政府机构发布的权威信息。公众的主动参与将政府机构由上而下的传递信息转变为由下而上的辟谣过程，形成了消解谣言坚实的群众基础。

总之，通过对微博时代下谣言的传播和消解的研究，我们发现：(1) 影响谣言产生、传播的因素，除了事件的重要性和事件的模糊性之外，信息的不对称性也是一个重要因素，用公式

---

① 参见王灿发、何雯：《突发公共事件的谣言传播系统及过程分析》，载《青年记者》，2009 (33)。

表示即谣言＝事件的重要性×事件的模糊性×信息的不对称性。(2) 在事件的重要性无法改变和事件的模糊性难以确定的条件下，信息的不对称性是消解谣言的关键性因素，我们以此建立了网络谣言的传播、扩散及消解模型。不管是微博中的谣言还是未来其他媒体产生的谣言，消除信息的不对称性、降低模糊性、增加透明度、提高政府机构的公信力，是政府机构、公众及媒体成功消解谣言的必然选择。

【本章小结】

本章重点阐释了搜索引擎的使用技巧以及网络虚假信息及谣言辨别的方法。

【思考题】

1. 请问你如何看待信息透明对抑制网络谣言传播的作用？

2. 请问你如何看待“塔西佗陷阱”？

3. 美国心理学家奥尔波特提出了谣言的基本法则：事实的重要性和模糊性与谣言传播有关，并用公式 $R=i\times a$ 来表示。在公式中，R＝谣言 (rumor)，i＝重要性 (importance)，a＝模糊性 (ambiguity)。请问你认为谣言传播的变量还有哪些？

第十章
数字出版中的网络文字编辑

【本章学习要点】

学习数字出版的网络文字编辑原则，重点掌握网络文字编辑的流程。

网络文字编辑主要是对网络文字稿的组织、策划、加工、修改、审核等，主要涉及网络文字稿的选择、修改、标题制作等几个方面。

第一节　网络文字稿的选择

一、网络文字稿选择注意事项

网络文字有其明显的优势，就是能用最简短的标题、最经济的文本、最迅捷的方式发布信息。可是与之相对的劣势也随之而来，即相比于图片、视频、音频、Flash 动画等形式，网络文字的表达略显苍白、单一，精彩程度不高等。因此，如何吸引用户的关注就成为重要课题。为了能在海量信息中吸引用户的眼球，就需要花费更大力气对网络文字的内容进行精心的选择、策划、组织，就要努力做好网络文字稿的选择问题。

基于信息论中关于信息的论断，信息主要是用来减少或消除人们不确定因素的东西，人们阅读的重要目的之一就是希望消除对外界认知的不确定性。网络最大的优势是集纳了无限的海量信息，可同时又造成了信息泛滥后用户选择的困惑和难度。因此，网络文字的内容编辑要有相对明确的目标，以达到通过对信息的加工来厘清有用和无用信息，确立相对有序和有用的把关。

具体说来，网络文字编辑首先要考虑以下几个方面的问题。

首先是要重视用户需求、传播者责任与网络价值之间的博弈。

面对铺天盖地的海量信息，用户选择从来都是遵从最省时省力的基本法则，即总是期望在最短的时间内，用最小的成本获得最大程度的回报，追求效率和价值的最优化、最大化。这就要求在进行网络文字的内容选择时，要更加注重用户需求，要针对不同类型的用户做出深度细分。相比于报纸、杂志、广播、电视等传统媒体的制度化传播和层层把关，网络传播的自由度要宽泛很多，这给网络传播的把关带来了新的课题。尤其是移动互联网时代的来临，微信、微博等新的社交媒体给把关带来了事实上的困难。如何在坚持客观性的前提下，努力实现法律和伦理道德层面的有序制衡，不仅对我们的政府监管部门提出了新的课题，也对政府、媒体、公众三者的媒介素养提出了更高的要求。坚持以价值为本，坚持以法律法规和职业道德为约束，打造一个相对有效的网络传播环境，将是网络传播面临的重大课题，也会对网络的内容编辑产生关键影响。

其次要充分认识网络空间信息的泛化与用户时间有限、相对碎片化的特质。互联网的蓬勃发展，使得信息类像化、平面化、复制化加剧，大量重复、雷同的信息占用了网络用户有限的阅读时间，导致他们陷入无效阅读与重复阅读。因此，对网络文字进行精心选择，基于用户需求对内容进行深耕，打造有竞争力的独家，仍然是网络文字内容编辑的重中之重。

在笔者看来，目前网络传播面临的一个重大问题是，大量来源不明的虚假信息充斥网络空间，在纷繁芜杂的信息海洋中甄别出对自己有用、有价值的真实信息已成为网络用户非常头疼的事。这就要求大力提高网络文字编辑队伍的业务水平，着力提升网络编辑人员的文化底蕴和文化评判能力，提升其组织、策划、甄选内容的能力。

总体上，网络文字编辑人员要具备以下两个方面的能力。

（1）较为深厚的文化基础、宽阔的知识视野、敏锐的文化批判能力。只有具备相对深厚的文化基础，才会对网络的价值有较好的判断。同样，宽阔的视野和敏锐的批判力也有助于打造有独家影响力的网络。

（2）既要有很强的敏感性，又要有较强的责任心，不至于因抢发稿造成错漏。这就要求网络文字的编辑要有较好的文字功力和文字处理技巧，能在发生突发事件时快速、及时、高效地组织稿件，对事件进行延续评论与深度跟进。

二、网络文字的信息源

一个不争的事实是，在信息爆炸的语境下，我们每天面临的事件已经成几何级数的增长，远超个体所能承载和驾驭的范围。每天媒体所能报道的，只能是信息汪洋中的一小部分，选择和过滤成为媒体必然的课题。网络文字内容的选择，核心问题是如何在纷繁芜杂的信息源中，对各式各样的信息进行甄别、遴选。另外，内容选择还涉及媒介编辑方针、专业主义、价值标准、法律法规制约、文稿数量和质量、文稿更新频率等若干问题。

从理论上讲，网络文字原本和其他传统媒体的信息有同样广阔的来源，但由于我国的政策规定，网络媒体不能像传统媒体那样自己去采集信息，所以目前我国网络媒体的信息主要还是来自传统媒体，或部分转载，或全文转载，或整合创新，还不能实现完全自主的内容生产，不能有大量自我原创性的内容。

不过，为加强网站编辑记者队伍建设，提高队伍整体素质，国家互联网信息办公室和国家新闻出版广电总局在 2014 年 10 月 29 日联合下发了《关于在新闻网站核发新闻记者证的通知》，将本着“周密实施、分期分批、稳妥有序、可管可控”的原则，在全国网站正式推行记者证制度。①

随着公民时代的来临，自媒体产生了大量不同于以往传统方式生产的信息。自媒体在给网络带来大量信息源的同时，也让鱼龙混杂、泥沙俱下的虚假信息激增，给网络信息的选择、甄别带来了困难。

目前网络文字稿的来源主要有如下几种。

（一）传统媒体

长期以来，报刊、广播、电视台、通讯社等传统媒体都是网络文字重要的信息源。传统媒体有巨大的内容生产优势，有最好的采集团队和制作平台，更有着多年累积的公信力和影响力。因此，传统媒体一直是网络媒体最依赖的信息源，尤其是纸媒与通讯社，几乎80%以上的网络文字稿都出自它们。

（二）官方网站

人民网、新华网、中国网、光明网、中国广播网、中国青年网、齐鲁晚报网等主流媒体网站的原创文字稿也是网络媒体重要的信息源。这些主流媒体网站依托自身拥有的传统媒体平台，不仅大量转载自己媒体生产的稿件，还组织力量生产网络原创稿件。凭借多年累积的品牌、人才、资源优势，主流媒体网站的文字稿成为网络媒体可依赖的重要信息源。

（三）各种社会组织

政府、企业等各种社会组织发布的相关信息也是网络媒体信息的重要来源。各级政府部门发布的信息在可信度、权威性、影响力等方面都具有先天优势，是网络媒体补充、扩展信息源的重要渠道。2007 年 1 月 17 日，国务院第 165 次常务会议通过《中华人民共和国政府信息公开条例》（以下简称《条例》），并宣布自 2008 年 5 月 1 日起施行。《条例》规定政府要重点公开下列政府信息②：

（1）行政法规、规章和规范性文件。

（2）国民经济和社会发展规划、专项规划、区域规划及相关政策。

（3）国民经济和社会发展统计信息。

（4）财政预算、决算报告。

（5）行政事业性收费的项目、依据、标准。

（6）政府集中采购项目的目录、标准及实施情况。

（7）行政许可的事项、依据、条件、数量、程序、期限等情况。

（8）重大建设项目的批准和实施情况。

（9）扶贫、教育、医疗、社会保障、促进就业等方面的政策、措施等情况。

---

① 参见 http：//www.gov.cn/xinwen/2014-10/29/content_2772201.htm。

② 参见 http：//www.gov.cn/xxgk/pub/govpublic/tiaoli.html。

(10) 突发公共事件的应急预案、预警信息及应对情况。

(11) 环境保护、公共卫生、安全生产、食品药品、产品质量的监督检查情况。

这些重要的政府公开信息有大量事关国计民生的信息，成为网络媒体日常文字稿的重要信息源头，是网络媒体在传统媒体之外来源的重要补充，也是很多网站用来进行内容区隔、实施特色定位的保障。如某些网站借助丰富的关系网络，对教育、医疗卫生、社会保障等进行特别关注，形成了自己的内容特色。另外，各行各业的企业组织发布的相关信息也是网络文字的重要稿源。随着各企业网络化水平的提升，企业通过自身的网站、微博、微信客户端平台进行营销传播活动已常态化，给网络媒体提供了丰富的可以借用的信息。

(四) 自媒体信息

2003 年 7 月，美国学者谢因·波曼与克里斯·威理斯在其研究报告中提出了对“We Media”的定义：“通过数字科技的应用，在连接了全球知识体系后，普通的大众为提供分享自身的事物以及自身的途径。”①

“We Media”指的就是我们日常提到的自媒体，通常又可以被称作公民媒体、个人媒体，是指私人化、平民化、普泛化、自主化的传播者，以现代化、电子化的手段，向不特定的大多数或者特定的单个人传递规范性及非规范性信息的新媒体的总称。②

当下网络一个重要的变化是，自媒体已经成为不可忽视的信息源。虽然夹杂着若干不良、虚假信息，但开放的自媒体平台正成为网络必须高度重视的信息源。从传播主体“长尾”示意图我们可以看到，越来越多的处于尾部的普通民众正日渐成为传播链条上重要的传播者，这不仅会改变网络的采集渠道，还可能在更大程度上对生产方式产生革命性的影响。

微博、微信、论坛、博客、视频网站、个人网站是当下自媒体主要的存在形式。目前我国比较活跃的自媒体平台包括以腾讯微信、新浪微博为代表的社交媒体平台，以优酷、乐视为代表的视频分享网站，以百度贴吧为代表的 BBS 网络社区以及其他各种社交媒体平台。这些数量庞大的自媒体平台正成为信息生产的重要源头，在推动公民崛起的同时，也让网络媒体的信息源得到极大丰富。

三、网络文字稿的选择方法与原则

(一) 网络文字稿的选择方法

网络媒体日常工作的重要一环就是在纷繁芜杂的信息海洋中选取可用的稿件。通常情况下，一家网络媒体每天的文字用稿量在几千条到一万条不等。虽然从 2014 年 10 月 19 日起，国家在主流网站开始实施记者证制度，但从其“周密实施、分期分批、稳妥有序、可管可控”的推进策略来看，网络媒体大面积地获得采访权还需要一段时间。所以，网络文字稿的主要来

---

① http://www.hypergene.net/wemedia/download/we_media.pdf.

② 参见 http://baike.baidu.com/view/45353.htm? fr=aladdin。

源还是全国的广播电视、报纸杂志、通讯社等传统媒体。

面对海量信息源，网络文字稿的选择要有序进行。

首先是从与自己有常年供稿合约的传统媒体库中进行遴选。

在互联网发展初期，由于技术手段的限制，几乎所有的网络媒体都采取人工选稿的方法。随着信息技术的发展，网站都已开始借助不同的软件进行稿件的分类、甄别和抓取。像今天非常火爆的“今日头条”，就主要依靠数据挖掘和软件过滤来获取。从 2012 年 8 月上线以后，发展到今天已经有 1.6 亿以上的累积用户，而活跃用户也已高达 1 600 万人，成为增长最快的网络资讯客户端。

传统的互联网站点的选稿一般仍然是人工选择和机器软件协同配合的方式。这么做的原因主要是，很多编辑人员坚持认为人对信息的把握要比机器软件更准确、更有深度、更靠谱、更能保证品质、更熟悉价值判断、更利于把关，也能更灵活地根据网站风格自主安排位置、及时更新评论等。不同类型的网站会根据其所从事的主要业务、编辑方针、编辑人员配置等建构自己的组稿策略。一般的网站会采取用软件实时监控对信息集中抓取的方法，然后根据内容分发到不同的版块、频道。

完成了第一阶段源的遴选后，下一步需要考虑的就是如何根据网络媒体自身的定位进行网络文字的二次配置。网络媒体和传统媒体一样，都有自身的议程。政府议程、媒体议程、公众议程三者都有其自身的设置出发点，新媒体环境下，三者议程设置的融合成为一种趋向，而媒体天然地要承担政府和公众议程的媾和平台。因此，从海量的信息中，将更加重要、更有价值的网络文字放置到合适的版块，对所有稿件进行总体设计、编排、发布、管理，就成为网络媒体编辑人员需要下大力气解决的问题。总之，尊重规律，坚持价值标准，坚守媒体作为公共信息平台的价值理念，应该成为网络文字稿选择业务操作的圭臬，而这也对网络媒体编辑人员的素养提出了更高要求。

（二）网络文字稿的选择原则

1. 要有大局意识和风险意识，严守政治和法规底线

党的十八大报告指出，要加强和改进网络内容建设，加强网络社会管理，推进网络依法规范有序运行。国务院新闻办公室与原信息产业部早在 2005 年 9 月 25 日就联合出台了《互联网信息服务管理规定》，对互联网信息的刊载发布进行了详尽规定。其中第 19 条，明确指出互联网信息服务单位登载、发送的信息或者提供时政类电子公告服务时不得含有下列内容：

（一）违反宪法规定的基本原则的；

（二）危害国家安全，泄露国家机密，颠覆国家政权，破坏国家统一的；

（三）损害国家荣誉和利益的；

（四）煽动民族仇恨、民族歧视，破坏民族团结的；

（五）破坏国家宗教政策，宣扬邪教和封建迷信的；

（六）散布谣言，扰乱社会秩序，破坏社会稳定的；

（七）散布淫秽、色情、赌博、暴力、恐怖或者教唆犯罪的；

（八）侮辱或者诽谤他人，侵害他人合法权益的；

（九）煽动非法集会、结社、游行、示威、聚众扰乱社会秩序的；

（十）以非法民间组织名义活动的；

（十一）含有法律、行政法规禁止的其他内容的。[①]

遵从国家法律法规，这是对网络文字稿选择的最根本要求。随着中国社会快速发展，多元利益主体不断通过网络表达自身利益诉求，网络已成为中国社会各个阶层重要的公共话语平台，一些事关国家政治、经济、文化、军事、民族、宗教、群体性突发事件等方面的利益诉求日益增多。这就要求网络媒体在选择网络文字稿时，必须要有强烈的风险意识和大局意识，在涉及党和国家的政治、军事、商业机密，涉及国家重大发展策略、民族团结、宗教发展、群体性突发事件报道时，要宏观考量稿件可能产生的社会影响，坚持以社会价值、人民利益为重的选择标准，做到以《互联网信息服务管理规定》的要求为准，凡是违反上述规定的都要排除在外，坚决不予录用。

2. 坚持价值标准，严防虚假，注重公信力

网络文字稿的选择、组织依然要坚持价值标准。对稿件的时新性、话题性、重要性、显著性、接近性、趣味性等要素要综合考量，尽力选择价值高的文字稿。

网络文字要努力避免出现那些事实造假、情节虚构的。假新闻对媒体公信力的伤害是巨大的，如何有效地规避假新闻的出现是网络媒体必须正视的问题。网络媒体容易出现假新闻与网络媒体特殊的信息采集、把关、发布方式有关。互联网特殊的开放性，错综复杂的信息源头，难以有效管理的信息发布机制，几乎人人都可以通过网络发布信息，为假的泛滥提供了可能的温床。因此，在源头的选择把关中，对没有事实依据、模棱两可的，对不符合正常逻辑、胡编乱造的虚假，对盲目追踪热点、通篇靠小道消息来获得关注的源要坚决予以杜绝。假不能用，应该列为网络文字稿选择的基本标准。

3. 稿件篇幅要尽量简约

网络媒体和纸质媒体、电视媒体、广播媒体有很大不同。快餐化阅读让网络文字的读者对文字稿的长度有特定需求。相关数据显示，读网络标题的人是读网络正文的5～8倍，而完全能通读网络正文的人仅仅占全部读者的十分之一不到。这就要求网络文字不能是冗长的文字堆砌，必须做到标题有力，篇幅简约。一般说来，除了深度报道类，网络文字消息稿要尽量控制在一个版面，尽量处理得简短、直观。对于很长的稿源，编辑要尽可能地进行删节、重组。

4. 尽量规避粗制滥造之作和低俗、庸俗、恶俗的浅薄信息

与传统媒体相比，网络信息曾经被人们看做是水平不高、经常有错误和疏漏出现的低水平制品。网络信息量大，网络媒体每天发布的稿件数量多，而且更新速度快，出现差错的概率从理论上讲的确是高的。但这不应该成为网络文字可以出现大量错漏的借口，反而提醒网络文字编辑要更严谨地对待稿件，对那些错误不断、叙述混乱、语言粗劣的稿件要坚决拒之门外，这样才能不断提升自身的公信力。

随着互联网竞争的加剧，新媒体之间的竞争愈发激烈，娱乐化浪潮也对网络文字产生了重

① http：//www.gov.cn/flfg/2005-09/29/content_73270.htm.

大影响。各种挂羊头卖狗肉的报道以夺人眼球、吸引网民关注的夸张策划大行其道。但从长远看，对内容不积极向上的稿件的刻意纵容，有目的地期望用低俗、庸俗、恶俗的浅薄信息去提高人气、吸引用户关注的做法是要不得的，必须坚决予以杜绝。

第二节　网络文字稿的修改

网络文字稿虽然绝大多数来自传统媒体的成文，已经经过多重把关，原稿错漏的可能性很小，但网络媒体在转载的过程中要经过组织策划、增添删减、重新加工选择等各种工序，使得文字稿中可能出现的差错上升，这就要求网络文字编辑对稿件重新进行细致修改，以消除各种谬误，提升可读性。

一、网络文字稿常见问题

总体上，网络文字稿常见的问题表现在如下几个方面。

（一）事实表述有误

稿件中最致命的错误就是事实错误，背离了真实的事实，稿件不仅没有价值，还会产生多种连锁不良反应。因此，网络文字编辑首先需要核实的就是事实的准确性。事实的表述错误主要可能出现在报道的几个相关要素方面，如时间、地点、人物及事情的起因、经过和结果。错误的类型也多种多样，有与历史事实冲突的，有明显不符合科学逻辑的，有与现实完全背离的，需要编辑仔细审查。

（二）政治性阐述不当

稿件中往往有政治性表述不够恰当和准确的地方。在涉及国家主权、领土完整、民族问题及党的路线、方针、政策等重大问题时，不能有原则性错误。对可能出现的错漏，要提前认真审阅，严防出现重大原则性政治错误，以免产生严重的负面影响。

（三）文字表达不当

网络文字稿中出现较多的是语词方面的文字表达错误。这类错误种类繁多，主要集中在错别字、词不达意、语法使用不当、标点符号错误，以及各种数据、图表、符号出现差错等。

（四）刻板成见式的偏见

网络文字稿中容易出现带有明显的先入为主立场的意见和观点，这些观点、看法往往比较极端和偏颇，带有鲜明的刻板成见和偏见。对于这类容易引发社会各界对立情绪的稿件要严格把关，坚决清除易造成不稳定影响的消极信息。

（五）行文不够规范

稿件有自己的通用规范，不论是短消息、通讯、评论还是深度报道、专题策划，一般要有符合行业规范的结构体系。虽然网络文字稿的写作已经日渐自由，但如果稿件明显脱离其体裁所界定和要求的结构，则必须进行必要的修改，以免贻笑大方。

二、网络文字稿的修改

网络文字稿的修改主要针对上述六个方面的问题，一般都围绕改错、删除、增添扩展、改写四个环节展开。

（一）改错

1. 订正事实

事实出现差错可能出现在的各个主要要素，如时间、地点、人物及事件的起因、经过和结果等。出现问题的原因除了创作者缺乏应有的知识水准、编辑粗心大意之外，还有一部分情况是，在采写和编辑过程中，各种把关者盲目追求效果，刻意用捕风捉影的标题夸大事实，对事件展开合理想象，主题先行，无中生有，生拉硬凑，为吸引更多网民的眼球罔顾事实。

网络文字编辑的困难在于，由于文字稿几乎都是转载的，编辑本身没有参与采写，对事件的把握只能进行间接判断，这无疑对网络文字编辑提出了更高的要求。这就要求编辑要有丰富的相关积累，要不断拓宽自己的知识面，善于运用逻辑推理，在处理和判断事实时时刻保持怀疑态度和批判精神，无论是概述性事实还是细节性陈述，是既定常识还是突发事件，是描述性、分析性的还是解释性、评议性的观点，都应该在判断、甄别时保持高度的清醒和怀疑精神。

为了减少转载过程中因信息多次传播引发的信息失真、扭曲、损耗、变形，编辑必须设法找到文字稿的原始出处，如不能找到原始出处，则尽量找到第一手转载的信息。

另外，报道中出现的事实性错误一般表现为常识性和知识性错误。常识性错误主要是所列事实与已知的常识发生冲突。知识性错误主要分为两类：一类是与人们已知的约定俗成的知识体系相违背，如历史人物、专有名词、诗词文章引用不当等；另外一类就是与人们的日常科学认知相违背，当然这涉及一个科学与伪科学界限的问题，需要编辑认真鉴别。

例如：

> 最高人民法院、最高人民检察院、公安部联合下发执法公告，今后将加强对各地娱乐场所的检查力度，严厉打击黄赌毒等不良现象。

很显然，这里将法院、检察院、公安部一起列为执法部门是有违常识的。

例如：

> 以色列和巴基斯坦领土纷争再起。

常识告诉我们，这里指的应该是巴勒斯坦。

例如：

中国学生心目中最好大学排名出炉，美国的哈佛大学、剑桥大学位居前列。

毋庸置疑，将剑桥大学看做是美国的大学是缺乏常识的表现。

2. 修正政治性表述不当

互联网已经成为我国社会发展中重要的环境变量，网络媒体的政治参与能力在国家政治生活中发挥的影响已经有目共睹，为各方所重。网络媒体对时政类硬新闻的报道已经成为传统媒体之外最重要的平台，从对建党和建国周年庆典、“两会”、公共卫生疫情、重大突发性事件等的报道中都可以看到网络媒体发挥的重大作用。由于事关国计民生，在这类硬新闻的编辑中就要花费更大的力气，要有高度的政治敏感，严防政治性表述错误。

具体说来，主要涉及如下两个方面。

（1）观点要有正确的政治立场。

报道要严把政治思想关，政治立场要与党和国家的路线、方针、政策、法律、法规保持一致。网络文字编辑要时刻保持高度的敏感，全面分析和把握国内外政治局势，坚决杜绝出现思想反动、政治表述错误的稿件，以及泄漏国家军事、商业机密，危害国家安全等重大政治立场错误的报道，以免带来不可估量的负面影响。

（2）在报道中经常涉及的称谓要仔细审查。

时政类报道经常涉及国内外各个国家领导人职务以及排序问题。排列顺序时要注意国际惯例，不能将职务弄错、弄混、主次颠倒，避免出现不应有的常识性、原则性错误。对国际性组织、机构、团体各种称谓的报道也要做到准确无误。像国际足联、APEC、世界贸易组织、联合国安理会等都不应该出现错误。

对国际上有争端的领土问题的报道也要慎重，一切应以与我国政府坚持的立场主张保持一致为基本准则。如在涉及巴勒斯坦和以色列的问题、日本和俄罗斯北方四岛问题、钓鱼岛问题等国内外重大领土争端报道中，就要特别注意报道的立场，不能凭自己主观想象，要完全以我国政府立场为准。

关于新疆、西藏、台湾、香港、澳门等容易引发国内外关注的热点地区的报道，要厘清和纠正一些简化、想当然的说法。如在国际报道中，要将台湾称为“中国台湾地区”。向外界介绍我们国家的整体情况时，要正确地使用“中国”或“中华人民共和国”，不能出现“中华民国”、“大陆”等不应有的错误。涉及香港、台湾、西藏等地区的领土、宗教、民族问题时，更要注意用词的准确性。

与宗教、民族问题有关的报道，网络文字编辑也要仔细审查。宗教问题、民族问题事关国家稳定和民族团结，任何细微的纰漏、差错都可能引发一连串的连锁反应。这就要求网络文字编辑在处理涉及民族、宗教问题的稿件时，要有大局观和稳定意识，坚持用国家利益、社会利益至上的标准去把关，充分尊重各族人民的宗教信仰，尊重各民族约定俗成的风俗习惯和民族禁忌，严禁使用不恰当的，带有种族民族倾向、主观色彩、个人视角的歧视性用语和称谓。如在涉及回族同胞的报道中，要尊重其不吃猪肉的习俗，不能使用“回回”等歧视性用语。

3. 修订文字表述错误

（1）改正错别字。

国家对纸媒文字性错误的概率是有要求的。“一般报社要求文字错误率要控制在万分之一以内，报纸、期刊和图书都设有专门的校对进行文字方面的一校、二校。”①以往网络媒体在这方面的规定比较宽松，网民对稿件中出现错别字的现象也比较宽容。

网络文字稿中出现错别字的概率较高，这与网络文字稿来源复杂、数量庞大有一定关系，但这不仅不应该成为网络文字中错别字存在的正当理由，反而还应当督促文字编辑要更加认真地去审核把关。错别字的存在会让文本产生不应有的歧义，引发失真，更会让网民对编辑的态度和能力不满，让网民觉得网络上有很多粗制滥造的低水平作品，进而对网络媒体的可信度和公信力产生负面影响。

网络文字稿中错别字的出现还与目前的机器输入有一定的关系，尤其是由拼音智能输入方式所引发的默认输入。当下，很多由网民创造的网络新词汇正成为一种新符号在互联网上流行，对传统的主流话语构成了一种补充和解构，也成为很多网络媒体和网民默认的所谓“错字不错”、“刻意为之”的新符号。虽然所有约定俗成的旧符码都是经过漫长的时间演化积累而来，新符号总会变成大家认可的通行符号，但是报道还是要坚持使用正规的语言，以维护严肃性和客观性，一切应该以我国汉语字典和词典颁布的用字、用词为标准。

试举几例：

迎接建国60周年盛大庆典　天安门广场整饰一新（“整饰”应为“整饬”）

央视《调查》：中国高铁近军海外市场的优势（“近军”应为“进军”）

移动电商：机不可失　失不再来（“失不再来”应为“时不再来”）

《新京报》：北京地下献血　农民工趋之若婺（“趋之若婺”应为“趋之若鹜”）

纸媒的改错往往会发挥读者的作用，以前是通过读者来信，编辑部刊登勘误声明。网络媒体也可以利用便捷的交流平台发挥网民的作用，及时更新修改错误，尽量将错误率降到最低。已有不少网站采取这种方法，开辟请网民挑错的互动交流平台，不失为一种网络媒体完善自我的有效举措。

（2）修改语法错误。

网络文字稿中常见的语法错误主要包含下列几类：

一是用词不当。

例如：

随着中国高铁技术日渐成熟，中国高铁加快了向海外市场拓展的规模与速度。

在这里，加快“速度”是可以的，但加快“规模”是典型的用词不当。

二是逻辑错误。

例如：

---

① 詹新慧：《网络写作与编辑实务》，147页，北京，中国传媒大学出版社，2011。

今年以来，中国手机制造商在海外市场取得了不俗的成绩，在美国、日本、欧洲、中东、非洲、亚洲等都成绩显著，销量大幅提升。

日本是属于亚洲的一个国家，将日本和亚洲并列陈述属于典型的逻辑错误。

三是语句主要部分残缺或多余。

这种情况多见于句子没有主语、谓语、宾语、各种虚词以及句子中出现重复啰嗦的成分。例如：

以雷军的小米手机代表了当下互联网商业模式的最新发展。

“以雷军的小米手机”明显不是一个合适的主语，导致陈述缺失主语。

例如：

世界互联网大会在乌镇的召开和举办说明和佐证了中国正期望和试图在信息时代引领世界互联网的未来发展趋势。

“召开和举办”、“说明和佐证”、“期望和试图”都是并列用语，过多的同义词堆积让句子显得非常臃肿，所以这里的用词就明显属于啰嗦和多余。

（3）避免标点符号使用不当。

标点符号的错误在网络文字稿中非常普遍，中文常用的标点符号大约有16种，而常出现错误的就是那些最常用的标点，如问号、逗号、顿号、引号、书名号、冒号、省略号等。

例如：

人民日报旗下的人民网这几年发展迅猛，取得了不俗业绩。

“人民日报”作为专有名词来指代报刊时应该使用带有书名号的“《人民日报》”。

例如：

全体志愿者表示：要用实际行动展示东道主的风采。

在这里，冒号属于多余的成分。

（4）改正数据、图表、符号错误。

网络文字稿中经常出现大量的数据、图表和符号，在使用过程中会出现各种各样不符合规范的地方，主要涉及数字符号、数值、单位、汉字数字等，因为错误种类繁多，在此不一一赘述。

4. 去除刻板成见与偏见报道

任何媒体都有自身的立场、态度和观点，会秉持一套相对自我的组稿用稿价值体系，并由此形成媒体报道框架和一定程度上的刻板印象，进而有可能产生某种报道偏见。客观地说，偏见的出现和存在与网络媒体人员所处的传播环境、组织机构及其思维方式等密切相关。刻板成见与偏见报道会导致报道失去公正客观性，因此要极力避免。

当前网络文字的偏见报道主要有以下几种表现：（1）单一的报道视角。从媒体传者视角或受众视角单方面看待事件，不能全面展示应有的综合事实。（2）以自我为中心的论证体系。论据展示和评析过度以自我为中心，只从自我的角度看待问题，忽视既存的其他观点或不利于自身说服力的观点，自说自话。(3) 报道盲目跟风，人云亦云。(4) 以迎合某些特殊受众的低级趣味为导向。

报道要做到完全的客观公正和中立，任何媒体、任何人都难以做到，我们只能追求相对的客观，这就要求网络文字编辑要尽力去消除偏见。宏观说来，就是媒体的报道框架虽然要有自身的风格，但对待不同类型的报道时仍然要有全面的视角，这也是网络报道中最难以察觉和纠正的。因为报道框架、编辑方针是长久形成的集体共识，大家已经潜移默化地遵从和认可这种意识。中观层面就是在众多中剔除明显带有偏见的报道。美国学者伊丽莎白·威斯纳-格罗斯在《最佳编辑要领》一书中提到了容易出现偏见的领域："政治偏见、民族偏见、国别偏见、地域偏见、性别偏见、宗教偏见、年龄偏见、外表偏见、残疾偏见、经济偏见、社会等级偏见、生活方式偏见、教育偏见、价值观偏见、职业偏见以及褒义偏见等。"①偏见可能出现的领域如此纷繁芜杂，几乎涉及报道的各个层面，而且隐匿在具体的行文中，要完全洞察确实很有难度。微观层面则是对各种网络中存在的有偏见的用语进行纠偏。要消除以上三种层面的偏见，就要求网络文字编辑对自身媒体的编辑方针和报道框架有自省意识，对各种经常出现偏见的报道领域及潜藏在报道中不易被发觉的偏见保持警惕，多从字里行间审视稿件表达的言外之意，尽力剔除带有偏见性倾向的相关表述。

网络报道中经常出现对某一群体的偏见报道。如涉及农民工与城市环境问题的报道，将城市脏乱差的原因归咎于这个群体；如涉及艾滋病人、同性恋者、乙肝病毒携带者等群体的报道，将他们罹患疾病的原因盲目推理、想象为各种各样不良的途径；如以说教者的身份自居对90后年轻人的某些行为进行放大式的分类归因。这些带有主观臆断式的偏见报道，忽视了报道对这些群体可能产生的不良心理影响，这样不仅会对这部分群体造成不必要的心理伤害，也人为造就了各种亚文化群体之间的相互对立，应该尽力避免。

5. 规范行文格式

网络文字稿的格式规范涉及消息、通讯、评论、深度报道、专题策划等几种主要类型。总体上，不同类别的网络文字稿的格式要求跟纸媒几乎没有区别。对传统纸媒而言，各种类型的稿件都有自己特定的格式规范，受过专业训练的记者都会遵从日常稿件的写作规范进行报道，所以，整体上依靠大量转载传统纸媒稿件的网络文字稿，从逻辑上讲行文格式不会存在太多问题。不过，由于网络媒体的报道量大，更新速度快，竞争更激烈，稿件更短更紧凑，通过各种编辑加工后，格式就容易出现问题。

每个网站也都有自己的布局风格，对其发布的文字常常做统一的行文规范要求，以便于形成特色，构建品牌形象，利于网民更好地识别和阅读。

随着全球信息传播的加速，网络的来源、报道的地域范围、涉及的问题范畴都日渐广阔，"地球村"视域下的网络越来越多地涉及国内外各个领域的信息，许多人名、地名、专有名词的报道都要尽量尊重和符合最大范畴的公共认知，不能发生明显的误用、误译，在格式规范上更要遵从国际通用标准。

如对国家名称、争议地区名称及国际知名的组织、人物、城市、企业、专有名词、外文的

---

① [美] 伊丽莎白·威斯纳-格罗斯：《最佳编辑要领》，7页，北京，新华出版社，2001。

书刊名称等的使用都要遵从约定俗成的共识。例如：首尔不能再说成汉城；FIFA 指的是国际足联，FIBA 指的是国际篮联；德国社会学家 Max Weber 指的是马克斯·韦伯；*Washington Post* 指的是《华盛顿邮报》；等等。

而对于转载的电头，一般要保留通讯社的电头；报纸中出现的大量“本报”则需要更改为该报报名。

在纸媒稿件中经常使用的“今天”、“昨天”等日期指向性不是很明确的表达要注意核实，尽量按照网络媒体的时间组织方式重新编辑，以免将已经发生过很久的“旧闻”当做报道。纸媒中经常使用的“我省”、“我市”等地域性说法，转载到网络媒体时要注意接受对象的改变，应该将涉及的地名改为明晰的称呼。

（二）删除

删除是纸媒日常编辑中的重要环节。受发行时间、版面容量、页面数量等因素的制约，纸媒对文字稿的缩减、删除与改写特别重视。为了在有限的时空刊发最大量的有价值的信息，编辑对稿件往往是字斟句酌，精心研磨，不停修改、删减，甚至不惜将长达数千字的长文压缩到两三百字的消息。

互联网发展初期，桌面互联网的起步就是靠海量信息的集纳，且并未形成对稿件要大量精简删除的理念，而是仰仗海量的存储空间，也不用顾及时间和版面限制，有多少就尽快发布出来，甚至有编辑认为不应该对原始的稿件进行删减，以保持观点的充分集纳。

随着互联网的迅猛发展，网络媒体进入社交媒体和移动互联网时代，传统的海量观点集纳已经不能满足日益增长的网民需求，大众阅读逐渐发生细分转向，根据网民需要进行精细化推送逐渐成为网络新的传播方式。以往的“有闻必录”逐渐向今天的“选择性记录”、“选择性传播”过渡。网络媒体以往信息海量的优势也带来了信息过剩的弊端，对网络文字进行选择性删除就显得尤为重要。

网络文字稿的删除有以下两个层次。

1. 从众多的文字稿中进行选择性删除，删除那些不符合网站编辑方针的文字稿

这一层次主要包括如下三种情况。

（1）删除广告。互联网的影响力有目共睹。借助互联网进行信息传播成为最便捷、最经济、最有效的方式，各种社会组织和个人都积极利用这个平台进行自我形象展示和推介，尤其是企业组织，会借助各种形象广告、公关广告乃至广告软文对自身进行品牌传播。网络文字编辑要对这类稿件进行积极删除，以便为网民呈现更有价值的信息。

（2）删除重复性内容。网络媒体需要大量的信息进行填充，因此网络媒体会分成各种版块，各个版块之间有时缺乏沟通和交流，经常会出现不同版块都同时关注一条的现象，不仅造成了版面的浪费，也占用了网民的浏览时间，降低了网络媒体传播的效率。网络文字编辑应该统筹安排，进行合理配置，将传播的价值最大化。

（3）删除“旧闻”。以往纸媒时代传播的理念是 TNT（Today News Today），即今日事今日报。而随着网络媒体的崛起，传播的理念已经变成 NNN（Now News Now），即现在事现在报。因为更新速度快，很多“旧闻”就必须果断删除。

2. 针对文字稿本身的删除

“传统媒介需要删除的情况有两种，一种是原稿本身写得冗长、拖沓、啰嗦、缺乏可读性；一种是原稿本身并不存在冗长、拖沓的问题，但因为版面有限，不得不作压缩。”① 与传统纸媒相似，网络稿需要删除的内容也主要是那些价值小、稿件冗长拖沓、啰嗦多余、错误的部分。

（1）根据价值进行有效删除。价值大小的判断虽然每个人的标准不同，但没人否认价值是一份稿件存在的前提。网络文字编辑同样要根据价值的大小来决定一份稿件的存在与否。一份稿件一般包括两个组成部分，一是主要事实材料，一是记者的评议。在事实材料和评议中，仍然可以区分为最核心有用的事实和观点以及辅助性部分。相对说来，那些辅助性部分就是价值小、相对无效的信息。网络文字编辑要做的工作就是甄别有用信息和无用信息，对有用的事实要全面保留、核实、扩展和深度润色，对无用的信息必须果断予以删除，这样才会让稿件更简洁明晰、更富冲击力和吸引力。如果简单删除不能获得良好的效果，编辑也可以根据自身的认识，改变切入角度对原文进行修改，往往会收到不错的效果。

（2）果断删除冗长和多余信息。来自纸媒的稿件被转载到网络媒体后最常见的问题就是篇幅普遍过长。稿件内容本身没有问题，可是由于篇幅过长，不适合网页呈现，就必须对其动手术进行瘦身，去其糟粕取其精华。对于特别长的稿件，也可以考虑用超链接的方式转换成超文本文件。

美国学者卡尔·林兹特诺姆认为：“所谓解释性报道，就是在报道事件中补充新的事实，即‘历史性的、环境性的、简历性的、数据性的、反应性的’事实，这样就能使正在发生的事件更加明白易懂。”②信息论告诉我们，人们总是期望在最短的时间内用最省力的方式获得最大的信息报偿。信息的效度也有边际递减效应，大量雷同、重复信息的呈现，只会带来边际效益的递减，反而不如展示少量简约却适当的信息获得的整体效益高。

稿件中的冗长和多余信息往往是过多地使用了不恰当的解释性报道，对事实描述的各个部分详略把握不当。即应该简约陈述的地方用了过长的篇幅来进行展示，该一笔带过的简要事实却写成了曲折的细节过程。因此，网络编辑应依据对事实的把握，找准哪些属于应该删除的冗余部分，果断进行删除。

（三）增添扩展

网络文字稿内容的增添扩展大致可以分为两类。

1. 对原文字稿中缺乏的相关信息内容进行必要的补充

虽然网络文字编辑没有参加实际采访，不可能自己增添扩展事实，但仍然可以通过各种方法为稿件增加厚度，如寻找记者继续追踪采访，自己动笔撰写解释性深度评论，补充背景资料，在简要回叙事件过程时补充原稿中未曾披露和交代清楚的事实。

具体策略主要有如下几个方面。

---

① 蒋晓丽：《网络编辑学》，140页，北京，高等教育出版社，2006。

② 转引自刘明华：《西方采访与写作》，81页，北京，中国人民大学出版社，1993。

（1）重点补充价值高的核心环节。有些报道的切入点非常好，但原始调查对事实、价值的挖掘还远远不够，嗅觉敏锐的编辑就应该利用各种手段对其进行补充，形成更有价值的深度报道。

（2）适当回顾事件，补充完善背景资料。网络虽然可以几乎无限制地展示文字，但版面限制的影响依然存在。篇幅很长的深度报道，有时间间隔的连续性报道、滚动报道等不可能在一个版面内展示完毕，因此有必要对事件进行简单回顾。一个事件，因为正在发展中，原始稿件往往只是报道了最新出现的情况，对其原因以及相关进展都尚未完全提及。因此，在简单回顾事件的过程中加入丰富的背景资料是非常明智的做法。稿件的回顾内容可以很灵活地处理，在稿件的开头、中间、结尾以及任何编辑觉得合适的地方都可以进行。新内容主要是与原稿陈述的事实有关的背景资料、相关报道，这样可以丰富读者对信息的全面了解，进而对事件有一个更为清晰的认识。

（3）填补可能出现的稿件洞。稿件经常会因各种原因遭遇稿件洞。“稿件洞，即稿件出现前后逻辑不通，前后人名对不上号、语句不能顺利连接，缺少必要的字句等漏洞。”[①] 稿件洞给读者造成的阅读障碍是明显的，会让读者不能理解内容，甚至产生不必要的误解，因此需要网络文字编辑及时发现并改正。编辑可以通过增添合适的文字来有效地串联上下文，填补稿件洞，以方便网民的阅读。

2. 基于网络媒体的特点进行增添扩展

理论上讲，网络文字稿可以在以前文稿的基础上无限地扩展互动内容，将原本单一的文字扩展为内容丰富、观点集纳、形式多样的互动。2008年，网易视频提出了“无跟帖，不……”的传播理念（见图10—1），通过积极引导网民的跟帖，让网民与报道实时互动，提出互动参与式理念，成为当年极富影响力的策划，也为后续的网络传播实务提供了可资借鉴的实用策略。如今，随着移动互联网和社交媒体的发展，网络媒体通过在后面的跟帖评论，不断推动事件的实时进展，并将其转发、链接、分享到BBS、微信、微博等社交媒体平台。

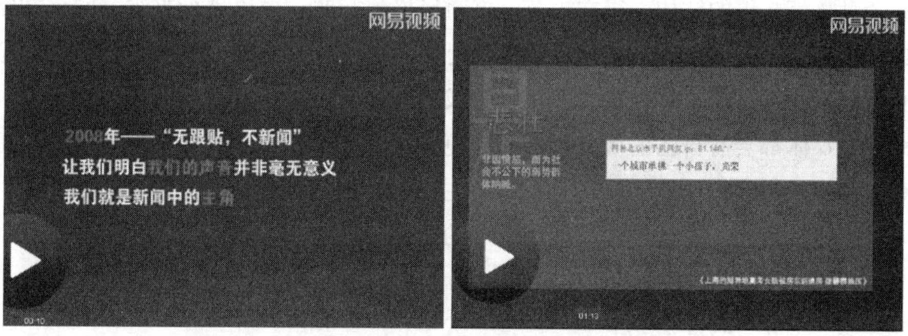

图10—1　2008年网易年终策划“无跟帖，不……”

没有媒体可以比网络更方便在文字中增添有价值的信息了。除了网民的互动跟帖外，网络文字编辑可以很轻松地在短时间内对一则文本添加新的标题，更改背景，进行超文本链接，甚至可以添加图片、图表、音频、视频、Flash等各种多媒体信息，进而将一则文字扩展为完全

① 严励：《网络编辑学》，92页，开封，河南大学出版社，2007。

不一样的多媒体融合。

具体说来，网络文字的多媒体增添扩展主要有如下方式。

（1）使用超链接文本对正文内关键信息进行深度说明。报道中经常会涉及一些重要的关键人物、地点、事件、历史背景、专业术语等不能在正文中一一展示的信息，网络编辑可以利用追加超级链接的方式给读者提供更清晰、丰富的背景知识，以便于网民更好地理解和把握事件。

（2）追加自拟的内容摘要。网民在浏览网络信息时，大多是快餐化、碎片化地进行阅读。为了方便网民能在尽可能短的时间内掌握梗概，网络文字编辑往往需要对正文内容做摘要处理，一般可以将正文中最核心关键的进程浓缩为100字左右的简短摘要。

（3）追加分级小标题。追加小标题可以让稿件显得结构更清晰，也更容易让网民在第一时间内把握要点。通过概括正文、提炼主题思想、放大细节等方式，可以帮助网民迅速了解概貌。小标题要写得生动有趣、浓缩精练，不宜过长，一般在10个字左右。

（4）添加图表、图片、声音、视频、Flash等。纸媒的文字稿往往受版面和媒体特点限制，无法做成多媒体融合，而这正是网络最大的优势。通过追加制作精美的图片、图表不仅可以让读者有一目了然的审美愉悦，更可以让网络文字产生原有文字稿没有的价值。音频、视频和Flash的添加则完全改变了以往的文字风格，可以说是对文字稿的二次创造。具体的追加方法，将在后面的网络图片、网络音频、网络视频等章节中陈述，在此不再赘述。

（四）改写

改写是纸媒编辑经常做的工作，网络文字编辑真正改写文字稿的几率不高，一般只会在需要针对某些重点处理时才会进行。而改写的原因大多是由于文字稿不太符合网络媒体的编辑风格，或者网络编辑虽然觉得某条新闻比较有价值，可是原稿的写作却不能让他满意。

网络文字稿的改写与传统纸媒有很大不同。纸媒的改写往往主要是从内容层面、写作角度层面入手，对整篇文稿的结构、行文规范、书写风格、标题、导语进行重组。网络文字稿的改写主要是在原文基础上进行技术处理，主要针对文本的形式、结构而非内容，通过符合网络媒体特点的再加工和再创造，将网络文字稿打磨成适合在网络媒体发布的产品。

各种网络媒体都会有自己的媒介风格和特色，在整体形象设计、编辑方针、报道框架、版块设置等方面一般都会有固定的要求。目前各主流网站都会设置有自身特色的模板，以利于网络编辑可以迅速批量化、大规模生产标准统一的产品。

第三节　网络文字稿的标题制作

一、网络标题的主要作用

标题是文字稿的眼睛与灵魂，是与读者见面的第一环节，也是受众选择的第一入口。俗话说的“看报先看标题”、“良好的标题是成功的一半”就是指标题在传播中有着极为重要的价值。正如中国人民大学新闻学院高钢教授所言：“标题已经成为受众识别内容、判断价值的第一信号，成为受众决定是否索取深层信息的第一选择关口。”①

传统纸媒中，报纸杂志的标题与正文总是处于同一页面，文稿的整体感很强，读者可以标题和正文一起阅读。纸媒编辑一般通过突出字体大小，设置不同颜色，和正文设置不同的间距来吸引读者的注意力。

网络标题，简而言之就是网络媒体发布时采用的题目。相对于传统纸媒而言，网络标题的作用更加突出。网络标题不仅需要像传统媒体一样经过精雕细琢打磨成有吸引力的文字，还要在同一页面上和许多条标题一起接受网民的审阅，甚至放置在一起的标题在字数上都要大致相同。

网络媒体虽然可以汇聚海量的信息，但同一个版面需要安放的是有限的，页面空间的有限性与信息传播的无限性之间的冲突，对网络标题的写作提出更高的要求和标准。

由于和正文处于不同页面，网民需要通过点击标题链接进入正文，如果不能吸引网民的关注点击，就不可能带来正文的阅读。因此，一则网络标题设计的首要目的就是要引发网民的点击，进而转化为对正文的阅读，从而产生相应的影响力。从这一点来说，网络标题承担着吸引网民注意、提示正文内容、信息索引与导读的重要功能。

一般说来，网络标题的作用主要有如下几个。

（一）概括主旨，揭示内容

网络标题必须在最有限的空间和篇幅中做文章，这就要求其必须高度凝练，用最简约的文字概括整篇稿件最核心、最关键、最有价值和吸引力的内容，以便让网民迅速了解基本的事件，从而决定是否阅读。显然，高屋建瓴的概括和提示，建立稿件和网民之间的导读链条，是网络标题发挥的第一重作用。概括和明示内容一般要凸显那些最重要、最有新意、最具有冲突性、最显著的核心环节。

网民每天面对的信息是海量的，阅读时的注意力也没有看纸媒时那么集中，随意性、跳跃性、选择性都比较强，这就要求网络标题在提炼时要注意满足网民的心理和情感需求。但网络编辑不可成为那种“挂羊头卖狗肉”的“标题党”，因此要严禁用这种虚假的标题来引诱网民阅读，否则长久下去会让网络媒体的公信力丧失殆尽，从而从根本上影响网络媒体的生存发展。

（二）评价内容，构建媒介议题

标题是整篇稿件的导向所在，标题要对事实进行浓缩概括，在对事实充分把握的基础上，或直截了当或逶迤曲折地表明媒体对事件所持有的立场、观点，引领网民第一时间关注。

网络编辑可以通过各种手段实现对内容的评价。编辑可以按照价值大小顺序排列标题，将价值大的信息安放到主页显著位置，价值小的则排在相对靠后位置。有些重要的标题，编辑也可以通过设置和其他不一样的字体大小、颜色来凸显。如图 10—2 所示，凤凰网就是通过设置不同字体、字号来凸显某些标题的。

---

① 高钢：《如何写作网络媒体》，载《战线》，2004 (5)。

习近平：老同志对惩治腐败是坚定支持的

- 李克强：发展服务外包产业 网络安全 首都网安发布会
- 内地明起迎下半年来最强冷空气 气温大面积创新低
- 党政机关办公用房标准发布：正部级禁超54平米
- **国防部回应"军队有多名将领涉及贪腐被查"报道**
- 于晓明、徐珠宝任山东省副省长(图/简历)
- 四川资阳市委书记李佳(女)被调查(图)
- 香港旺角清障爆发大规模肢体冲突 警方拘捕148人(图)
- 港媒：黄之锋获准保释 禁入旺角指定范围
- **朝鲜首次公布金正恩妹妹金与正职务头衔(图)**

图 10—2　凤凰网 2014 年 11 月 27 日首页局部

(三) 为用户提供索引，吸引用户点击阅读

相对于传统纸媒而言，网络标题担负的索引和引导作用更加突出。网站主页中的标题一般至少都有几百条，每个版块都包含数以千计的标题，而且每条标题都可能有无数的相关链接。对网民而言，他们希望能尽快在数量繁多的海洋中找到自己喜欢的内容，因而标题的索引就显得特别重要。美国著名的民意调查公司盖洛普的调查数据表明，网民一般通过浏览标题来决定是否继续阅读。参与调查的读者阅读过 56%的标题，而只有 25%阅读过正文。[①]因此，标题要尽可能简约活泼，富有趣味性，突出那些异常因素和显著性因素，以吸引网民的关注。

(四) 阐明报道形态

标题可以将正文中含有的图表、图片、音频、视频、Flash 等多媒体要素予以提示，让读者清楚地知道报道含有的内容。

如图 10—3 中，多则标题提示内含相关图片。

- 于晓明、徐珠宝任山东省副省长(图/简历)
- 四川资阳市委书记李佳(女)被调查(图)
- 香港旺角清障爆发大规模肢体冲突 警方拘捕148人(图)
- 港媒：黄之锋获准保释 禁入旺角指定范围
- **朝鲜首次公布金正恩妹妹金与正职务头衔(图)**
- 弗格森骚乱蔓延至伦敦 5千人赴美驻英使馆前抗议(图)
- 荷兰王后访北京"农家乐" 请老板娘演示做手擀面(图)
- 连胜文车队停柯总部门口拜票 柯营人士打手势较劲(图)
- 林彪之女林晓霖等出席湘江战役80周年纪念会(图)
- **陕西榆林一飞机撞高压线坠毁(图)**
- 山东省人大接受荣兰祥辞去全国人大代表职务(图)

图 10—3　凤凰网 2014 年 11 月 27 日首页局部

---

① 参见刘凯：《网络标题的微观操作》，载《网络传播》，2007 (2)。

二、网络标题的特点

和纸媒标题的一次性呈现不同，网络标题除了在主页面中第一次呈现外，在网络正文中会第二次出现，它的设计制作就有不同于纸媒的特点。

（一）标题和正文分离

网络的标题和正文是分离的，而且在一个页面中会有大量标题同时陈列，网民只有通过超级链接才可以进入正文，这从某种意义上是一种相对的劣势。但二次链接以后，网络文字编辑仍然可以对标题做力所能及的设计。

（二）以单行标题为主

纸媒的标题往往比较复杂，一般包括主题、副题、引题三个部分。为了吸引读者的关注，纸媒编辑经常通过设置大的字号、不同于正文的字体和颜色进行变化。而网络标题则主要以单行标题为主，这与网络的媒体特性有关，也与网民阅读的需要和习惯有关。单行标题有利于网络媒体在有限的空间内展示尽可能多的信息，也符合网民的阅读习惯。

（三）标题可以集约多媒体

网络媒体可以运用目前已知的所有媒体表现形态，是最富融合能力的媒体。在网络标题中，也可以展示网络这种集约优势，将纸媒不可能包含的音频、视频、Flash等突出强调，以调动网民的阅读欲望。如图10—4中BBC的首页，视频信息在标题中都被充分展示。

图10—4　BBC 2014年11月27日首页局部

（四）实题居多

题文分离的特性决定了网络的标题和正文无法同时展示，为了清晰准确地向网民陈述事实，引发网民点击关注，网络标题在创作中多采用有实际内容的实题，并尽可能地将有价值的要素陈列，充分发挥其导读作用。以评议为主、观点空泛的虚题，除非是涉及对社会热点、大家认可度较高的社会现象进行评议的评论性报道，在实际操作中要尽量少用。

三、网络标题制作要求

（一）要表达准确，题文一致

准确可谓标题制作的第一要求。最重要、最基本的要求就是尊重事实，强调真实准确。网络标题的创作依然要遵从这个基本要求。标题作为网民阅读第一入口，在概括要素、提炼观点、对具体内容进行评议报道时，都要和正文内容保持一致。

网络标题的准确性要求主要体现在以下几个方面：对诸要素要把握准确；对事实概括要尊重真实情况；对事件评议要掌握合适的尺度；行文要用词准确。题文一致则体现为两个主要方面：一是标题陈述事实要和内容对应起来，不能把单一层面的信息当成事实，造成网民的误读；二是评议要讲究用证据说话，对事件的评论要以真实、充分的证据为基础。

网络编辑切不可为了吸引网民的注意力，无中生有、胡编乱造，成为不折不扣的“标题党”。这样不仅有违职业道德，更有可能触犯国家法律法规，不仅个人受到法律制裁，更会引发严重的社会问题。

（二）要能突出亮点

标题必须在最短的篇幅内向读者展示亮点，主要角度可以有如下几个方面：突出事件的最新变动；突出事件最重要的内容；突出事件中最新鲜的事实；突出事件最具有冲突性的内容；突出事件中最显著的内容；突出事件中最反常的内容；突出事件中最有趣的内容；等等。

（三）要简约

无论是传统纸媒还是网络，对标题的简约要求都特别高，而网络媒体页面空间的束缚性则更强。网络标题务必追求简洁凝练，用最少的字把最核心的观点展示出来。诚如古人所言，“好文要千锤百炼”，标题的创作要以“立片言而居要”的标准去要求。制作好的标题，除了要有必要的敏感外，更要有反复揣摩、字斟句酌的精神。简而言之，网络标题的创作就是要从纷繁芜杂的事实中删繁就简，凝练成言简意赅、简约明快的标题。

（四）要有贴近意识

报道要有贴近意识，“贴近实际、贴近生活、贴近群众”是媒体传播实务的宏观指导理念。在网络标题制作方面，同样要求要有这种贴近意识。

人们总是对与自己在心理、地域、情感上贴近的内容保持兴趣和关注。在具体的网络标题制作中，要充分考虑网民群体的接受心理，从其最感兴趣的角度切入，方能取得好的效果。传播理论认为传播者要注意“语言的抽绎水平”，不要陷入“死线上的抽绎”（即将语言的抽象水平固定在较高或较低水平，不是绝大多数受众听不懂，就是绝大多数受众觉得索然无味）。因此，网络编辑要注意选择网民能够理解、易于接受的语言，只有照顾到绝大多数普通受众的认知水平，才能获得最好的传播效果。

（五）要通俗易懂

传统纸媒的读者教育水平相对说来是较高的，而网络的阅读对象是所有可以上网的网民，这就要求在制作网络标题时充分考虑网民的整体受教育水平，尽量用大众熟知、通俗易懂的语言，让最大多数人群在第一时间就能明白和把握诉求的重点。随着全球化传播的加速，在涉及国外内容、专有名词、新生事物等的报道时，网络文字编辑要尽可能地考虑到阅读对象的普遍性，将生涩难懂的内容转化为通俗易懂的俗语。当然，通俗易懂不是不讲究文采，不是流于大白话，更不是低俗庸俗媚俗，网络文字编辑要谨慎地把握尺度。

四、网络标题的制作

网络标题虽然和传统纸媒的标题有区别，但基本的制作方法与传统纸媒有很多相似之处。目前大量的网络文字来源于传统媒体，因而网络标题的制作往往可以从传统媒体的标题改造或移用。

从构成要素来讲，网络标题依然会涉及主题、小标题、导语、题图、随文、特殊符码、强调符号等各种要素，而制作过程就是对以上各种要素的深度挖掘和创作。

第一种最常用的方法是直接移用纸媒原有标题。就是将原稿的标题、副题、引题等全部照搬挪用。这种情况一般是原来的纸媒标题本身就非常好，做得简洁凝练，往往也是单行标题。网络编辑只需要将字体、字号进行简单的修改就可以直接使用。目前网络标题中这种使用方式还是很普遍的。

第二种方法是取用原稿标题中的一部分作为标题。网络编辑会略去原有标题中冗长的引题和副题，只保留主题；或者网络编辑觉得原稿标题的副题或引题更有冲击力，更适合作为网络的标题，则会取用引题或副题。这取决于哪个标题更有价值、更适合网络媒体，也与网络媒体的编辑方针、网络文字编辑个人的喜好有关。

第三种方法是将原有的多行标题压缩整合为适合在网络上发布的单行标题。例如：

李克强会见德国总理默克尔时说（引题）
德国足球很棒　我是拜仁慕尼黑球迷（主题）

整合压缩为：

李克强会见默克尔　自称是拜仁慕尼黑球迷

第四种方法是网络编辑自己重新制作标题。

传统媒体的标题有时未必适合网络媒体取用，或与网站编辑风格不搭，或整体概括表述不够完善，或不能凸显网络媒体的特色，没有冲击力，这时，网络编辑就要着手自己重新拟定标题，目前这也日渐成为各大网络媒体的主流方法。

网络标题虽然很短，只有寥寥几个字，但它的制作却是一个很复杂的过程，并不是简单地将内容概括一下、展示一下就完成任务了。设计富有美感、有新意、有创造力、有吸引力、有价值的标题需要编辑在内容把握、形式构建、语言风格等诸多方面合理统筹，才可能取得较好的效果。

下面主要针对内容和形式进行简单阐述。

（一）深度挖掘原有内容，提炼升华

美国报业大王赫斯特曾经说过："千万记住，如果你的第一句话不能打动读者，也就没有必要写第二句了。"网络标题就是这种意义上的第一句话。在网络文字稿中，最忌讳文不对题，空洞说教让人摸不着头脑。不论何种题材的报道，都需要对原有事实进行深度挖掘，方能产生有说服力的标题。

重新设计标题，往往会受原有标题的束缚，这时候编辑还是要坚持运用价值标准，从要素中寻求突破口。

可以考虑着重突出最有价值的核心要素，如图 10—5 所示。

搜狐新闻 > 最新要闻 > 世态万象

孙杨涉兴奋剂半年才公布 央视：新闻已成旧闻

正文 我来说两句(0人参与) 扫描到手机 BMW X5免费试驾还送5S

2014-11-25 03:40:12 来源：现代快报 手机看新闻 | 保存到博客 |

2014年5月17日，2014全国游泳冠军赛，孙杨夺得男子1500米自由泳冠军接受赛后兴奋剂血检

央视发问：6个月之后才公布，新闻已经成了旧闻，还有什么积极的意义呢？

图 10—5　搜狐网 2014 年 11 月 25 日的一条新闻

这个例子中，搜狐网的网络编辑在转载《现代快报》的原文时，重新拟定了网络标题，将最有吸引力的要素（报道涉及的人物是著名游泳运动员孙杨）、最有影响力的媒体（央视）的

观点予以展示，充分挖掘了价值中的关键要素，形成了很有影响力的标题。

（二）设计富有创造力的形式

现在通行的惯例是，各大网络媒体都会将其认为最重要的标题置顶，并对标题做特殊加工，以最引人注目的方式呈现。对这种标题的形式设计，一般都采用不同字体，对字加粗、加不同色彩进行突出。通常情况下，同一页面上标题的形式都是统一的，但在特殊情况下，可以通过改变字体颜色来对其进行强调突出。如汶川地震纪念报道，各大网站都将字体设为默认的黑色。涉及建国 60 周年庆典报道时，很多网站都在主页设置红色标题进行庆祝。

网络标题多数情况下都是单行标题，但有时为了凸显某些重要信息，编辑可以考虑自己设计富有特色的组合标题。

如图 10—6 中人民网首页关于依法执政主题的报道就采取了组合标题。

14名书记省长通过本网谈法治建设 "依法执政"成高频词

[中国特色社会主义法治具有鲜明特征] [依党内法规从严治党] [专题：书记省长谈法治] [地方领导资料库] [地方领导留言板]

图 10—6　人民网 2014 年 11 月 27 日首页局部

如图 10—7 中新华网的报道中也采用了多重组合标题。

习近平：老同志对坚决惩治腐败是坚定支持的

2014年11月26日 18:43:55 来源： 新华网

习近平在会见全国离退休干部先进集体和先进个人代表时强调

认真做好新形势下老干部工作

传承党的光荣传统和优良作风

刘云山参加会见并在表彰大会上讲话 张高丽参加会见

图 10—7　新华网 2014 年 11 月 26 日首页局部

标题组合的方式可以灵活多样，编辑可以根据内容，将不同标题按照层级进行设置，也可以将标题和摘要、标题与文本、标题与链接等进行自由组合。

第四节　网络文字编辑面临的问题

一、网络文字编辑人员整体素质需要提升

传统纸媒经过较长时间的发展之后，已经形成了职业素养较高、熟谙传播行业规范的编辑团队。网络媒体在我国虽然已经有了 20 多年的发展历史，但网络编辑仍然是一个相对年轻的职业。总体上，我国网络文字的编辑人员的素质仍需大力提升。

概括说来，网络文字编辑人员需要在以下方面提升。

（一）不断提升政治理论素养

互联网已经成为我国媒体的重要力量，网络文字编辑作为网络媒体的重要把关人，必须坚持正确的政治立场，不断提升自身理论修养，深刻了解党和国家发展路线、方针、政策，恪守职业道德，坚持按规律办事，做合格的媒体守门人。

（二）不断增强理论水平和业务能力

目前，我国网络文字编辑人员组成主要有两种情况，一类是从传统纸媒转型过来的，一类是对网络技术比较熟悉直接从事网络文字编辑的人员。从传统纸媒转型过来的编辑往往不熟悉网络技术，他们大多对传统的业务比较熟悉而对网络技术不是很熟悉；与之相反，直接从事网络文字编辑的人员，因为没有传统媒体的工作经验，在理论和业务上相对欠缺。这是我国网络文字编辑面临的基本现状。

目前很多网络文字稿有各种各样的错误，除了与网络文字稿更新快、网络文字编辑工作量大容易带来疏漏有关外，更主要的是与网络文字编辑的业务能力不足有关。

当下网络文字中充斥着大量不符合语言文字规范的表达，很多网络报道经常语焉不详、词不达意，甚至不知所云，严重影响了网络文字的质量。这就要求网络文字编辑人员大力提升自身的语言文字功底，增强文字处理和加工能力，以更好地满足网民阅读。

编辑是一项理论和实务密切融合的工作。这就要求网络文字编辑人员不仅要熟悉网络采编业务，还要精通传统理论，努力培养自己的敏感度，提高自己的判断能力，提升新媒体环境下多媒体的整合创作能力。

（三）夯实知识理论基础

移动互联网时代，碎片化、移动化、社交化正成为时代主题。在有限的时间内，人们对有用信息的渴求更加迫切。海量信息每天成几何级数增长，网络文字编辑面对的内外部环境更加复杂多样。如何在信息泛滥的当下选择有吸引力的信息，就对网络编辑提出了更高的要求。为了应对这种变化，网络文字编辑必须不断夯实理论基础，不断完善自己的知识储备，重视日常知识积累，努力拓展知识面，时刻保持对新生事物的关注，不断开阔自身视野，拓宽工作思路，提升日常工作效率，才能做到以不变应万变。

二、网络“标题党”现象盛行

“标题党”主要是指这样一类传播者，他们在信息传播过程中，使用歪曲事实、无中生有、张冠李戴等各种手法，炮制与事实不符甚至完全文不对题的报道，以达到吸引受众关注的目的。网络“标题党”现象在各种网络媒体的普遍存在，充分说明了网络编辑应有更高的道德意识和职业责任感，也充分说明网络媒体作为大众传播媒体的一员，还亟待加强管理和引导。

网络媒体在制造舆论、影响舆论、引导舆论上有着天然的优势。因为网络媒体有最大量的受众，有最开放的互动平台，这就要求网络文字编辑充分认识到自己肩上的责任，在传播过程中，秉持强烈的道德心，恪守职业规范，对自己编发的每条新闻都要认真负责，对自己经手的稿件要高度负责，真正做到去伪存真、去粗取精，不为提高点击率和转化率丧失职业操守、破坏行业规范，尽力保证网络文字传播的真实、有效、纯洁和公信力。

三、娱乐化倾向明显，软新闻大行其道

不可否认，娱乐化在西方实践中已有较为久远的历史。从赫斯特的“黄色报刊”时代开始到20世纪60年代，伴随工业文明的发展与人类精神解放程度的提升，娱乐化现象不断流行开来。进入21世纪，伴随网络媒体的迅猛发展，娱乐化、软新闻大行其道的现象在我国的媒体领域日益风靡。

客观地说，娱乐化有各种各样的内外部因素的影响，比如商业资本、金融资本对传媒业的入侵，比如体制所限带来的硬新闻创作的动力缺失，但这些不应该成为网络媒体软新闻大行其道的主要借口。

软新闻一般是指那些比较通俗、注重趣味、人情味浓，没有硬性的时效性要求，供人们放松和娱乐的一类新闻。软新闻不是不可以做，但要注意量和度的问题。目前一些网站为了吸引网民关注，发布数量庞大的软新闻，使得软新闻在整个网站所占的比重过高。软新闻数量庞大，造成网络价值取向的低俗、庸俗、恶俗等诸多问题，也成为了制造和培养虚假的温床。

虽然软新闻的确可以在短期内吸引网民的关注，带来一定的点击率、转化率，进而产生一定的经济效益，但长期将目光停留在这种层面，忽视对硬新闻的关注，忽视网络应有的社会效益，不仅对网站的公信力、权威性产生不良影响，更对整个社会的信息环境、对青少年的成长、对我国的社会发展造成危害，因此要努力改正这种过度娱乐化、软新闻大行其道的现象。

四、媒体法治与版权意识不强

网络文字目前主要的来源仍然是转载，尤其是对传统媒体的转载。当下网络文字转载过程中，很多网络编辑法治和版权意识不强，存在大量侵权现象。有些网站奉行单纯的利己主义和拿来主义，将别人辛辛苦苦采访制作的报道，不加任何改动，不告知原创者，就堂而皇之地发布在自己的网络平台。很显然，这种自己不付出任何成本，单纯靠窃取别人劳动成果的网络文字生产和发布方式，不仅严重违反职业道德，更侵犯了原创者的知识产权，是一种违法行为。

这种现象与初期互联网的粗放发展模式有一定关联。门户网站最初就是以转载进行信息集纳起步的，可以说，借用他人的劳动成果为自己谋利，是整个行业的一种默认发展模式。而且，长期以来，传统媒体对自己生产的内容没有太强烈的版权保护意识，甚至认为别人的使用和转载不仅可以扩大自己媒体的影响，也能给自己带来更广泛的社会认可。所以，很长一段时间内，网络媒体和纸质媒体就是在这样一种默契的状态下和谐地运转。

随着互联网的迅猛发展和传统媒体遭遇盈利困境，这种和谐局面开始被打破。传统媒体开始主张自己内容的版权意识，就相应地要求网络媒体要加强自己的法治和版权意识，从长远

看，这应该是一件双赢的事。目前，很多网络媒体都与传统媒体签署了固定的媒介内容使用合同，用契约的方式界定了双方的权利和义务，是一种明显的进步。

不过，目前仍然存在很多来源不明的现象。或许是要和对手竞争抢发，或许是为了应付版面填充任务仓促发稿，或许是职业意识不足草率发稿，很多网络文字仍然使用模棱两可、语焉不详的“据报道”、“据说”、“据内部消息”等用语，导致网络的真实性存疑甚至失真，这也是要全力避免和努力改进的。

【本章小结】

本章重点阐释了数字出版的网络文字编辑原则，重点分析了网络文字编辑的流程，指出了网络文字编辑面临的问题。

【思考题】

1. 请问网络文字编辑的原则有哪些？
2. 请问如何看待“标题党”现象？

第十一章
数字出版中的图片编辑

【本章学习要点】

学习数字出版的图片编辑原则，重点掌握假照片的识别方法。

“我们所见的并不是真实的”——说这句话的不是哲学家，而是科学家。互联网时代，Photoshop 等软件的出现，越来越险恶的照片造假行为，已经给作为证据的影像带来了诸多麻烦，这不仅仅是作为信息传递载体的照片所面临的麻烦：在科学试验中，一些科学家用来证明自己研究成果的照片是伪造的，作为法庭呈堂证供的照片也可能是假的。因此，网络图片的编辑，基本功就是识别假照片。

图片编辑的常用软件是 Photoshop（即 PS），目前对 Photoshop 使用介绍的图书文献及网络信息很多，本书不再赘述。本书重点探讨网络假照片的识别问题。

第一节　新媒体并非假新闻的主要来源

尽管网络上的假新闻不少，但是研究表明，新媒体并非假新闻的主要来源。笔者的量化研究结果是：手机、网络、报纸、广播、电视的信任度分别为 22.4％、19.6％、20.7％、12.6％、34.2％。

笔者关于信任度的调查，颠覆了不少人认为新媒体可信度低的偏见。是否出现假新闻，与媒体形态没有必然关联，关键在于背后是否具有利益驱动，即是否通过吸引眼球的假新闻来提高发行量、收听率、收视率，从而获得更多的商业利益。《新闻记者》每年第 1 期都会评选上一年度的“十大假新闻”。我们发现，除了个别假新闻来源于传统媒体的网站之外，其实没有一条假新闻真正来源于新媒体。

复旦大学张涛甫教授依据《新闻记者》杂志从 2001 年开始连续 10 年评出“十大假新闻”，并对 2001—2010 年“十大假新闻”进行了样本分析。其结果及分析如下。

一、假新闻首发媒体

纵观 2001—2010 年 10 年来“十大假新闻”在不同类型媒体分布情况，来自报纸的假新闻占绝大多数，有 81 篇；广播电视媒体有 2 篇，网络媒体首发 13 篇（见表 11—1）。

表 11—1　　2001—2010 年不同类型媒体“十大假新闻”分布情况

媒体类型	机关报	都市报	广播电视	专业报	网络媒体	其他媒体
假新闻数量	6	63	2	12	13	4
所占百分比	6%	63%	2%	12%	13%	4%

假新闻的易发媒体是那些市场化程度较高的纸质媒体，这与竞争日趋激烈的媒体生态有一定关系，与市场利益驱动有关。

二、假新闻制作方法

假新闻的制作方法也是形式各异，花样甚多。概其大要，可分为这么几类：

一是无中生有。就是假新闻中所报道的“事实”是由报道者凭空捏造出来的，在现实层面是根本不存在的。

二是道听途说。就是假新闻中所报道的“事实”不是作者亲历现场，认真取证获得的，没有权威、可信的来源，而是从其他间接渠道获得的。

三是移花接木。就是把发生在 A 身上的事情移植到 B 上，或者把几年前的旧闻“翻新”一下。

四是颠倒黑白。颠倒黑白就是把核心事实要件看颠倒了。

五是添枝加叶。就是假新闻虽有一定事实依据，但添加了非事实性的内容或细节，造成事实被严重扭曲。

需要说明的是，有时假新闻作者是多种方法并用的。我们在分析其制假方法时，主要看其以哪种方法为主。比如说，在“道听途说”中可能会出现“添枝加叶”的伎俩。

从表 11—2 中可以发现，“无中生有”及“道听途说”两种方法占有很大比重。

表 11—2　　2001—2010 年“十大假新闻”制作方法

制作方法	无中生有	道听途说	添枝加叶	移花接木	颠倒黑白
数量	45	26	13	11	5
所占百分比	45%	26%	13%	11%	5%

从近 10 年的“十大假新闻”中可以发现，在 100 篇假新闻中，没有注明消息来源的比例高达 47%。没有消息来源的，无论如何是不能让人放心的。

但是，注明了消息来源的就可信吗？未必。那些声称注明消息来源的假新闻，有不少是移花接木、无中生有的。即便是所谓的权威消息来源，也未必权威。

在互联网时代，信息资讯异常丰富。但是，虚拟世界里容易出现“假冒伪劣”，网上信息渐渐成为假新闻生产的一个重要源头。“十大假新闻”有不少出自网络。在100篇假新闻中，有14篇竟是从网上拿来的。有的是直接照搬，有的则作了拼接、改装。

显然，假新闻的鉴别不仅是网络编辑的必备技能，而且也是公民教育的课程。每年“示众”的假新闻，都是一个个鲜活的反面教材。受众在这些假新闻中，可以了解到制假的圈套和伎俩，获得一些识别假新闻的技巧与方法。

第二节　假照片的制造手段

尽管互联网并非假信息的主要来源，但是作为网络编辑，识别网络假信息是其基本功。

在网络假信息中，假照片是最常见的一种。照片的造假手段多种多样，假照片有时几可乱真，以致广为传播、以讹传讹，严重破坏了媒体的信誉和公信力。

图像是对真实事物的记录与再现，人们“眼见为实”的观念根深蒂固。但正是图像的这种超强的真实性和强大的说服力，使越来越多的人为了达到个人的私利铤而走险、弄虚作假，于是就有了虚假图像传播。给人们留下深刻印象的“正龙拍虎事件”一波三折，公众舆论因此而关注图像传播真实性和职能部门的公信力。总结起来，照片造假有以下四种手段。

一、移花接木，拼凑事实

2006年，《大庆晚报》刘为强拍摄的《青藏铁路为野生动物开辟生命通道》获得“影响2006——CCTV年度十大图片”铜奖：一列在青藏铁路上试运行的火车驶过野生动物通道五北大桥的同时，一批迁徙的藏羚羊正从桥下经过（见图11—1）。随后就有《刘为强获奖藏羚羊照片疑似造假》的帖子出现在了某中文摄影网上。一名网友还以“惊天大骗局，藏羚羊穿越青藏铁路与火车出现在一个画面上强暴了所有人的眼睛！”为题，指出该图片经过PS处理：图片中有一道十分明显的拼接痕迹；有两张在同样地方、不同时间拍摄的照片上的石头竟然是相同的；藏羚羊明显在迁徙，有火车经过不可能不被惊动；查看可记录数字照片的属性信息和拍摄数据的EXIF信息，显示获奖照片的拍摄时间有假。最终刘为强承认照片确是合成的：“图片中的羚羊是真的，桥也是真的，但是瞬间不是那么好赶。”新华社中国图片总汇等就《青藏铁路为野生动物开辟生命通道》照片造假问题发表联合声明：从各图片网站数据库中删除刘为强的全部摄影作品，取消其签约摄影师资格，真诚地向广大读者和媒体致歉。刘为强供职的《大庆晚报》编委会也发表了公开道歉声明：刘为强退回在中央电视台获得的奖杯和证书；给予解聘处理，并取消所获荣誉称号。

数字图像处理技术可以打破现存的视觉空间，使一切艺术想象变为现实，但是决不能违反最基本的摄影准则，更不能以职业操守与信用开玩笑。

图 11—1　假照片：青藏铁路为野生动物开辟生命通道

二、指鹿为马，扭曲真相

照片造假的第二种手段是指鹿为马，扭曲事实真相。媒体使用“真实照片”传播了并非真实的信息，而且很难为一般受众所察觉，使受众在解读这类照片所提供的信息时获得错误的认识，危害更加严重。

2008 年 3 月底不少西方媒体刊登的一张中国武警战士扮成喇嘛煽动骚乱的照片，成为达赖集团诬称我军人“假扮僧侣”的所谓“依据”（见图 11—2）。事实上，这张照片是武警官兵给一部电影充当群众演员扮演喇嘛的场景。2005 年之后武警服装都佩有臂章，而照片上的武警却没有。另外，照片上的武警穿的是夏装，而在 3 月西藏的天气依然严寒。

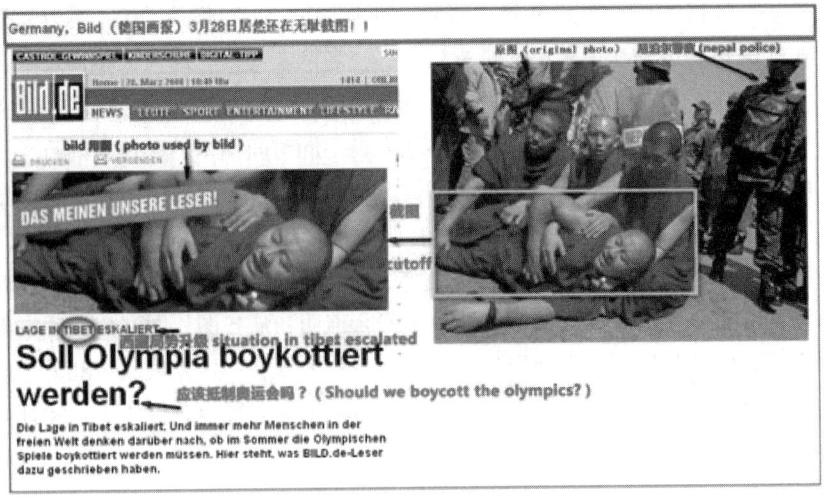

图 11—2　假照片：中国警察在北京监视喇嘛

西方媒体戴着有色眼镜，对中国怀有偏见，对中国进行不实报道，"发现"、"制造"一些不顾基本事实的假照片。而国内媒体编辑使用假照片，如果不是编辑的主观故意，可能就是素质低下、知识面窄，或者工作不负责任造成的。

在数字时代，造假者利用人们对照片和媒体的信任，指鹿为马，扭曲真相，进行影像欺诈行为，这是照片在数字时代的隐忧，也是职业道德缺失的表现。

三、精心策划，吸引眼球

2013 年 8 月 1 日，《新快报》在报道《孩子，谢谢你！》中称，一名女清洁工中暑后昏倒在广州市天河区东圃客运站附近的黄村东路。刚开始路人不敢贸然施救，后来一名小女孩蹲下为她撑伞，用自己的雨伞遮住了女清洁工（见图 11—3），稚嫩的声音说道："妈妈，快救人！"在孩子的感召下，两名观望的路人终于出手，将人救醒。

图 11—3　假照片：小女孩为中暑清洁工撑伞

此事件经媒体曝光后，网上议论热烈，小女孩被赞"中国好宝宝"，而她为清洁工撑的那把"感恩漂流伞"也随之走红。某保险公司立即发布消息寻找该名小女孩，希望"中国好宝宝"能够为其"感恩漂流·爱心伞传递"活动做代言。

不料当天晚上，就有网友在微博上指称这是一场商业策划。第二天，首发这一事件的《新快报》又报道称：经过多方努力，记者找到了照片中晕倒的女环卫工汤大姐，她的讲述使我们知道，那张充满爱心的照片，竟然是一场精心策划的炒作。汤大姐说，拍照片的时间是 7 月 30

日中午12时，拍摄过程中她反复躺在地上三次，经过多次试镜，一个半小时后，才拍出昨天出现在报纸上的这幅照片。汤大姐称，她自己也是被对方利用的受害者，那名撑伞的女童竟然也是对方花150元请来的，女童的“母亲”则是一开始找她拍广告的四个年轻人中的一人。这则“感人故事”，竟是一家公司策划的广告。

四、刻意美化，以达到宣传目的

2000年，威斯康星大学为了展现其录取学生的多元化，将一个黑人学生的影像加入一群白人球迷当中（见图11—4）。

图11—4　假照片：威斯康星大学宣传画

2004年，小布什竞选时所用的宣传画，也是用电脑做了移花接木的处理（见图11—5）。

图11—5　假照片：小布什竞选时所用的宣传画

2007年，法国一家杂志消除了照片上总统萨科齐身上的赘肉（见图11—6）。它解释说，只是调整了照片的光度，但在印刷过程中这一效果被夸大了。

图 11—6　假照片：法国一家杂志消除了照片上总统萨科齐身上的赘肉

第三节　假照片的识别方法

一、通过图像细节，识别处理过的数字图像

Photoshop 这类图像处理软件的运用可以使照片修改易如反掌。数字化操作的深度介入直接破坏了影像反映客观世界的权威性，使传统的影像伦理和道德显得苍白无力。图像编辑并不能看到摄影记者拍摄的全过程，只能根据自己的知识积累，通过对图像的细节反复比较以及查看数字图像的附加信息（属性），判断该照片是否被 PS 处理过。例如，2003 年 4 月 1 日，《洛杉矶时报》在头版刊出资深摄影记者布莱恩沃斯基 3 月 30 日从伊拉克前线发回的数字合成照片（见图 11—7），报社发现后立即在 4 月 3 日解雇了该名记者。

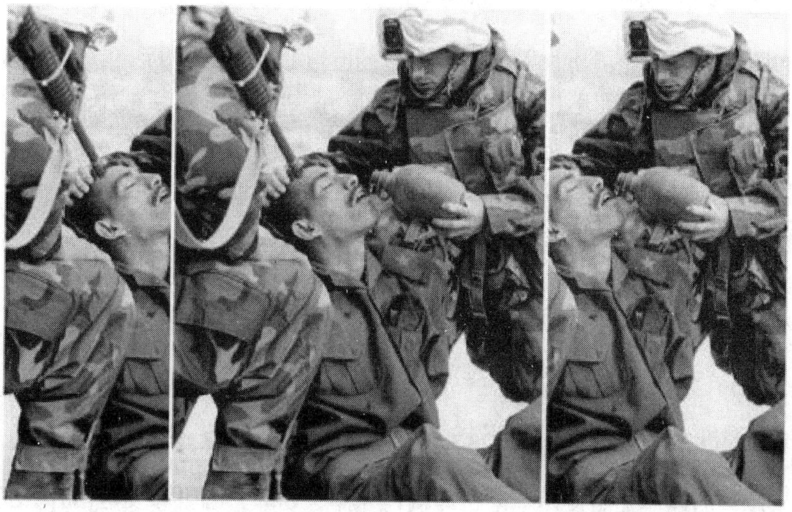

图 11—7　假照片：布莱恩沃斯基从伊拉克前线发回的数字合成照片

任何被处理过的照片都会留下痕迹，只不过有的明显、有的隐蔽罢了。有网民通过两个常识问题辨别周正龙拍摄的华南虎真伪：周自称是距老虎 25 米处用闪光灯拍摄——即使专业闪光灯也难以照亮 25 米远的距离，何况周正龙用的是有效照明范围只有 3 米的袖珍数码相机；再者，就算闪光灯能照到老虎，老虎也没有反应，可是老虎前面的树叶表面会是非常光亮的（飞白现象）。

二、通过照片信息识别假照片

元数据是嵌入数码照片中的极难修改的信息。根据元数据可以判断照片的拍摄日期、修改日期，查出修改使用的软件、拍摄相机的型号和序列号、拍摄曝光技术数据等，使用 GPS 定位的相机甚至可以查出该照片的拍摄经度和纬度。目前查验照片是否修改过、是否真实的重要方法之一，就是检查照片的元数据。这些元数据包括相机设置、拍摄信息（如 EXIF 信息）以及其他用于 RAW 转换过程中的解码标记。

原始的数字图像必须作为附件单独发送。无论是专业摄影记者、业余拍摄者、事件的见证者，还是媒体编辑、传播者，都应该树立这样的观念：确保原始数字图像资料的完整性和真实性，任何人都无权改变事件的全部、片断和每一个瞬间的事实。对于摄影记者来说，无权改变照片中的每一个细节。对于编辑来说，不能对照片中的内容做任何增减，即使是一只手或者一根树枝出现在照片中的不合适位置也不能将其去掉。当然更不能改变背景，增加颜色，制造照片蒙太奇效果或者拼接照片。

在拍摄数字图像时，数码相机会自动记录拍摄信息并随照片一起存储起来。从网页上复制、下载的照片则不包含拍摄信息，当然网站提供下载的原始照片除外。数字图像经过 PS 处理以后会在附加信息中留下印记，告诉我们这些照片使用了什么版本的软件、在何时做了处理和加工。

（一）在 PC 机上识别被 PS 处理过的数字图像

在打开的图像中，选择“属性”，有“常规”和“摘要”两个对话框。在“常规”对话框中显示了图像的文件类型、大小、创建及修改时间。在“摘要”对话框中显示了图像的标题、作者等。点击“高级”按钮则可显示出该图像的尺寸、相机型号、创建软件、曝光数据、拍摄日期，甚至精确到秒的拍摄时间等信息。如果该图像被 PS 处理过，可以看到作者使用的 Photoshop 版本信息，同时拍摄日期和图像的创建日期也不相同。

这样的检查方法不仅可以看到图像的作者提供的是否为原始图像，还可以看到作者的拍摄时间，更高级的数码照相机还可以通过 GPS 定位功能提供图像拍摄的具体位置，通过与作者的文字说明对比，就可以判断图像拍摄地点的真假。

（二）在苹果机上识别被 PS 处理过的数字图像

现在越来越多的媒体开始使用苹果机写稿，存储、处理、编辑和发送图片。选择任一图片后，只要点击右键选取“显示简介”，就可以在打开的窗口中发现该照片的信息。如果是 PS 处理过的照片，则会出现 Adobe Photoshop file、Adobe Photoshop JPEG（或 TIFF）file 等，表示该图片是由 Photoshop 软件存储的。在该栏目里，还有该图像文件的大小、位置、创建时间、修改时间等信息。在"更多信息"栏目里还显示有该图像文件的尺寸、拍摄机器，如果该照片是网上下载的，还会显示下载的网址。

在"预览"软件中不仅包括图像的"一般信息"，还可以进一步查阅数字影像的"更多信息"。这些信息包括了"通用"、"JFIF"、"EXIF"和"TIFF"等。"EXIF"信息分别给出了相机型号、镜头参数、拍摄信息、曝光参数、精确到时分秒的拍摄时间，甚至显示这是使用该相机的第多少次快门拍摄的，是否使用了闪光灯等。照片编辑和读者可以根据图像和这些参数分析图像拍摄的过程以及拍摄者的技术水准。在"TIFF"信息中可以看到图像拍摄时使用的相机型号，以及使用的 Photoshop 软件的版本信息。如果图像不是数码照相机拍摄的，则在"更多信息"仅显示"通用"、"JFIF"两项信息。JFIF 是互联网上储存和传输照片的格式，它仅包括了图像的密度单位和 JFIF 版本信息等。

元数据虽然"极难修改"，但因为它是人为编程输入的，自然就可以有造假者人为修改、删除。因此，有时仅凭元数据还不足以判断照片真假。由于照相机厂家可以提供数字图像原始数据校验管理工具，通过比较被检测图像的源码与软件中保存的图像原始校验码是否相符，就能查询原始图像是否被修改过。如果有修改，则两者一定不相符。

摄影的真实性事关摄影的信誉。摄影的诚信是无数摄影者千辛万苦，甚至经历生死考验建立起来的。正是因为这种诚信，读者在观赏摄影作品时才相信这是真实的历史瞬间。没有诚信，就没有真实的基础，摄影作品就会变成一件历史的"赝品"，宣传报道就失去了意义，并终将受到读者和历史的唾弃。摄影作品要对读者负责，就要讲信誉。它不仅关乎拍摄者的信誉和公信力，还关乎媒体的信誉和公信力。

三、假照片的痕迹

从画面上看，造假常用的方法有添加型、删减型和替换型三种。添加型是在画面中添加某人或某物，以证明某人、某物在某个时间就在某处；删减型是从画面中删除某人或某物，以证明某人、某物在某个时间不在某处；替换型是替换画面中局部的内容，以证明某一个"事实"。

照片表现在画面上的就是特定的时空关系，造假会打破这种关系，必然会留下矛盾。具体表现为以下几个方面。

（一）光照方向上的矛盾

同一场景，光线的投射方向应该一致，表现在高光、投影位置、方向和角度的规律性。

（二）成像透视关系上的矛盾

物体在照片中成像时，遵循统一的透视规律，近大远小，灭点统一。

（三）景深关系上的矛盾

照片中的景深与拍摄距离、光圈大小、镜头焦距等因素密切相关。

(四) 画面虚实的矛盾

在同一个成像平面上，不可能出现虚实不均的情况，而添加和替换等造假，由于使用修改工具，则会出现同一平面上虚实不均的情况。

(五) 纹理上的矛盾

不同相机拍摄的照片和同种相机拍摄的不同照片在复制时，纹理上会产生差异。

(六) 完全重复的矛盾

2009 年 6 月 26 日《广西南宁被誉为中国绿城，人与自然和谐共处》的图片（见图 11—8，作者为李辉）刊登在《人民日报》第 14 版。这张照片至少有 6 对鸽子经过“复制”、“粘贴”，“长得”一模一样。

图 11—8 假照片：广西南宁被誉为中国绿城，人与自然和谐共处

国外采用此类方法进行照片造假也屡见不鲜。据德国《明镜周刊》报道，为了掩饰一枚导弹在试射中未能成功发射的事实，伊朗政府对相关的照片进行了修改（见图 11—9），在照片中可以看到导弹发射后产生的四道烟尘中有两道烟尘非常相似。虽然造假的手段并不高明，但法新社和许多西方主流媒体仍然刊登了这张造假照片。

2006 年 8 月，在以色列空军对黎巴嫩首都贝鲁特进行轰炸后，路透社刊登了其合同摄影师阿德南·哈吉的一张照片（见图 11—10），照片显示了贝鲁特郊区遭到轰炸后密集的建筑上空冒出浓密的黑烟。但是网友发现哈吉是用 PS 中的“克隆”功能，将浓烟复制成了两股，还将爆炸后升起的浓烟加重、加粗，使照片看起来效果更强烈。

(七) 影像边缘的矛盾

注意色块边缘是否平滑，过渡层次是否自然。

图 11—9　假照片：伊朗导弹军演

图 11—10　假照片：以色列空军轰炸黎巴嫩首都贝鲁特

【本章小结】

本章重点阐释了数字出版的图片编辑原则，重点讲解了假照片的识别方法。

【思考题】

请问识别网络假照片的原则和方法有哪些？

第十二章

数字出版中的音频与视频编辑

【本章学习要点】

重点掌握音频与视频编辑的特征、原则方法，以及内容来源。

目前，图书市场上有关音视频编辑软件 Adobe Premiere 使用的文献很多，但是，探讨音频与视频编辑原理的专著和教材却很少。本章将重点分析音频与视频编辑的特征和原则方法。

第一节　网络音频及其编辑

一、网络音频的来源

网络音频的出现得益于互联网技术的发展，网络传输速度的飞速提升使得在线收听变得简单易行。不过，正是互联网平台的开放性，使得信息的发布门槛大大降低，信息贮存、传递和接收呈现出即时性、全时性特征，网络音频的呈现形式多种多样，来源也就良莠不齐。针对不同来源的音频素材，必须要做相应的加工处理，否则就会影响网络音频的质量，不仅可能出现诸如噪波过大、声音失真、声画错位等较为严重的技术问题，还会因为内容等方面的不当引发其他负面影响。

网络音频的来源主要有如下几种。

（一）传统电波媒体

传统电波媒体拥有最大的音频生产加工能力，以中央人民广播电台为代表的广播媒体是网络音频最大的来源。目前，大部分网络音频都转载于广播，直接将广播中对某一事件的报道上传到网络中，也会将不同广播节目对同一事件的报道进行编辑汇总。这一类来自传统主流电波媒体的网络音频，在前期生产过程中都遵循相对严格的官方技术标准，质量较高，因而在转载和进一步加工时，往往只需要进行简单的剪辑与组接、音量的调整和少量的叠化处理就可以了。

（二）门户网站

除了传统电波媒体的节目资源以外，门户网站视频中的音频部分，也是网络音频的重要来源。视觉传播的兴起促使大量门户网站开始利用自身的用户资源开发自有的视频传播平台，如网易视频、搜狐视频、腾讯视频等。另外也出现了一批专业视频门户网站，如优酷、土豆、乐视网、酷6网等。这些网站推出了依托自身平台制作的自有网络节目，如腾讯拍客、搜狐出品、网易娱乐等。由于门户网站多有自己的技术支持团队，在实际的制作中会用到比较专业的录音设备和丰富的后期处理技术，因而各类报道中的声音质量平均水平较高，具有风格多变、音效丰富、生动灵活的特点。

（三）自媒体

随着信息技术的发展与社会信息化程度的提高，BBS、博客、播客、拍客、微博和SNS社交网站等自媒体平台大量涌现，个性而自主的传播者们通过这些平台随时随地在互联网上传播信息。各大门户网站也适时推出了各自的自媒体传播平台，如“搜狐自媒体”，为碎片化的自媒体网络音频传播提供了良好的平台支持。

但来自自媒体的网络音频存在一个突出问题，就是技术手段和标准的不统一。从技术层面来看，目前网络上自媒体音频的发布已经形成相当的规模，但水平参差不齐。有的尽管现场感很强，可声音嘈杂模糊，真实性也因此受损。总体而言，因为信息发布者本身的技术水平差异较大，这一领域往往既是有价值的多发地带，也是技术缺乏导致信息真实度受损的重灾区。

二、音频的类别

音频是由不同类型的声音素材组成的，音频中传递的声音元素主要包括言语、音乐和音响，这些元素又组成了不同类型的音频，如音频消息、音频通讯、现场报道、录音报道等。

（一）音频消息

音频最重要、最常见的传播形式，一般都非常短，以便于用户收听。大多采用“螺丝型结构”进行播报，即最重要的内容由导语提示，主体则按照事件发展的时间或逻辑顺序自然推进。

（二）音频通讯

容量较大、时间较长的一种音频形式，可以说是音频消息的扩展，会有议论、抒情等各种表现手法，目前在网络音频中并不常见。

（三）现场报道

记者（播报者）在事件的现场直接向听众报道的形式。可以先录音再剪辑之后播出，也可以与事件同步播报。

（四）录音报道

记者（播报者）采用现场音响报道事件。主要形式有录音、录音通讯、录音访问、广播特写等。

（五）音频讲话

在线广播人物讲话的音频形式。一般是较有影响力的人物直接向听众发表讲话。

（六）音频实况转播

以事件现场实况为主，播报员只做必要的背景描述。一般用于集会、体育、文艺等大型活动的播报。

（七）录音剪辑

将实况录音压缩、剪辑后播出的报道。

（八）配乐音频

配有音乐、音响效果的报道。音乐和音响主要起烘托、渲染的作用。

三、音频素材的类别

（一）同期声

同期声是指在拍摄影像的同时记录下来的声音，与现场实际声音环境完全一致且同步。与录音棚中的后期配音相比，同期声无疑更加真实，但也只是相对的真实。因为在后期制作中，也会对同期声的增益、噪波、压幅等进行处理，以使其符合硬件播放的技术指标。

（二）单声道音频

单声道音频包括两种类型，一是单声道机载话筒录制的声音，也就是上文所说的同期声，二是录音棚中录制的声音。之所以将其单列出来，是因为目前在影视节目的后期制作中往往要求双声道、四声道甚至八声道立体声，这时就需要将原始的单声道音频处理成立体声音频。不过这种处理也只是听起来像而已，很难实现真正的多声道立体声效果，因而这种处理又被称作“假立体声”。

（三）录制的双声道立体声音频

这里所说的双声道立体声音频，是指在录制时就使用双声道立体声录音设备录制的音频，一般包括两种类型，一是立体声机载话筒录制的声音，二是录音棚中录制的双声道立体声。由于线路、器材、消音等不可抗因素，即便是录音棚中录制的声音，也很容易出现线路噪声、电流干扰和爆音的情况，因而也经常需要在软件中对声音进行处理。

（四）录制的环绕立体声音频

录制单声道和双声道立体声一般只需要一个拾音器，区别在于拾音器的技术指标是单声道还是双声道，而环绕立体声的录制则一般需要四个以上的拾音器，并且它们有规律地分布于声源的前后左右各个方向，总的声道数等于各个拾音器的声道数之和，一般环绕立体声的录制均采用双声道立体声拾音器。除了基本的声音参数外，环绕立体声音频还要注意对混响和延迟等指标的核查，以确保声音效果的充实、饱满和准确。

四、音频的主要特点

（一）无须依靠视觉

人类85%以上的信息来源于视觉，靠视觉来传达信息的方式占用了人们很大的注意力。音频在这方面有天然的优势，虽然不依赖人的视觉，但可以让人在观看其他信息的同时收听声音，这无疑增加了用户接收信息的效率，是网络音频重要的优势。

（二）给人想象的空间

音频没有画面本来是某种劣势，但从另外一个角度看，用户不能看到视频画面，单纯依靠听觉的想象，却为音频带来了独特的魅力。尤其是有些专业播音员的解说，音质优美，亲切生动，能给听众带来很大的审美愉悦。像中央人民广播电台的方明老师，就有无数忠实的听众。

（三）能营造私密的个人阅听

人们观看视频时往往处于一个相对开放的空间，而声音广播大多数时候是用户个人比较私密的阅听行为。尤其是耳机的发明，为声音广播的私人阅听带来了极大的便利。公共汽车上的乘客、走在路上的行人，往往可以通过耳机收听音频，把自己沉浸在声音营造的私人空间中。

（四）用户自主性强

网站提供的音频一般都会长期存放在数据库中，用户可以通过超级链接随时收听。用户可以自主安排自己的收听时间，并通过下载、快放、回放等方式实现反复收听，这样用户就可以很容易地操控自己的收听行为，有很强的自主性，无疑会提高其收听意愿。

五、网络音频编辑的原则

从网络音频的表现形式来看，主要存在两种类型，一类是脱胎于传统广播的纯音频，另一类是网络视频中的音频部分。其中，网络视频中的音频部分又分为三种类型：一是声音画面互为补充的纪实性采访；二是画面承担主要表现功能，声音作为画面的有益补充以声画同步或声画对位的关系出现，如传统的严肃节目；三是缺少实拍画面素材而使用图片、动画等作为象征说明，声音承担主要表现功能，画面作为声音的有益补充，以声画对位的关系出现，如新兴的网络娱乐节目。

根据这样的分类，概括总结网络音频编辑原则如下。

（一）纯音频的编辑原则

（1）遣词造句尽量贴近生活，口语化语言更易为听众接受。

（2）语言表述确切，切忌词不达意。

（3）语气语调富有感染力，消除不必要的呼吸声和爆音等干扰，必要时使用适当的音响和音乐增强感染力。

（4）多采用谈话式语言风格，避免使用过于繁琐的书面语言。

（5）尽量不使用难以理解的比喻，多用双音词。

（6）语速适中，使用正常语序，避免理解困难。

（7）避免使用容易被误解的同音词汇。

（二）声画互补的纪实性采访中的音频编辑原则

（1）声画同步，切忌出现口不对音的情况。

（2）采访对象的语言足够清晰，避免环境干扰声。

（3）如需降噪，注意避免原声素材质量的过度损失。

（4）对声音素材的加工应保证完整性，注意不要“切字”。

（5）以纪实为目的的室外采访，在保证被采访者声音清晰的前提下尽量保留现场环境声。

（6）语言表达条理清楚、描述准确、情绪适当。

（三）画主声补的网络严肃节目中的音频编辑原则

（1）语气语调符合普通话规范，条理清楚、描述准确、情绪适当。

（2）原始采访要保证声画同步，声画对位部分要保证声音与画面之间有足够明确紧密的逻辑关系。

（3）语言描述实事求是，视角客观，不得使用具有煽动性的词汇和偏激的言论。

（4）声音素材的保真度高，严格控制噪声。

（四）声主画补的网络娱乐节目中的音频编辑原则

（1）声音素材的保真度高，严格控制噪声。

（2）在保证语言逻辑完整、内容通俗易懂的前提下，适当增加趣味性。

（3）声音与画面之间要形成明确的逻辑关系。

（4）语言描述条理清楚、准确，情绪适当。

六、网络音频编辑的方法

根据网络音频的不同表现形式和声音素材的不同来源，其具体的编辑方法也有所区别，主要有以下几点。

（1）强调纪实性的同期声采访类声音素材以剪辑手段为主，在保证主体音源信号清晰的前提下，最大限度地保留环境声，少损失或不损失现场感。

（2）强调事实的网络严肃节目类声音素材以专业录音设备为技术支持手段，必须严格控制噪声数量，保证主体音源信号清晰，仍旧以剪辑手段为主，尽量少用或不用与内容无关的音效，如笑声、讨论声等。

（3）强调趣味性和迎合受众审美特征的网络娱乐节目类声音素材以专业录音设备为技术支持手段，严格控制噪声数量，保证主体音源信号清晰，可以适当加入用以烘托气氛的音效，使声音素材具有趣味性，但不得影响主体音源信号。

七、网络音频的应用形式

在前文中，我们根据网络音频在后期制作中的具体使用方式进行了技术层面的探讨，将之划分为纯音频和网络视频中的音频部分，又将网络视频中的音频部分划分为声画互补、声主画补、画主声补三种类型。接下来，在网络实务的层面对音频在网络中的应用类型进行简单讨论。

（一）纪实

音频在网络实务操作中的第一种应用是纪实，即提供与画面拍摄同时的声音信号，以强化节目的现场感和真实感。这是最常见也是最普遍的应用方式，也就是通常所说的声画同步。有时为了使节目具有更加强烈的真实感，还会人为地添加一些环境音效，但这种方式必须保证与原始声音信号高度融合，不能产生突兀感，不能让观众明显感到人为的“后期效果”。

（二）实时直播

音频在网络实务操作中的第二种应用是直播，其目的就是提供最强的时效性。有时发生地的条件不具备视频卫星直播的条件，或者出于事态紧急，采访行为需要保密以及事件的突发性等种种原因，使用音频进行网络直播无疑是最具时效性的手段。这样不仅能够引起受众更大的接受兴趣，而且这一方式本身也使节目具有了极强的时效性。

（三）点播

音频在网络实务操作中的第三种应用是点播，这种方式更好地兼顾了受众的信息接收条件和实际接受环境。

因为只有音频没有视频，对硬件要求较低，能够允许受众在接收的同时进行其他操作，因而体现出较视频更强的环境兼容性。

（四）跨平台传播

音频在网络实务操作中的第四种应用是跨平台传播，这是从网络的广义定义来看的。移动网络、无线网络、计算机互联网络以及传统的电视和广播网络之间显现出强大的兼容性，广义上来讲，这些网络合在一起才是如今受众接收信息的“网络”。从硬件上来看，这些网络的基本区别就在于是否支持视频播放以及支持视频播放的程度，而音频则没有这个区别，小到一台收音机，大到一台服务器，都可以非常方便地接收音频信息。

（五）多媒体融合

音频在网络实务操作中的第五种应用是合作，这里所谓的合作主要是指与视频的合作，当然，这也是目前见到最多的应用形式。无论是声画同步求真实，声画对位求完整，还是增加音响音效求趣味，都是音频作为整个信息传播的一部分，与视频画面信息一起完成信息的传播。除此之外，音频可以被放置到网络文字中，也可以和图片整合，而在真正的多媒体传播中，音频是不可或缺的听觉元素。

第二节　网络视频及其编辑

一、网络视频的界定

视频是将现实反映到屏幕上的声像手段，简单地说就是用摄像机、摄影机等将外界事物呈现到显示屏上，是虚拟化的影像再造。人类最早的视频创作尝试起源于电影和电视。特别是电视，后来成为20世纪以来最重要的纪录和传播人类生活的视频载体。电视（Television）在最初的原意就是“在远处观看”，这为以后的电视传播打下了坚实的基础。

视频指的是以电子化传播方式，以声像结合的方式，对正在变动的事实进行视频化报道的传播形式。网络没有诞生之前，电视是视频最主要的形式，也可以通过电影进行视频传播，如电影纪录片可以看做是某种形式的视频。

网络视频，一般是指由网络运营商提供的可供网民在线观看、体验的流媒体音像制品。网络视频的形式主要包括在线视频浏览、网络电视、网络视频下载等。观看网络视频一般需要安装不同格式的视频播放器。网络视频在网络传播过程中会受到带宽的束缚和限制，随着流媒体技术的发展和网络带宽的不断提升，人们观看网络视频越来越方便，缓冲的时间越来越短，基本可以实现“即点即看”，这为网络视频的兴起奠定了重要的技术基础。

基于以上概念认知，我们可以将网络视频界定为：以现代化的电子和网络技术为手段，以影像画面和声音为基本表现形式，以网络载体为平台，对事件进行可视化报道的传播形式。

二、网络视频的特点

根据目前网络视频发展的趋势和具体表现形式，概括归纳网络视频的基本特点如下。

（一）事实再现性

再现是影像的基本功能，尤其是以纪实拍摄为主的报道类影像。对事件发生的时间、地点、主要参与人物和事件经过进行客观描述是网络视频的主要职能。尽管在表现形式上可能掺杂图片、动画和各种特技效果，但其目的在于将真实事件完整地再现于影像之中。

（二）实时传输临场性

网络的便捷赋予网络视频以强大的即时性特点，特别是移动互联网的发展，手机和平板电脑等移动终端的普及，以及 2G、3G 和 4G 网络的共同支持，使得信息的传播速度大大加快，网络视频中出现了大量由现场人员采用非专业设备拍摄的画面，实时传达正在进行的现场，由此带来更快的反应速度和更强的临场感。

（三）制作发布随意性

网络视频的随意性主要体现在两个方面。一是网络视频制作的相对随意性，其风格大多不同于传统媒体，往往更加生动且富有趣味性。二是信息发布的随意性。伴随具有拍摄功能的移动互联终端的普及，以及网络环境的宽容，每个人都能够拥有自己的"发布权"，可以在任何时间和地点自由地上传影像。

（四）交织传播碎片化

网络视频的碎片化交织来源于信息发布平台的多样性。目前，支持网络视频上传的平台种类繁多，大到乐视网、搜狐网和优酷网等大型视频门户网站，中到凯迪社区、腾讯娱乐、各地方论坛、百度贴吧等网络视频讨论组，小到微信、微博等，不一而足。

（五）交互方式多样性

交互性强是互联网天然的优势。互联网实时交互的功能对网络视频也同样有效，从最早的电子邮件、网络讨论组、BBS，再到视频页面下方的实时评论，直到今天又出现了弹幕这一交互性极强的互动形式，多样性的交互方式使网络视频真正做到了传播者、用户以及内容的实时交互传播，丰富了视频的传播形式。

（六）内容交叉移植性

互联网具有最为宽泛的包容性，传统媒体、网络媒体和自媒体信息在网络平台不断地混融传播。传统媒体不断积极开拓互联网业务，实现了与线上媒体最为广泛的信息共享。尤其是电视与网络的互通有无、相互移植，极大地丰富了视频报道的形式和内容。

（七）用户自由可控性

传统媒体是线性传播，播放时间、播报内容、播报次序在节目制作完成后就已经固定，由此带来的最大的缺憾就是用户只能随着节目观看，对自己喜欢的内容和未能在第一时间把握的信息不能反复观看。网络视频则完全可以克服这个缺点。用户不仅可以点播自己喜欢的内容，还可以通过下载、回放、快进等实现对视频的自由控制。

三、网络视频编辑的原则

网络视频因其图文并茂、实时编辑的特色深受用户喜欢，通过网络观看视频的用户越来越多。网络信息的多元化以及受众信息接收方式的多元化，带来了更为碎片的受众细分。无论是传统的严肃性硬新闻还是娱乐性软新闻，都要注意更加深入地洞察用户的情感和心理需求。要更好地吸引用户，就要在保持原有报道形式和内容特色的基础上，适当加入能够引起受众兴趣的元素。

总体说来，网络视频编辑的原则有如下几点。

（一）实时更新保证时效性

时效性是传播时间和传播效果之间的互动。网络视频的时效性仍然体现在事件发生与用户观看并形成反馈之间的时间差上。网络视频让信息传播得以实时化，时间和空间障碍被完全突破，第一时间获得并发布是网络的应有之义。无论是何种形式的视频，只有在时效性上抢占先机才会体现出其价值。

（二）叙事结构编排合理性

视频的题材结构大多都是在总结制作经验、用户信息接受规律、事件发展规律基础上形成的，因而合理安排网络视频的整体结构尤为重要。例如在调查型网络视频编辑中，要以采访活动的先后顺序为结构依据，合理凸显主要采访过程和活动，才能让用户获得充分的现场感和参与感，同时增强内容的说服力。

（三）视觉思维表达逻辑性

网络视频的主要表达要素就是画面，因此，视觉思维的合理调用就显得尤为重要。这就要求，网络视频在选题、拍摄、剪辑各个环节要有整体视觉思维。选题要多从视觉表达的角度考量，拍摄要注意选取视觉表现力强的画面，剪辑要通过合理的技术手段增强画面的表现力。将它们有机融合，才会让网络视频的表达更富逻辑性。

（四）画面内容兼顾审美性和趣味性

视觉形象的美感和趣味对任何人都是有吸引力的，这是对所有形式的网络视频都适用的准则。尤其对于非严肃的、以娱乐大众为目的的软性网络视频，要通过适当的技术手段，例如动画、字幕、转场和特技手段等，增强画面的表现力和趣味性，以引起观众的兴趣。

（五）纪实风格消减间离性

在具有采访内容的网络视频中，纪实风格的视频、音频素材能有效地消减用户与画面、事件发生地、事件参与者之间的间离感。可以通过画面的抖动、光线的明暗变化、声音的质量以及运用环境声等各种手段来达到这种效果。

（六）调用辅助素材强化真实性

网络视频的编辑比普通电视可以更灵活、更有自由度。图片、字幕和动画是网络视频中经常出现的辅助手段。这些手段往往能够与视频素材相互印证，实现对事件的有效增补，从而增强事件的可视性和真实感。

（七）利用声画技巧弥补残缺

在网络视频的制作过程中，视频素材不足是制作者经常碰到的问题。这时可以考虑巧妙地使用声画对位来进行弥补。声画对位可以人为地使画面与声音形成明确的逻辑关系，弥补实拍和采访素材的不足，增强网络视频内容的逻辑完整性，从而增强网络视频的内涵和价值。

第三节　网络视频的内容来源

尽管目前网络视频以转载电视台的电视节目为主，但网络视频并不仅局限于简单的移植。网络视频与传统的电视节目相比，区别不仅在于传播平台和视频图像的质量，网络信息发布的自由性和高度共享性特征，还在于网络视频的种类更富多样性。

一、网络视频画面获取方式

目前网络视频的视频画面获取方式，大致可以分为专业摄录像设备、具有拍摄录像功能的移动终端、图片和动画几种样式。

（一）专业摄录像设备

专业摄录像设备是视频画面获取的主要手段。这里提到的专业摄录像设备，主要是指广播级摄像机、专业级摄像机和单反相机。

广播级摄像机主要应用于广播电视制作，图像质量高，性能全面，但价格较高，体积也比较大。根据使用目的不同，可以分为演播室用摄像机、采访摄像机和现场节目制作摄像机，具体技术参数不再详述。

专业级摄像机价格相对比较便宜，也比较轻便，图像质量也低于广播级摄像机，大多应用于非专业电视领域。不过这几年随着 CCD 摄像器件质量水平的不断改善，专业级摄像机的清晰度、灵敏度、信噪比等都已经大幅提升，有些甚至超过过去的广播级摄像机。

单反相机就是用单镜头并通过此镜头反光取景的相机。单反相机都具有拍摄功能，可以搭配不同镜头获得不同的拍摄效果，并能同时兼顾色彩还原、层次展现和成本控制多个方面。现在大多数单反相机都有了摄像功能，而且拍摄效果与专业摄像机有不同之处，尤其在色彩还原度上具有高保真、低噪点等特点，呈现的画面形象更加逼真。单反相机已经成为普通用户制作画面和拍摄视频的重要手段。

（二）具有拍摄录像功能的移动终端

具有拍摄录像功能的移动终端是网络视频中影像画面的又一个重要来源。随着科技的发展和生活水平的不断提高，具有摄录像功能的手机、平板电脑、智能手表已成为生活的必需品，与网络的实时接入也使网络视频的传输变得更加快捷。利用这些便捷的移动拍摄设备，每个人都可以随时随地成为视频信息的制作和发布者。由用户上传的通过手机等设备拍摄的视频以其强烈的现场感和快速反应的实效性，成为网络视频的新力军。

当然，由于拍摄录像功能大多都是移动设备的附加功能，其画面质量和成像效果一般要弱于专业器材，画面尺寸一般比较小，分辨率较低。当然，不可否认也有些较为高端的设备成像效果接近或高于标准清晰度，但仍不能与高清摄录像设备相比较。

（三）图片和动画

图片是形象的现场摄影纪实，同样也是一种重要的视觉记录形式，是影像资料的有益补充。此处提到的动画，其概念不同于一般意义上的动画片，而是一种综合制作艺术，它是集合了绘画、漫画、电影、数字媒体、摄影、音乐、文学等众多艺术门类于一身的艺术表现形式。网络视频不像传统广播电视那样要求有较强的规范，在视频资料缺乏的情况下，图片和动画往往可以作为视频画面的补充表现形式，成为网络视频内容的重要组成部分。

二、网络视频内容来源

网络视频的制作是一个相对复杂和专业的过程，不仅需要一定的专业技术设备、资金支持，还要有比较专业的制作能力，所以，当前网络视频的内容来源依然以转载传统媒体的视频为主。

概括说来，网络视频的内容主要有以下几个来源：传统媒体制作的视频节目、网络媒体自制的视频、民营传媒机构制作的视频，以及自媒体平台创作的视频。

（一）传统媒体制作的视频节目

电视是目前网络视频最重要的来源。传统电视媒体经过几十年的发展，积累了大量专业人才，在视频生产方面，有最大的资源和平台优势。正如中央电视台副台长孙玉胜所言，如果要讨论新媒体环境下电视媒体最大的优势是什么，那一定是电视媒体在几十年的专业生产过程中构建了庞大的内容数据库和专业生产队伍。目前以中央电视台、各省级卫视综合频道、城市电视台综合频道为代表的电视主流媒体，仍然是视频最专业、最有影响力的创作平台。伴随媒介融合的推进，电视媒体开始积极构建网络化信息平台。以中央电视台为代表，不仅成立了中国网络电视台，实现了24小时节目的滚动播出，还通过微博、微信、客户端等多种传播方式，打造内容平台的整合，实现了全媒体传播。这些来自电视主流媒体的海量的视频，是网络视频的最重要的内容来源。

除了电视媒体之外，纸媒、电台、通讯社等传统媒体，也开始了以视频为重要载体的媒介融合转型。如新华社利用自身优势，联合中国移动、中国电信、中国联通三大运营商开办了手机电视；中国广播网开通在线视频频道；人民网设立了专门的人民电视版块。所有这些传统媒体制作的视频都是网络视频重要的内容来源。

（二）网络媒体自制的视频

目前，在视频内容自制生产方面，以优酷网、土豆网、爱奇艺、乐视为代表的专业视频网站，以新浪、搜狐、网易、凤凰、腾讯为代表的综合门户网站，以及各种从传统媒体剥离出去独立运营的电视网站，都是网络视频主要的生产者。

（三）民营传媒机构制作的视频

虽然目前我国民营的文化传媒公司众多，也自制了许多有影响力的影视剧、综艺娱乐节目，如很有影响力的《中国好声音》就是上海灿星文化传播公司策划制作的。不过，我国目前民营传媒机构自主创作视频节目的几乎没有，因为视频基本属于赔钱的买卖，不仅创作难度大、风险高，而且几乎不能盈利。不过在有些特殊的领域，如体育类、法治类、文化类、人物传记类等，已有不少民营传媒机构参与了视频节目的生产，成为网络视频节目重要的内容来源。

（四）自媒体平台创作的视频

这一部分主要是来自媒体拍客在播客平台的视频分享，内容上涉及拍客在各种媒体拍摄的视频。拍客主要是指用照相机、手机、平板电脑、DV摄像机等数码设备拍摄图像或视频，并将其分享到网络平台的传播者。播客最初是数字广播的一种，播客比较公认的定义是英文Podcasting的音译，最初录制的是网络广播声讯节目，后来发展到可以将视频内容上传到网上与大家分享。2005年4月，我国第一个播客网站土豆网诞生。目前比较知名的播客网站包括优酷、土豆、新浪播客、56、6间房、酷6等。这些网站都已经成为互联网拍客大量聚集的视频分享网站，是网络视频的重要内容来源。

目前在手机媒体领域迅速崛起的是腾讯微视。微视是腾讯一款独立的App，用户可以将拍摄的短视频同步分享到微信好友、朋友圈、QQ空间、腾讯微博。因为用户黏度极高，拍摄和分享方便，正成为一种重要的视频内容来源。

三、网络视频案例

由传统媒体、门户网站、民营传媒机构制作的网络视频节目在各个方面都比较成熟，一般都有很高的专业水准，对其策划、创意、制作技术、编辑手法等在此就不再展开评析。这里特别选取一则由普通网民拍摄的自媒体作品进行评析。案例是一则来自网易视频拍客专区的视频，视频名称是《与女婿怄气　丈母娘 14 楼悬空三小时　消防空降营救》。①

该视频主要讲述了丈母娘和女婿怄气爬楼，消防官兵空降营救的过程，整个视频长达 2 分 44 秒。视频内容主要包括同期声事件实拍视频、对现场围观群众的采访视频以及事件拍摄者的主观视角画面，同时画面下方还有不断出现的滚动字幕用于说明事件发生的基本过程，整个视频情节比较完整。主要画面如图 12—1 所示。

图 12—1　视频案例：与女婿怄气　丈母娘 14 楼悬空三小时　消防空降营救

对于这一视频案例的评析，主要从两个方面进行考量：一是各种技术手段的使用，包括镜头拍摄、视频剪辑和切换、同期声素材的运用、现场采访素材的使用、字幕添加以及马赛克画面的使用等；二是网络视频制作中拍摄者的职业素养。

网民自己拍摄一部视频不仅需要花费一定时间和精力，还要耗费一定的资金。因此，这可以说算是一部叙事比较完整、彰显出一定策划与编辑创作能力、整体效果还算不错的网络视频。

总体上，创作者对镜头的调用效果良好，远景、近景、特写等都比较流畅。

创作者的视频剪辑和切换的运用也较为合理。

合理的视频剪辑和切换主要表现在不同视角的画面切换上，包括第一视角的拍摄者角度，第二视角的旁观者角度和第三视角的采访者角度。拍摄者角度是事件围观者的观察视角，旁观者角度则表现了事件发生时的环境，采访者角度则具有明显的事件代入感。这三种视角的合理切换和相互配合，让整段视频表现出强烈的临场感，丰富多变的观察角度使得观众产生一种仿佛亲身经历的观感体验。

---

① 参见 http：//v. 163. com/paike/V8H1BI1A5/VAB1OIVTK. html。

对同期声素材的调用也较为熟练。

运用同期声素材则表现在保留了丰富的现场环境声，再与采访素材中的同期声相互结合，同样强化了观众对于事件的参与感和代入感。而字幕的出现则交代了事件发生的原因，有效地弥补了画面所缺乏的内容，使得整个事件的表现趋于完整真实。

马赛克的画面处理体现了拍摄者较好的职业素养。

为保护当事人的个人隐私，防止可能对当事人带来的不良社会影响，画面使用马赛克对当事人面部进行了遮挡处理，始终未出现当事人的面貌特征，说明拍摄者有尊重他人隐私的意识。画面中用于遮挡当事人的马赛克是创作者在后期制作中通过软件加入的，反映了创作者具有一定的视频编辑能力。

这则视频属于对突发性事件进行跟踪记录的民生类新闻。涉及民生，有相当一部分不那么“光鲜”，往往涉及一些“家丑不可外扬”式的事件。这则视频就是对偶发性事件的记录，是当事人一时冲动所致，因而一旦处理不当，往往会导致当事人名誉受损，可能对当事人造成严重的精神伤害，甚至影响到以后正常的生活。在网络这个相对自由的舆论场中，传播和扩散的速度快，覆盖面广，合理保护当事人的隐私就显得尤为重要。从这个角度来看，创作者使用马赛克对当事人的画面进行了遮挡处理，体现了较好的职业素养。

这则网民原创拍摄的视频充分说明，网络视频尽管在各个方面还有许多不足之处，但其发展依然呈现不可阻挡的趋势。谁在现场，谁就是故事的见证者和参与者，谁就是新闻的记录者，全民记者的时代正向我们走来。

【本章小结】

本章内容不涉及音视频编辑软件 Adobe Premiere 的具体使用方法，而是重点分析音频与视频编辑的特征、原则方法，以及内容来源。

【思考题】

1. 请问网络视频编辑的原则有哪些？
2. 请问网络视频编辑与网络音频编辑的异同有哪些？

参考文献

1. 匡文波．网络传播学概论．第四版．北京：高等教育出版社，2015.
2. 匡文波．手机媒体概论．第二版．北京：中国人民大学出版社，2012.
3. 匡文波．网络媒体概论．北京：清华大学出版社，2001.
4. 匡文波．新媒体理论与技术．北京：中国人民大学出版社，2014.
5. 匡文波．网民分析．北京：北京大学出版社，2003.
6. 匡文波．电子出版物及其最新制作技术．北京：印刷工业出版社，2001.
7. 匡文波．论网络出版物．武汉大学博士学位论文，2000.
8. 谢新洲．数字出版技术．北京：北京大学出版社，2002.
9. 谢新洲．网络出版面临的问题与未来走向．传媒，2005（7）.
10. 刘兹恒．信息媒体及其采集．北京：北京大学出版社，1998.
11. 林穗芳．电子编辑和电子出版物：概念、起源和早期发展．出版科学，2005（3）～（5）.

关联课程教材推荐

书号	书名	第一作者	定价	出书时间
978-7-300-21792-5	新媒体概论（第二版）	匡文波	39.80 元	2015-09
978-7-300-18897-3	新媒体理论与技术	匡文波	32.00 元	2014-07
978-7-300-17786-1	新媒体编辑	詹新惠	35.00 元	2013-08
978-7-300-24588-1	网络传播概论（第四版）	彭　兰	45.00 元	2017-07

配套教学资源支持

尊敬的老师：

衷心感谢您选择使用人大版教材！

相关的配套教学资源，请到人大出版社网站（www. crup. com. cn）下载，或是随时与我们联系，我们将向您免费提供。

欢迎您随时反馈教材使用过程中的疑问、修订建议并提供您个人制作的课件。您的课件一经采用，我们将署名并付费。让我们与教材共成长！

联系人信息：

地址：北京海淀区中关村大街 31 号 206 室　龚洪训 收　　邮编：100080

电子邮件：gonghx@crup. com. cn　　电话：010－62515637　　QQ：6130616

如有相关教材的选题计划，也欢迎您与我们联系，我们将竭诚为您服务！

选题联系人：	电子邮件：	电话：
翟江虹	zhaijh@crup. com. cn	010－62515636

俯仰天地　心系人文

人大出版社网站　www. crup. com. cn

专业教师 QQ 群：

259226416（全国新闻教师群）

欢迎您登录人大出版社网站浏览，了解图书信息，共享教学资源

期待您加入专业教师 QQ 群，开展学术讨论，交流教学心得

图书在版编目（CIP）数据

数字出版教程/匡文波著．—北京：中国人民大学出版社，2015.12
新编21世纪新闻传播学系列教材
ISBN 978-7-300-22124-3

Ⅰ.①数… Ⅱ.①匡… Ⅲ.①电子出版物-出版工作-高等学校-教材 Ⅳ.①G237.6

中国版本图书馆CIP数据核字（2015）第273577号

新编21世纪新闻传播学系列教材
数字出版教程
匡文波 著
Shuzi Chuban Jiaocheng

出版发行	中国人民大学出版社		
社　　址	北京中关村大街31号	**邮政编码**	100080
电　　话	010－62511242（总编室）		010－62511770（质管部）
	010－82501766（邮购部）		010－62514148（门市部）
	010－62515195（发行公司）		010－62515275（盗版举报）
网　　址	http://www.crup.com.cn		
经　　销	新华书店		
印　　刷	唐山玺诚印务有限公司		
开　　本	787 mm×1092 mm　1/16	**版　　次**	2016年1月第1版
印　　张	16.75	**印　　次**	2024年12月第7次印刷
字　　数	373 000	**定　　价**	48.00元